그래도
이만하면

이인영 수필집 | 문학공간수필선·145

그래도 이만하면

한강

수필집을 내면서

　우리의 삶은 매순간이 시작이고 끝이다. 밤새 안녕이란 말처럼 언제일지 모르지만, 먼 길을 떠나고 나면 그림자조차 남지 않는 게 우리네 인생이다. 과연 그럴까. 사람이 머물다 간 자리엔 반드시 흔적이 남게 마련인데. 만약 내가 오늘 밤 죽는다면 "무엇이 남을까" 하고 숙연한 마음으로 뒤를 돌아본다.
　인생무상이라는 말이 실감나는 요즈음이다. 내 나이 어느새 팔십이 코앞이다. 그래도 아직은 선뜻 내 나이를 인정하고 싶지 않다. 마음은 언제나 청춘이라고 휜소리 쳐보지만 갈수록 행동은 굼뜨고 말이 어눌해지는 것만 봐도 이젠 나이를 인정할 수밖에 없는 지경에 온 것 같다. 근래 어느 인구 통계를 보니 80까지의 생존율이 30%인 것만 보더라도 이제는 죽음이란 것이 더 이상 추상적이 아닌, 현실로 다가온 느낌이다. 오늘 이 순간까지 건강하게 살아 있는 것만으로도 더없이 감사한 일이고 절로 머리가 숙여진다.

어느 날 문득 매듭짓지 못한 일에 생각이 꽂혔다. 그동안 써놓은 글을 묶어서 책을 내는 일이다. 그것이 정녕 잘하는 짓인지, 생각할수록 자신이 서지 않는다. 한낱 신변잡기에 불과한 시답잖은 글을 굳이 공개할 필요가 있을까 싶었고, 오히려 활자 공해를 일으키는 것은 아닌지 걱정스럽기도 했다. 몇 날 며칠 밤낮을 두고 고민을 거듭했다. 허나 무례하지만 이렇게라도 일을 저질러야 매듭이 지어질 것 같은 생각에 무심코 PC 자판에 손을 얹고 인사말을 쓰고 있다.

나는 충청도 두메산골에서 농사꾼의 맏아들로 태어났다. 일찍이 고향을 떠나 타관 객지를 떠돌면서 부모 형제에 대한 무한한 사랑과 연민을 가슴에 품고 살아왔다. 고향에 대한 애틋한 향수와 아련한 추억 등 고단했던 시절의 순간들을 글로 남기고 싶었다. 허나 글재주를 타고난 것도 아니고 창작 수업을 제대로 받지 않은 터라 글이 잘될 리가 없었다. 의욕만 앞세우다 포기하고 싶은 생각에 망설이기 일쑤였다. 그래도 좌절하지 않고 갓난아기 걸음마를 배우듯 한 발짝 또 한 발짝 힘겹게 여기까지 왔다.

부끄럽지만 이렇게라도 책을 낼 수 있어 정말 다행이다. 하긴 내가 살아온 흔적을 글로 남기는 것이 버킷리스트의 하나였다. 남 보기엔 하찮고 무모하게 보이겠지만 내가 살아온 '인생 메모' 같은 것이라서 포기할 수 없었다. 글을 쓰면서 살아온 날들을 회상하고 추억을 더듬다 보니 힘들고 후회스러운 날들보다는 그래도 즐겁고 행복했던 순간들이 많았음을 확인할 수 있었다.

살다 보면 후회 없는 인생이 어디 있으랴. 나 또한 마찬가지다. 알량한 월급쟁이에 안주하지 말고 조금은 더 큰 꿈을 좇아 뛰었으면 좋았으련만, 그래도 여한은 없다. 여기까지 오면서 부족한 점도 많았지만 "그래도 이만하면 잘살았지" 하는 위안을 가져본다. 이제는 부질없는 욕심 다 내려놓고 안분지족의 삶을 추구하기로 했다.

 이 수필집은 내가 살아오면서 느낀 아주 평범하고 시시껄렁한 일상의 이야기들이다. 보잘것없는 내용에 깊이도 없이 엉성하고 서툰 글이지만 너무 꾸짖지 말고 봄날의 햇살처럼 따뜻한 시선으로 너그럽게 이해하고 읽어 주었으면 좋겠다.

 끝으로 글쓰기 공부를 지도해 주신 소설가 오인문 선생님과 나를 믿고 지지해 준 사랑하는 우리 가족들 그리고 백악문학회 재경문학회 문우님들에게도, 또한 내 인생에 도움을 주신 많은 분들에게도 이 기회를 빌려 감사의 인사를 드린다. 아울러 월간 문학공간사 관계자에게도 깊이 감사드린다.

2025년 2월에

이 으 악

차례

▫ 수필집을 내면서

제 1 부 그래도 이만하면

그날____15
마라톤 풀코스 완주기____19
내 이름 석 자____23
나의 마지막 이름, 할아버지____27
가 버린 봄날____31
희망의 사다리____35
술자리의 유혹____39
또 한 해를 보내며____43
다시 또 새해를 맞으며____47
두 쪽으로 갈라진 태극기____51
갑과 을이 함께 사는 세상____55
코로나19 단상____59
한 번도 경험하지 못한 설 풍경____64
회상____69
그래도 이만하면____73

차례

제2부 소중한 가족

돼지띠 4대＿＿＿79
그리운 나의 어머니＿＿＿83
다시 불러 보는 아버지＿＿＿87
야, 엄마 냄새다＿＿＿91
아버지의 지게＿＿＿95
할아버지 할머니에 대한 추억＿＿＿99
재회＿＿＿103
손주 바보＿＿＿107
소중한 가족＿＿＿111
주말부부 연습＿＿＿116
아내의 잔소리＿＿＿122
장남으로 산다는 것＿＿＿126
아들이 좋아, 딸이 좋아＿＿＿130
추억 만들기＿＿＿134
벚꽃 구경＿＿＿138
황금돼지의 해＿＿＿142

차례

제3부 빛바랜 한 장의 흑백 사진

칠갑산의 봄_____149
고향 길 400리를 걷다_____153
벌초 길 유감_____158
시제 날 소회_____162
달라진 명절 풍경_____166
보릿고개_____170
명절과 선물_____174
보리밭 풍경_____178
칡꽃_____182
시산제_____186
새벽밥_____190
월사금의 추억_____195
빛바랜 한 장의 흑백 사진_____199
우리 동네 미아삼거리_____203

제4부 이런 게 소확행이지

나이 들어간다는 것____209
나잇값은 해야지____213
새해에도 '중꺾마'____217
행복은 내 마음속에____221
이런 게 소확행이지____225
혼자 사는 연습____229
백수와 명함____233
여름휴가____238
나홀로 등산____242
새해 첫 해맞이 산행____246
지공 인생____250
백세 시대____254
이별 연습____259
유종의 미를 생각해야 할 시간____263
내가 부른 119____267

제1부 그래도 이만하면

- 그날
- 마라톤 풀코스 완주기
- 내 이름 석 자
- 나의 마지막 이름, 할아버지
- 가 버린 봄날
- 희망의 사다리
- 술자리의 유혹
- 또 한 해를 보내며
- 다시 또 새해를 맞으며
- 두 쪽으로 갈라진 태극기
- 갑과 을이 함께 사는 세상
- 코로나19 단상
- 한 번도 경험하지 못한 설 풍경
- 회상
- 그래도 이만하면

그날

"그걸 왜 못 끊어, 내가 안 피우면 되는 건데…."
"아, 그렇구나. 안 피우면 되지…."
　안 피우면 끊는 거라는 아내의 말에 나는 더 이상 할 말을 잃었다. 금연에 실패하고 시무룩해 있던 어느 날, 담배를 물고 있는 나를 보자마자 아내가 작심한 듯 호되게 면박을 준다. 정신이 번쩍 들었다. 평소엔 저렇게까지 모진 말을 않는 사람인데, 담배 피우는 게 얼마나 미웠으면 저럴까. 한편은 이해가 되면서도 소태를 씹은 듯 기분이 매우 씁쓸하다. 아내에게 된통 야단을 맞고도 손에서 담배를 놓지 못하는 못난 남편, 그 순간 내가 담배를 끊지 못하는 것은 금연에 대한 절박함이 부족하기 때문이란 걸 깨달았다.
　생각할수록 금연에 실패한 가장의 체면이 말이 아니다. 내가 이 정도밖에 안 되는 사람인가 싶었고, 담배 하나 못 끊는 나약한 존재인가 싶었다. 자신이 한없이 미웠고 자존감도 떨어질 대로 떨어졌다.

마음속으로 반성문을 써도 수없이 쓴 것 같다. 그러던 어느 날 나는 다시 금연에 도전하기로 작심을 했다. 가족들이 보는 앞에서 내뱉은 그 말 한마디가 결정적인 계기가 되었다.

1994년 1월 1일은 내 인생에서 영원히 잊을 수 없는 '그날'이다. 뼈를 깎는 천신만고의 노력 끝에 결국 금연에 성공한 날이다. 금연은 내 인생에서 가장 빛나는 일로 기억에 남는다. 그러니 내가 어찌 그날을 잊을 수 있겠는가. 남들이야 뭐라 하던 그날을 생각하면 지금도 나 자신이 한없이 대견하고 자랑스럽다.

그때 내 나이 48세, 흡연 경력 26년차, 나는 지독한 골초였다. 백해무익한 담배를 하루에 두 갑도 부족할 만큼 줄담배를 피웠다. 영업환경이 어려운 때 지점장을 맡아 자금 유치와 고객 관리 등으로 스트레스에 지칠 대로 지쳐 있을 때였다.

갑술년 신정 연휴 첫날 아침이었다. 온 가족이 식탁에 둘러앉아 새해 덕담을 주고받았다. 이른바 밥상머리 대화를 하던 중이었다. 자식들이야 학생이니까 당연히 공부를 열심히 하겠다는 이야기였고 아내는 우리 가족의 건강과 소원 성취 등 덕담을 주고받았다. 끝으로 내 차례가 돌아왔다. 나는 조금도 망설임 없이 올해엔 반드시 담배를 끊겠노라고 큰소리를 쳤다. 내 말이 채 끝나기도 전에 아내가 끼어들었다. 도저히 믿을 수 없다는 듯한 표정을 지으며 "또 작심삼일일 텐데." 하며 말을 끊었다. 세상에 남편을 어찌 보고 하는 말인지, 아내의 말끝에 "내 이름을 걸면 되겠다." 하고 다시 큰소리로 받아쳤다. 모두가 환호성을 지르며 박수로 반겼다.

얼떨결에 지키지 못할 약속을 한 것 같아 덜컥 겁이 났다. 과연 호언했던 대로 잘할 수 있을지, 특히 이름을 걸겠다는 말에 신경이 쓰였다. 아침밥을 다 먹고 난 그때였다. 관성적으로 담뱃갑에 손이 갔다. 이게 무슨 해괴한 짓일까. 가족들이 보는 앞에서 담배를 끊겠다고 큰소리를 친 지 얼마나 됐다고. 얼른 담뱃갑에서 손을 떼고 자리에서 벌떡 일어섰다. 그래도 담배에 미련이 남아 방안을 서성거렸다. 그런 내 모습에 아내는 왜 정신 사납게 돌아치느냐고 핀잔을 준다. 하긴 담배를 피우고 싶은 내 마음을 그대가 어찌 알겠나 싶어 은근히 부아가 치밀었다.

시간이 지나면서 흡연 욕구가 더욱 거세게 올라왔다. 도저히 참을 수가 없었다. 돌이켜 보니 그 순간 '참을 인忍 자'를 골백번은 더 쓴 것 같다. 금연에 도전해 본 사람은 그 괴로움을 이해하고도 남을 것이다. 이럴 땐 몸을 혹사해서 딴생각이 들지 못하게 하는 것만이 최선이다. 그래 이때다 싶어 "누구 아빠하고 산에 갈 사람." 했더니 큰아들이 "저요." 하고 따라나선다. 나는 한 치의 망설임도 없이 현관으로 뛰쳐나가 등산화 끈을 조여매고 우이동행 버스를 탔다. 목적지는 북한산 백운대다.

번개 산행이라 그런지 출발부터 몸이 무거웠다. 며칠 전 내린 눈이 얼어붙어 길이 좀 미끄러웠다. 아들과 둘이서 도란도란 이야기를 주고받으며 부지런히 걷다 보니 어느새 북한산 백운대에 올랐다. 새해 첫날 상쾌한 기분도 잠시, 잊었던 담배 생각이 분수처럼 다시 용솟음쳤다. 그땐 산에서도 흡연이 자유롭던 때였다. '절대 안 되지, 담배라니.' 어금니를 깨물며 산신령님께 '담배를 끊을 수 있는 용기를 주십사.' 고 간절히 빌었다. 더는 참을 수가 없었다. '그래 또 움직이자.' 서둘러 하산을 결심했다.

금연에 대한 결심이 식기 전 집에 도착하자마자 탁자 위에 있던 담배를 꺼내 미련 없이 즉결에 처했다. 가위로 담배 개비를 싹둑 자르면서 금연 의지를 불태웠다. 신정 연휴 첫날은 그렇게 무사히 넘어갔다. 정말 잘 참고 견뎌냈다.

3일간의 연휴가 끝나고 새해 첫 출근을 했다. 그땐 고객들과 마주하면 으레 "담배 하십니까." 하면서 자연스럽게 담배를 권하던 시절이었다. 술 인심 못지않게 담배 인심도 무척 좋았다. 지점장실에 있는 날은 손에서 담배가 떠날 새가 없었다. 자의반 타의반이지만 그처럼 억세게 피우던 담배를 단칼에 딱 끊어야 했으니 얼마나 괴로웠을까. 그때 그 순간들이 바람에 담배 연기가 날아오르듯 머릿속을 스쳐 간다.

골초가 금연을 한다는 건 정말 고통스러운 일이다. 예삿일은 아니다. 특히 술자리에서의 흡연 욕구가 가장 큰 문제였다. 기분에 술자리 횟수는 더 많아지는 것 같고, 담배를 끊겠다고 하니 만나는 친구들마저 더 짓궂게 담배를 권한다.

결국 금연은 담배를 끊는 것이 아니라 참는 것이라고 한다. 즉 흡연 욕구를 얼마나 독하게 참고 견딜 수 있는지, 이른바 금연에 대한 인식의 문제였다. 이것이 내가 금연에 성공하면서 깨달은 소중한 교훈이다. 살아보니 금연할 정도의 오기와 결기라면 세상에 못할 일이 하나도 없을 것 같다. 그래선지 예나 지금이나 담배를 끊었다고 하면 다시는 상종하지 못할 사람이라고 놀리는 건 다 이유가 있다.

(2015. 1. 9)

마라톤 풀코스 완주기

나는 오래전 마라톤을 완주한 경력이 있다. 2002년 10월 20일 조선일보 주최 춘천 마라톤 대회에서 풀코스(42.195km)에 처음 도전해 끝까지 완주한 것이다. 기록은 4시간 5분 32초로 남성 참가자 12,190명 중 5,767번째로 골인했나. 그때 내 나이 56세, 비록 몸은 지쳐서 쓰러질 지경이었지만, 해냈다는 자신감에 세상을 다 얻은 것처럼 날아갈 듯 기뻤다. 평생 잊을 수 없는 최고의 순간이었다. 평소에 나처럼 운동과 담을 쌓고 산 사람도 제대로 준비하면 완주할 수 있는 게 마라톤의 매력이다. 새삼 마라톤은 훈련 없이 아무나 뛸 순 없지만 제대로 준비하면 누구나 할 수 있는 운동이란 걸 깨달았다.

나는 우연히 마라톤에 입문하게 되었다. 회사에서 대구경북본부장으로 근무할 때였다. 지점장 P로부터 '대구영남마라톤클럽'이 주최하는, 백혈병 어린이 돕기 마라톤 대회 소식을 들었다. 그 말을 듣는 순간 나도 어려운 어린이들을 돕고 싶었다. 희망하는 직원들과 함께 참가 신청을 했다. 그런데 대회를 보름가량 앞두고 서울 본사로 발령이 났다. 그렇다고 대회를 포기할 순 없었다. 대회 하루 전인 2001년 12월 16일 대구로 내려갔다. 물론 5km 단축 코스였지만 내 생애 첫 마라톤 완주의 기쁨을 맛보았다. 힘은 들었어도 얼떨결에 결승 지점까지 달렸다. 지금도 그때의 완주 기념 메달을 보물처럼 소중하게 간직하고 있다.

비록 5km 단축 코스였지만 완주하고 나니 마라톤에 열광하는 사람들의 심정을 조금은 이해할 것 같았다. 대회를 앞두고 아침마다 사택 근처의 학교 운동장을 10여 바퀴를 달리면서 마라톤의 매력에 푹 빠져들었다. 그 이후 전국에서 열리는 크고 작은 마라톤 대회 20여 곳을 누볐다. 처음엔 5~10km 종목을 달렸고, 나중엔 하프 마라톤을 뛰면서 마라톤의 삼매경에 깊숙이 빠져들고 말았다. 달리기는 가장 원초적이면서도 건강에 좋은 운동이다. 마음만 먹으면 시간과 장소에 구애받지 않고 할 수 있고 운동화만 있으면 되니 비용도 크게 들지 않아서 좋다.

회사를 퇴직하고 난 어느 날이었다. 문득 마라톤을 시작했으면 풀코스를 완주하고 싶은 욕망이 생겼다. 하긴 마라톤 풀코스를 뛰어보는 게 내 버킷리스트의 하나이기도 했다. 일에는 다 때가 있는 법이다. 지금이 바로 마라톤을 할 수 있는 '그때'라고 생각했다. 무식하면 용감하다고 했던가. 조금도 망설이지 않고 마라토너들의 로망인 조선일보 주최 '춘천 마라톤 대회'에 출전을 결심하게 되었다.

2002년 10월 20일, 대망의 춘천 마라톤 대회 날이다. 나름 열심히 갈고 닦았지만 과연 내가 42.195km의 풀코스를 완주할 수 있을까 하는 걱정에 잠을 설쳤다. 거의 뜬눈으로 새웠다. 이른 새벽 대회 참가 복장과 마라톤화, 칩chip 등 준비물을 챙겨 아내와 함께 춘천으로 가는 전세버스를 타기 위하여 광화문으로 나갔다.

출발부터 컨디션이 불안했다. 현관에서 신발을 신는데 허리에서 '뚝' 하는 미세한 느낌이 왔다. 불길한 생각이 들었다. 허리를 아파 본 사람만이 아는 특유의 예감 같은 것이다. 설마 별일이야 있겠나 싶어 아내가 눈치채지 않게 태연한 척 전세버스에 올랐다. 버스는 가을 안개가 자욱한 경춘가도를 쏜살같이 달려 대회장인 춘천 종합운동장 입구에 승객을 쏟아냈다.

이미 운동장에는 수많은 인파로 북적거렸다. 스탠드에는 응원하러 나온 가족들이, 필드에는 마라톤 참가자들이 스트레칭을 하며 몸을 풀고 있었다. 나도 참가번호 '9154번'을 단 마라톤 셔츠로 갈아입고 몸을 풀면서 허리에 별일이 없기를 간절히 빌었다. 잔뜩 흐린 하늘에서 간간이 빗방울이 떨어졌다. 이러다간 오늘 대회를 망치는 건 아닌지 하는 걱정이 들었다. 운동장에 걸린 오색의 플래카드와 만국기가 축제의 기분을 한층 북돋았다. 출발 시간이 다가오자 "기록에 따라 정해진 구역에 집합해 달라."는 안내 방송이 흘러나왔다. 선수들은 지정된 출발 구역으로 모여들었다. 나는 풀코스 대회 첫 출전지이다 보니 당연히 '기록 미보유자 구역'에 자리를 잡았다.

오전 11시 5분, 출발을 알리는 한 발의 총성이 울렸다. "우와~" 하고 가족과 선수들의 파이팅을 다짐하는 함성이 천지를 흔드는 듯하다. 인파의 흐름에 맞춰 천천히 운동장을 빠져나갔다. 서두른다고 될 일이 아니다. 과유불급이란 말이 떠올랐다. 평소 실력대로 페이스를 유지하는 것만이 완주의 비결이다. 페이스메이커를 따라 얼마쯤 달렸을까, 오른쪽으로는 시원한 의암호를, 왼쪽에는 붉게 물든 가을 산을 끼고 신나게 달렸다. 삼악산 단풍과 의암호수가 어우러진 만추의 절경이다. 의암댐을 지나 춘천댐 방향으로 한참을 달리다 보니 호반의 도시 춘천이 한눈에 들어온다. 아, 꿈에 그리던 춘천 마라톤 대회! 1만여 건각들이 내지르는 함성은 밀려오는 고통을 잠시나마 잊게 해준다. 출발선을 떠난 지 30여 분이 지났을까, 흐린 하늘이 거짓말처럼 환하게 개이고 햇볕이 나기 시작했다. 마라톤하기에 딱 좋은 청명한 가을날이다.

아직 하프도 지나지 않았는데 허리가 아파 오고, 종아리마저 뻐근하다. 숨이 막힐 지경이다. 조금만 더 참고 뛰자. 이를 악물고 지친 몸을 다그쳐 본다. 하프 지점을 넘어서니 걷거나 포기하는 사람들이 많아졌다. 길가에 큰대자로 벌렁 누워 있는 사람, 서서 스트레칭을 하는 사람, 그야말로 각양각색이다. 얼마나 고통스러우면 저럴까, 나도 허리가 걱정되어 잠시 쉬면서 몸 상태를 체크했다. 아직은 견딜 만하다. 나중에야 어찌 될망정 오로지 완주하고 싶은 욕망뿐이다. 이제부터 시작이라는 각오로 마음을 다잡고 한 발 한 발 다시 뛰었다. 체력이 바닥난 듯 몸이 천근만근이다. 어느새 결승점이 시야에 들어왔다. 젖 먹던 힘을 다해서 골인선을 통과했다. 그래, 드디어 내가 해냈다는 성취감에 전율을 느꼈다. 이게 바로 꿈같은 현실이다

흔히 인생을 마라톤에 비유한다. 인생도 마라톤도 인내와 끈기가 없으면 완주할 수 없기 때문이다. 내 인생은 다른 사람들과 출발선이 달랐다. 많이 부족했다. 달리면서 뒤처지지 않으려고 발버둥 치며 인내와 끈기로 버텼다. 언감생심 선두 그룹에 끼지는 못했지만 낙오되지 않고 여기까지 온 것만으로도 대견스럽고 감사하다. 남에게 욕먹을 짓 안 하고 성실하게 살았으니 여한은 없다. 앞으로 남은 인생 끝까지 완주하기 위하여 최선을 다할 것이다.

(2015. 5. 4)

내 이름 석 자

"어이, 이 장관 축하하네."

며칠 전 한 친구로부터 전화를 받았다. 생뚱맞게도 지난번 개각으로 통일부장관에 취임한 '이인영李仁榮 의원'을 빗댄 축하 전화였다. 물론 웃자고 하는 말이지만 이름이 같다는 이유로 뜬금없이 나에게 장관이라니, 그저 헛웃음이 터져 나왔다.

통일부장관에 발탁된 그분이야 세상이 다 아는 학생 운동권 출신의 4선 국회의원에 집권당 원내대표를 거친 중견 정치인이다. 나하곤 이름이 같은 것 말고는 연결될 만한 일이 하나도 없다. 하긴 이름이 같은 것도 인연이라면 인연인데 어찌 되었든 훗날 존경받는 장관으로 오래 기억되었으면 좋겠다. 얼떨결에 이인영이란 이름을 입에 올리다 보니 평소 가슴에 쌓인 '내 이름'에 대한 상념이 튀어나왔다.

며칠 뒤 그 친구를 다시 만났다. 나를 또 장관이라 부르며 농을 걸어왔다. 그렇잖아도 요새 코로나19 때문에 웃을 일도 별로 없는데 이렇게라도 한바탕 웃고 떠들어야지 하는 생각에 나도 "아, 왜 그러시나." 하고 맞장구를 치며 농을 받았다. 이 광경을 물끄러미 바라보고 있던 다른 친구들까지 끼어들어 이 장관 청문회에서 논란이 된 "국부는 이승만이 아니고 김구라며" 하고 시비를 걸듯 나를 공격한다. 해방 정국에서 빚어진 이승만과 김구의 갈등으로 시작된 국론 분열의 역사가 빚은 '국부 논쟁'이다. 어차피 그와는 이념도, 가치관도 다르기 때문에 당분간은 거북한 말을 계속 들어야 할 것 같다는 생각이 들었다.

내 이름은 '인영仁永'이다. 나는 내 이름을 누가 지었는지 정확히 아는 바가 없다. 아버지가 살아 계실 때 자세히 좀 알아볼 걸 하는 아쉬움이 남는다. 어느 누구로부터 자세한 이야기를 들은 바는 없지만, 한자로는 어질 인, 길 영이니 어진 마음으로 오래 잘살기를 바라는 부모님의 소원이 담겨 있음을 알 수 있다. 나도 내 이름의 의미를 잘 모르면서도 굳이 알려고 노력하지도 않았다

나는 '영永'자 돌림[行列]이다. 그러니 이름의 진짜 의미는 가운데 글자인 '인仁'에 있는 것 같다. 거기엔 어질다는 뜻 이외에도 '씨앗'을 뜻하는 의미가 있다. 특히 인은 공자 철학과 유교 사상의 중심 개념이기도 하다. 기독교의 '사랑'이나 불교의 '자비'에 대비되는 유교의 핵심 사상이다. 이처럼 인이라는 글자에는 나 같이 평범한 사람이 감당하기엔 너무 무겁고 심오한 뜻이 함축되어 있다. 영문으로 인영in young은 젊음, 또는 젊게라는 의미가 아닌가. 아무리 봐도 내 이름이 결코 나쁘지 않은 것만은 분명해 보인다. 하긴 이름이 웬만하니 이 나이까지 이만큼 사는 것이 아닐는지.

돌림자인 길 영永도 어질 인 자 못지않게 만만한 글자가 아니다. 한문 서예에서 붓을 긋는, 소위 '필법'을 익히는데 길 영 자를 본으로

삼을 만큼 매우 중요한 구실을 한다. 2014년 3월 중국의 퍼스트레이디 펑리위안이 중국을 방문한 미셸 오바마 여사에게 가르쳐 준 첫 글자도 길 영 자였을 만큼 중요한 글자인 것 같다.

나는 신평 이씨 판서공파 27세손이다. 우리나라에 현존하는 수많은 성씨 중 흔한 이가李哥이긴 하나 그중에서도 드문 '신평 이씨'이다. 충청남도 당진시 신평新平을 본관으로 한 신평 이씨는 전국에 39,872명(2015년 기준)밖에 되지 않을 만큼 희귀한 성씨이다. 처음 만난 사람에게 본관이 신평이라고 하면 대뜸 하는 말이 "어, 그런 이씨도 있어요." 하면서 매우 생경한 표정을 짓는다. 그래도 우리는 뿌리가 매우 깊은 성씨이다. 신평 이씨 족보에 의하면 고려조 문하시중 평장사를 지낸 덕德 자 명明 자 할아버지가 신평 이씨의 중시조 1세이시다.

내 이름에 얼마나 만족한가를 곰곰이 생각해 본다. 굳이 점수로 따지면 대략 칠팔십 점 정도를 주고 싶다, 흡족하지 않다 보니 언제나 마음 한구석엔 아쉬움이 남아 있다. 한 번쯤 전문가의 명쾌한 해설을 늘어봤으면 미련이 남진 않았을 텐데 하는 생각이다. 허나 지금은 그런 아쉬움도 미련도 다 사그라진 지 오래다.

이젠 내 이름에 더 이상 연연하지 않기로 했다. 혹여 이름이 나쁘다는 말을 들으면 마음에 상처가 될 것이고 그냥 두자니 께름칙할 테니까, 더는 묻지도 따지지도 말고 고민하지 않기로 했다. 지금까지 별 탈 없이 잘살았으면 그것으로 만족할 일이지, 괜히 긁어 부스럼을 만들 필요는 없지 않은가. 그러니 부모님께서 지어 주신 내 이름은 누가 뭐라고 해도 '부르기 좋고, 쓰기 좋고, 뜻이 좋은' 작명의 3박자를 두루 갖춘 흠잡을 데 없이 좋은 이름이라고 확신한다. 이제 이름에 더 이상의 아쉬움도 미련도 갖지 않기로 마음을 내려놓았다.

우리가 목숨 못지않게 소중히 여기는 것이 자신의 이름이다. 오죽하면 죽어서 이름을 남긴다고 했을까. 비록 하루 벌어 하루 먹고사는 필부匹夫들도 큰일을 앞에 두고 마음이 흔들리면 내 이름을 걸겠다고 흰소리를 친다든지, 또는 상대방의 잘못을 꾸짖을 때에도 "네 이름을 더럽히지 말라."고 충고를 한다. 허나 이런 말은 듣기에 따라선 욕이 될 수 있으니 조심하는 것이 좋다. 자칫 자존심을 자극하는 말로 들릴 수 있기 때문이다. 이처럼 이름 석 자에는 목숨보다도 더 소중하고 귀한 가치가 담겨 있음을 알 수 있다.

몸은 죽어도 이름은 썩지 않는다. 나는 월급쟁이로 살아오면서 넉넉하진 못해도 남에게 폐를 끼치지 않고 반듯하게 살고자 부단히 노력했다. 때로는 오해와 미움을 사서 곤경에 처하기도 했지만, 결코 이름에 먹칠하는 짓은 하지 않았다. 마음이 흔들릴 때면 이름 석 자에 담긴 우리 부모님의 간절한 소망을 생각하면서 이름값이 다하는 날까지 잘 간수하겠노라고 마음을 다잡았다. 이름대로 살아가는 것이야말로 최소한의 효도이자 최고의 권리가 아니겠는가. 내가 죽고 나면 남는 게 이름뿐인데, 먼 훗날 나를 아는 사람들이 내 이름 석 자를 어떻게 기억할지를 생각하니 두려움이 앞선다.

(2020. 7. 31)

나의 마지막 이름, 할아버지

요 근래 나를 부르는 말이 하나 더 생겼다. '할아버지'라는 이름이다. 내 손주들한테 할아버지란 말을 듣는 거야 지극히 당연하지만 얼굴도 모르는 낯선 사람들까지 나를 할아버지라 부른다. 남들은 "할아버지처럼 생겼으니 할아버지라 부르는 게 뭐가 어때서"라고들 말하겠지만, 난 아직은 할아버지란 단어가 생경하게 들린다.

은퇴한 이후 내 본명本名은 쓸 일도, 불러 줄 사람도 별로 없다. 기껏해야 병원 출입을 하거나 관공서에 갔을 때 또는 은행 창구에서 이름 석 자를 쓰는 정도이고, 겨우 친구들을 만나야 "인영아." 하고 부른다. 아직도 내 이름을 정겹게 불러 주는 친구들이 있음에 감사한다.

며칠 전 지하철에서 있었던 일이다. 차를 타기 위하여 역 개찰구에 들어서자 "뚜루루우~" 하고 전동차 들어오는 소리가 들린다. 급한 마음에 잽싸게 승강장으로 뛰었다. 자석에 이끌리듯 출입문이 열리자마자 차에 올라탔다. 바로 그때였다. 앞에 앉아 있던 한 젊은이가 기다렸다는 듯이 "할아버지 여기 앉으세요." 하면서 벌떡 일어나는 게 아닌가. 멈칫하고 주위를 돌아봤다. 나 말고는 할아버지 소리를 들을 만한 사람이 없었다. 젊은이가 자리를 양보한 것이다. 기왕이면 "어르신" 하고 불렀으면 조금은 덜 민망했을 텐데, 할아버지란 소리가 귀에 익숙하지 않아선지 조금은 쑥스럽게 들렸다.

내가 어렸을 적만 해도 나이 육칠십이면 완전 꼬부랑 할아버지였다. 멀리 갈 것도 없이 내 할아버지의 회갑 때 모습을 회상해 보니 하나도 틀린 말이 아니다. 길게 기르신 턱수염과 이마에 깊이 파인 주름, 갓을 쓰고 명주 두루마기를 곱게 차려입은 근엄한 표정에 긴 담뱃대를 쥔 모습 등이 영락없는 할아버지였다. 까마득히 멀게만 느껴지던 할아버지의 모습, 어느새 내가 그런 할아버지 소리를 듣게 되었으니, 이게 인생무상이 아니고 무엇이란 말인가.

할아버지는 내 인생의 마지막 이름이다. 곤충이 탈바꿈을 하면서 불리는 이름이 각각 다르듯 사람도 나이를 먹어 가면서 역할과 호칭이 바뀐다. 세상에 태어나서 자식 역할이 끝나고 나이가 들어 부모가 되는 것처럼 시간에 따라 역할이 바뀌게 된다. 남자들의 호칭, 즉 아들, 남편, 아버지, 할아버지가 바로 그런 것이다. 자신이 원하건 원하지 않던 운명적으로 불리는 마지막 그 이름 할아버지, 이제 내 삶이 끝날 때까지 할아버지라는 이름으로 살아갈 것이다.

나는 맏아들로 태어나 많은 사랑을 받고 자랐다. 딸보다 아들을 선호하던 시절이라 내가 세상에 태어난 자체가 우리 부모님에게는 무한한 기쁨이었고 자랑거리였을 것이다. 더구나 아들을 낳아서 대代를 이어야 한다고 아들에 집착하던 시절이었으니 이보다 더 큰 축복이 어디 있었을까. 나의 첫 번째 이름인 '아들'로서의 삶은 이렇게 축복 속에서 시작되었다.

나는 지금 네 번째 탈바꿈한 인생을 살고 있다. 여섯 손주들의 어엿한 할아버지가 되었다. 가난했지만 행복했던 유년 시절을 지나 사회에 진출해서 아내를 만나 가정을 꾸미고 처자식을 건사하기 위하여 앞만 보고 달렸다. 다니던 회사에서 은퇴할 때까지의 남편과 아버지로서 살아온 세월이 주마등처럼 스쳐 간다. 돌아보니 어느덧 내 인생도 70이 훌쩍 넘었다. 여기까지 힘들고 괴롭기도 했지만 때로는 즐겁고 행복했던 순간도 많았다. 이제 남은 건 할아버지로서의 마지막 역할이다.

어떻게 살아야 할아버지로서 후회 없는 삶을 살 것인가. 어릴 적 기억속의 나의 할아버지는 엄하고 무서운 분이셨다. 하긴 우리 할아버지만 그런 것도 아니다. 그 시대 모든 할아버지들은 거의 다 그런 모습이었다. 할아버지의 말씀은 가족 모두가 지켜야 하는 한집안의 법도이고 규범이었다. 가족 구성원들 누구도 이를 무시하거나 토를 달지 못했다. 한집안의 어른으로서의 회초리를 들었고, 집안의 좌장이셨다.

이젠 세상이 달라졌다. 변해도 너무 많이 변했다. 가부장적인 가족문화의 퇴조 속에 할아버지들이 설 자리가 마뜩지 않다. 오히려 가족들에게 짐이 되지 않기 위하여 성치 않은 노구를 이끌고 주위의 눈치를 보면서 살아야 하는 게 이 시대 할아버지들의 안타까운 현실이다.

어떻게 해야 좋은 할아버지가 될 수 있을까. 예전과 달리 손주와 한집에 동거하지 않기 때문에 조손祖孫 간의 애틋한 정을 나누는 게 쉽지가 않다. 부끄럽지만 나는 일 년에 몇 번밖에 만나지 못하는 손주들도 있다. 자식들이 멀리 흩어져 살다 보니 그럴 수밖에. 그나마 스마트폰이라는 통신 수단이 있어 다행이다. 보고 싶을 땐 영상 통화나 카톡으로 정을 나눈다. 초등학교 3학년인 큰손자에게는 얼마 전부터 이메일email을 주고받는다. 녀석에게 필요한 상식이나 안부 등을 보내고 답장을 받는다.

나는 할아버지가 된 뒤부터는 행동거지 하나하나가 조심스럽다. 손주들에게 추한 모습을 보일까 봐 그렇다. 나는 요즘 들어 TV를 보다가도 내 또래 출연자들의 언행을 유심히 살펴보는 버릇이 생겼다. 어떻게 해야 손주를 비롯한 가족들에게 밉상이 아닌, 존경받는 할아버지로 기억될 수 있을까 하는 생각뿐이다. 눈과 귀가 어둡고 몸이 무거워 굼뜨다 보니 자칫 말귀도 못 알아듣고 눈치 없는 늙은이로 보일까 봐 두렵고 남들에게 부담은 주지 말아야지 하는 생각뿐이다.

늙음이 비난받을 짓이라도 한 것처럼 느껴지는 세상이다. 세대 간에 서로를 이해하지 못하고 불신하는 '세대 차별 현상' 이 일상에 파고든다. 인간은 자신의 나이를 의식하며 사는 것은 아닌 것 같다. 나이를 더해 갈수록 고집 센 늙은이 또는 '꼰대' 소리는 듣지 말아야 할 텐데⋯. 그러기 위해서는 엄격한 자기 관리가 필요하다. 결론은 '할아버지다운 할아버지' 가 되는 것이다.

할아버지는 내 인생의 마지막 이름이다. 지금까지 아들 노릇도, 남편 노릇도, 부모 노릇도 잘하지 못했지만 할아버지의 역할 또한 내가 처음 해보는 거라서 아직은 서툴고 많이 부족하다. 돌아보니 역할만 바뀌었을 뿐, 나는 여전히 나일 뿐이다. 중요한 건 바뀐 역할에 따라 본분에 충실해야 한다는 것, 이제 더 많이 배우고 익혀서 좋은 할아버지로 기억되었으면 하는 바람이다.

(2017. 5. 1)

가 버린 봄날

어느새 봄이다. 봄은 사계 중에 가장 생동감이 넘치는 계절이다. 꽁꽁 얼어붙은 산하가 풀리고 뭇 생명들이 겨울잠에서 깨어나기 시작한다. 죽은 듯이 바짝 말라 있던 나뭇가지에도 파릇파릇한 새싹이 돋아나고 겨우내 메말랐던 계곡에도 졸졸 물소리가 들려온다. 언제 봐도 계절이 바뀌는 건 신비롭고 경이로운 일이다. 혹독한 엄동설한 끝에 찾아온 반가운 봄, 봄은 역시 생명의 강인함과 신비로움을 몸으로 느끼고 눈으로 확인할 수 있는 희망의 계절이다.

요즈음 바쁘다는 핑계로 뭇사람들이 봄을 잊고 산다. 나도 그중에 한 사람이겠지만, 도시에 사는 사람들일수록 더욱 그렇다. 궤짝을 켜켜이 쌓아 놓은 듯한 고층 아파트 숲에 파묻혀 지하철을 타고 두더지처럼 땅속을 오가다 보면 밖에 봄이 왔는지 겨울이 가는지 알 턱이 없다. 숨 막힐 듯 바쁘게 돌아가는 현대인들의 평범한 일상이다. 큰 마음 먹고 야외로 나가 보지 않으면 계절의 변화를 전혀 느낄 수가 없다. 겨우내 걸쳤던 두터운 외투를 벗고 가벼운 봄옷으로 갈아입는 정도의 통과 의례적인 의미일 뿐이다. 계절이 바뀌는 것에는 별로 관심이 없다. 마치 출퇴근길에 지하철에서 내려 버스로 갈아타듯 별스럽지 않게 여긴다. 하기야 먹고살기 바쁜 세상에 계절이 오고가는 게 뭐 그리 대수인가 싶기는 하지만.

반면에 농사꾼들에게 봄은 매우 중요한 계절이다. 봄이야말로 한 해 농사를 얼마나 세심하고 치밀하게 준비하느냐에 따라 풍흉豊凶이 걸려 있기 때문이다. 물론 비를 내리고 햇살을 비춰 주는 건 하늘의 몫이지만, 땅에 매달려 사는 농부들은 정월 대보름이 지나면 시나브로 일손이 바빠진다. 먼저 가래나 쟁기 등 농기구를 꺼내 점검하고 물을 가둘 보洑를 막고 농수로를 정비한다. 이어서 못자리를 앉히고, 논밭에 거름을 낸다. 이처럼 농부들에겐 어느 계절보다도 봄이 가장 중요하고도 바쁜 계절이다. 한마디로 봄의 소중함을 알고 감사하게 여기는 사람들이다. 요새는 비닐하우스 농법이 하도 발달해서 일 년 365일이 농사철이나 마찬가지여서 봄의 의미가 예전 같지는 않은 것 같다.

금년 봄은 '춘래불사춘'이란 말이 실감난다. 봄이 왔어도 봄 같지 않다는 말이다. 세상의 관심이 온통 '세월호'에 쏠려 있는 동안 봄이 언제 왔는지 느낄 새도 없이 어느새 봄의 끝자락이다. 여느 때 같으면 봄기운에 들떠 즐거워야 할 봄이 슬픔과 분노, 원망과 아우성으로 가득 차 있다.

세월호의 음산한 기운이 우리 가슴을 짓누른다. 무슨 말을 하고 싶어도 여론에 짓눌려 야얏 소리도 못할 지경이다. 어른들의 잘못으로 허망하게 희생된 어린 학생들을 생각하면 살아 있다는 게 부끄럽고 이 순간 숨 쉬는 것조차 미안할 뿐이다. 예년에 비해 일찍 찾아왔다고 한껏 들떴던 봄기운이 언제 왔다 언제 갔는지, 생각하고 싶지도 않다. 그렇다고 어느 누구 하나 봄이 아쉽다고 불평하거나 토를 다는 사람들도 없다.

금년 봄은 야속하게 날씨마저도 고르지 않다. 무슨 하늘빛이 저리 흐리고 우중충한지, 기상청 예보로는 맑은 날씨인데도 하늘에 안개인지 미세먼지인지 분간할 수 없을 정도로 온통 희미한 잿빛 투성이다. 조석 일교차가 높은 데다 강수량이 부족해 그렇다고는 하나 이해할 수 없는 이상한 날씨의 연속이다. 때 이른 이상 기온 때문에 봄꽃이 보름 이상 일찍 만개했다. 예년 같으면 개나리 진달래 벚꽃 등 개화 순서에 따라 피었어야 할 봄꽃들이 한꺼번에 피었다가 한순간에 떨어지는 괴이한 일이 벌어졌다. 자연을 훼손하는 인간에 대한 하늘의 경고가 아닌지 가슴이 뜨끔하다.

며칠 전 가는 봄이 아쉬워 춘천 인근에 있는 '금병산'에 다녀왔다. 봄맞이 야유회라도 가는 듯 경춘선을 타고 한 시간여를 달려 '김유정역'에 내렸다. 김유정역은 일제 강점기 29세로 요절한 비운의 소설가 김유정의 고향이다. 멋들어진 한옥 역사驛舍를 벗어나 송백松柏이 우거진 금병산자락 '실레마을숲길'을 두어 시간 걸었다. 하산 길에 '김유정문학촌'을 둘러보고 춘천 닭갈비에 막국수 한 그릇으로 허기를 달랬다.

나이를 더해 갈수록 봄날이 더 그립다. 무엇이 나를 그렇게 만들었을까. 돌아보니 젊어서야 먹고살기 바쁘다는 핑계로 계절이 왔다가는 것도 모르고 무디게 살았지만 요새는 전혀 그렇지 않다. 계절이 오가는 걸 손꼽아 기다리고 있다. 이제 몇 번이나 더 봄꽃을 구경할 수 있을까를 생각하면 마음이 아프다. 남은 시간이 많지 않음을 알고 있기 때문이리라. 언 땅을 뚫고 솟아난 파란 새싹에서 생명의 강인함과 피었다 지는 봄꽃에서 세월의 무상함을 실감한다. 비록 사는 게 힘들고 팍팍해도 계절이 오고가는 정도의 여유는 즐길 수 있었으면 하는 바람이다.

젊음을 '청춘'이라 부르듯이 봄은 역시 젊은이의 계절이다. 손꼽아 기다렸던 봄이 왔어도 세월호의 추모 분위기에 짓눌려 봄꽃 구경은 못했어도 싱그러운 녹음마저 그냥 보낼 순 없었다. 여름의 문턱에 들어선다는 입하立夏도 막 지났다. 녹음이 하루가 다르게 짙어 갈 무렵이다. 싱그러운 연록색의 이파리는 웬만한 꽃구경에 비할 바가 아니다. 연록색이 우리에게 주는 시각적인 안정감이야말로 스트레스에 지친 현대인들에겐 최고의 비타민이라고 할 만하다.

봄, 그래 내 인생에서 봄날은 언제였을까. 지그시 눈을 감고 사색에 잠겨 본다. 내가 살아오면서 이렇게 마음이 여유롭고 넉넉할 때가 있었던가. 그렇다, 지금이 바로 내 인생의 봄날이 아닌가. 그러고 보니 엄동설한에 따뜻한 햇살이 그리웠던 만큼이나 고단한 삶 속에서도 행복했던 순간은 있었다. 아픈 데 별로 없이 건강한 것 하나만으로도 봄날이 따로 없다. 여기에 더 바랄 것이 있었던가. 매순간 감사하고 기뻐하며 마음껏 행복해하자. 내 인생에서 오늘이 가장 젊고 건강한 날이듯 지금이 바로 나의 봄날이니까.

(2014. 5. 15)

희망의 사다리

지난해 5월 어느 날이다. 평소와 같이 막 잠자리에서 일어나 조간신문을 찾았다. 신문을 이리저리 뒤적이다가 한 인터뷰 기사에 눈길이 멎었다. 기사의 주인공은 서울에 사는 60대의 사업가였다. 카지노에서 딴 거금 7억여 원을 서울에 있는 한 대학에 몽땅 기부하기로 했다는 매우 놀라운 내용이다.

그는 큰 빚이 있음에도 형편이 어려운 학생들을 위한 장학금으로 쾌척하기로 했다니, 정말 천사가 따로 없는 것 같았다. 그야말로 '세상은 이런 사람들이 있어 살 만한 거구나' 하는 뿌듯한 마음이 들었다. 기분 좋은 소식이었다.

나는 인터뷰 기사의 마지막 행간에서 차마 눈을 뗄 수 없었다. 과연 이럴 수가 있을까. 정말 가능한 이야기일까. 망치로 머리를 한 대 얻어맞은 듯 묘한 기분이 들었다. 모름지기 횡재한 돈은 이렇게 쓰는 거라고 일갈하는 듯 내 마음에 큰 울림을 주었다.

만약 내가 그 입장이었다면 어떡했을까. 과연 나도 저렇게 흔쾌히 내놓을 수 있을까 하고, 몇 번을 곱씹어 보았다. 아무리 공짜로 생긴 돈이라고는 하지만 큰돈을 선뜻 기부한다는 게 어디 말처럼 쉬운 일일까. 대단히 훌륭한 분이란 생각이 들었다. 세상에 돈 욕심이 없는 사람은 없을 것이다. 그분은 더구나 빚에 쪼들리고 있지 않은가. 아마도 빚쟁이의 얼굴이 눈에 아른거려서 기부를 결심하기까지는 결코 쉽지 않은 결정이었을 것이다. 그의 결정에 절로 고개가 숙여졌다.

우리 주변엔 가난 때문에 배우지 못해 한恨이 맺힌 사람들이 많다. 내가 읽은 신문 기사의 주인공도 그랬던 것 같다. 자신의 어려웠던 과거를 회상하면서 불우한 학생들을 돕고 싶었던 것이다. 헐벗고 굶주리던 지난 시절의 이야기 같지만 장학 제도가 좋아졌다는 요즘에도 배움에 어려움을 겪는 학생들은 여전히 많다.

내가 졸업한 중·고등학교 총동창회엔 아주 작은 '장학재단'이 있다. 동문들이 어렵게 돈을 모아서 만든 장학재단이다. 뜻을 같이하는 120여 동문들이 적게는 몇만 원, 많게는 몇천만 원의 정성을 모았다. 적은 돈이지만 나도 몇 차례에 걸쳐 십시일반의 심정으로 흔쾌히 기부에 동참했다. 장학재단을 설립한 지 올해로 10여 년이 흘렀다. 그동안 장학기금이 한 푼도 늘지 않고 예전 그대로라는 소식을 듣고 너무 안타까웠다. 인터뷰의 주인공처럼 거금을 쾌척하고 싶은 생각이야 굴뚝같지만, 그런 능력이 없으니 뭐라 할 말이 없다. 우리 장학재단은 규모는 작아도 형편이 어려운 후배들에게는 없어서 안 될 '희망의 사다리' 노릇을 톡톡히 하는 것 같아 큰 도움을 주지는 못했지만 그래도 마음만은 몹시 뿌듯하다.

요즘도 장학재단 소식에 귀를 기울이게 된다. 학생들에게 얼마나 도움이 되는지, 혹시 쥐꼬리만 한 장학금을 주면서 생색만 내는 건 아닌지, 모금에 참여했던 사람으로서의 당연한 관심이다. 해마다 인상되는 등록금과 낮은 금리 때문에 수혜 금액이 줄어들 것은 불을 보듯 뻔하다. 조금씩이라도 기금이 늘어 가면 좋으련만. 그렇지 못한 것 같아서 아쉬움이 크다. 그렇다고 거금을 내놓을 만한 독지가가 있는 것도 아니고, 단지 동문들의 자발적인 협조를 기대할 수밖에 없는 현실이라서 더없이 안타깝다.

얼마 전 인천의 명문 사학인 J고등학교의 장학금 모금 사례에 관한 신문 기사를 보았다. 이 학교도 장학회 설립 초기에는 고액 기부자 위주로 모금 활동을 펼쳤지만 어려움이 많았다고 한다. 그러나 재단 법인을 만들면서 모금 방법을 소액 위주로 다변화하면서 예상외로 큰 성공을 거두었다고 한다. 졸업생들을 대상으로 1인 1계좌 갖기 운동을 벌였고, 은행의 CMS 계좌를 통하여 매달 1만 원의 장학금을 모으는 '만원만 운동'을 전개하여 3개월 만에 극적으로 1천여 명의 졸업생들이 호응을 했다. 결과는 대성공이었다. 실제로 총 21억 원을 모았고, 한 해에만 1억5천만 원의 장학기금이 쌓여 간다고 한다. 이는 7년여 만에 서둔 '만원의 행복' 덕이었다.

주는 것보다 받는 데 익숙한 것이 사람의 마음이다. 나도 마찬가지로 받을 줄만 알았지 주는 것은 매우 인색하고 서투르다. 거리에서 "한 푼만 도와주세요." 하는 걸인을 만나면 슬그머니 피하기 일쑤였고 주머니 속 동전 몇 닢을 꺼내 주는 것도 결코 쉽지가 않았다. 평소 남을 돕는 것에 익숙하지 못하기 때문이다. 기부도 습관이란 말에 전적으로 동의한다. 기부란 누군가를 돕겠다고 마음먹는 순간 기부가 시작되는 것이란 말의 의미를 알 것 같다. 기부를 하는 것도 자신만의 훈련이 필요하다. 남을 돕기 위해 시작한 기부가 결국 나 자신을 행복하게 한다는 걸 느껴 보지 못했기 때문이다.

나눔은 자신의 영혼을 살찌우는 일이라고 한다. 지난해 세밑 한파에도 어려운 이웃을 돕는 따뜻한 손길이 전국적으로 이어졌다. 당시 한 모금 기관의 불미스러운 일이 있었음에도 기부 행렬은 변함이 없었고, 여기저기서 어려운 사람들이 '더 어려운 이웃'을 돕는, 보기 드문 흐뭇한 광경이 벌어졌다. 정부 지원금과 폐지 판 돈을 모아 장학금을 내놓은 위안부 할머니, 거액의 장학금을 쾌척한 하숙집 아주머니, 몇 년째 돈만 놓고 모습을 보이지 않는 전주의 얼굴 없는 천사 등등 어려운 이웃을 위해 나눔을 실천하는 훌륭한 사람들이 전국에 무수히 많다. 이런 모습을 보면서 이제껏 나는 어려운 이웃을 위해서 무엇을 했는지 지나온 날을 돌아보게 만든다.

예나 지금이나 어려운 이웃을 돕는 나눔 정신이 필요하다. 나는 가난한 농사꾼의 자식으로 어렵게 학교를 다녔지만 오히려 가난했던 내 과거 때문에 장학회에 더욱 관심을 갖는 계기가 되었다. 하늘만 빠끔한 산골에서 먹고살기도 빠듯한 집안 형편에 초등학교 졸업도 감지덕지한데 감히 내가 중학교에 진학할 수 있었던 것은 실로 기적과 같은 일이다. 막냇삼촌의 송아지 한 마리가 내 배움의 원천이 되었다. 결코 세상 떠나는 날까지 잊지 못할 과분한 사랑이자 내가 나눔을 실천해야 할 이유인 것이다.

나눔은 많고 적음이 아닌 마음의 문제인 것이다. 누군가를 돕는다는 게 얼마나 가치 있는 일인지 기부를 해본 사람은 그 기분을 안다. 사람들을 가장 행복하게 하는 것 중의 하나가 바로 기부라고 한다. 내가 하나를 주면 반드시 몇 곱으로 다시 돌아오는 게 기부이니까. 장학금은 어려운 학생들에게 희망의 사다리가 되고 먼 훗날 또 다른 학생들을 돕는 '나눔의 씨앗'이 될 것이다.

(2011. 3. 10)

술자리의 유혹

술자리가 잦은 송년 시즌이다. 나는 언제부턴가 술이 싫어졌다. 허나 말은 그렇게 하면서도 여전히 술자리를 마다하지 않으니, 너무 뻔한 거짓말을 하는 것 같아 남 보기에 눈치가 보인다. 나는 비록 한때였지만 술병을 끼고 살다시피 했다. 영업 부서에 근무할 때였다. 되근하면 그냥 집으로 가는 날이 별로 없었다. 허구한 날 마시고 또 마셔댔다. 언제나 핑계는 '영업'이었다. 하루가 멀다 하고 계속되는 접대 술자리가 문제였다. 영업을 생각하면 술자리를 거절할 수도 없었다. 자연히 과음하는 날이 많아졌다. 몸이 성할 리가 없었다. 그야말로 가랑비에 옷 젖는다는 말을 실감하게 되었다.

그럴 때마다 후회도 원망도 참 많이 했다. 하지만 그건 그때뿐이었고 지긋지긋할 것 같은 그 술잔을 아직도 버리지 못하고 있으니 나도 참 딱한 인생이다. 무엇이 나를 그렇게 만들었을까. 문제는 바로 "나" 자신이었다. 술보다 더 끊기 어렵다는 담배는 일찌감치 끊었으면서도 아직도 술자리는 거절하지 못하고 주酒님에게 질질 끌려다닌다. 굳이 핑계를 대자면 달콤한 '술자리의 유혹' 때문이리라.

　무엇이 나를 술자리로 유혹하는 것일까. 나름 즐기는 술맛 때문이 아닌가 싶다. 술자리에서 첫 잔을 입에 댔을 때 "캬" 소리와 함께 입안에 퍼지는 짜르르한 기분은 말로는 다 표현할 수 없다. 이런 매혹적인 느낌, 웬만한 술꾼들은 알고도 남을 것이다. 하기야 분위기에 따라 그때그때 달라지는 것이 술맛이라지만, 나는 이런저런 이유로 술자리의 유혹에서 빠져나오지 못하고 여태껏 주님의 손바닥에서 허우적거리고 있다.

　나는 요즘도 술자리를 찾는다. 일주일에 한두 번은 간다. 한참때처럼 많이 마시지는 못해도 가끔 술자리를 갖고 있으니 남들 보기엔 대단한 애주가로 보일 것이다. 하기야 요즘엔 밤을 새워 통음을 하는 것도 아니고, 기껏해야 반주 삼아 몇 잔씩 마시는 것이 전부일 정도로 음주 스타일도 변했고 술 욕심도 많이 헐거워졌다.

　나는 근사한 안줏거리만 봐도 술 생각이 여전하다. 이젠 술자리를 멀리하는 것이 좋겠지만 반주 한두 잔쯤이야 하는 생각에 무심코 마셔 댄다. 과음만 아니라면 크게 걱정할 것까진 없을 것 같다. 다리에 힘 빠지고 손이 떨리면 술을 마시고 싶어도 못 마실 테니까. 어느새 그런 날이 턱밑까지 와 있는 기분이다.

　내가 술을 좋아하는 건 우리 집안의 내력인 것 같다. 내 아버지께서는 비록 애주는 하셨어도 '술꾼' 소리는 듣지 못했고, 나처럼 술을 탐하지도 않으셨다. 기껏 농사철에 일을 하시다 막걸리 몇 잔으로 목을 축이시는 정도였다. 더구나 할아버지처럼 매 끼니때마다 반주를 하시거나 술에 취해 흐트러진 모습을 보이지도 않으셨다.

　나는 할아버지한테 술을 배운 셈이다. 어릴 적 할아버지 품안에서 자랄 때의 일이다. 사랑채에 손님이 오시는 날이면 어김없이 술상이 차려졌고 할아버지 옆에서 술 심부름꾼 노릇을 자청했다. 물론 맏손자였으니 귀여운 맛에 술 한 모금을 따라주면서 마셔 보라는 말을 많이 들었다. 그럴 때마다 할아버지께서는 어른들이 술을 주시면 두 손으로 공손히 받아서 살짝 돌아앉아 마시는 거라고 일러 주셨다. 어린 나이에 일찌감치 주도酒道의 예를 익힌 꼴이다.

내가 본격적으로 술자리에 입문한 것은 사회생활을 시작하면서부터였다. 처음에는 친구 따라 강남 간다고 그냥 술자리가 좋아서 따라다녔다. 술자리야말로 직장 선·후배 동료들과 어울릴 수 있는 아주 좋은 기회다. 처음엔 술맛을 잘 알지도 못하면서 남들이 마시니까 덩달아 마셔 댔다. 한두 잔만 마셔도 얼굴이 벌겋게 달아오르고 하늘이 빙빙 도는 기분이었다. 술은 막걸리가 주종이었다. 그때 막걸리는 빨리 숙성시키기 위하여 화학 물질인 카바이드를 사용해서 빚은 밀주가 대세였다. 술을 마시고 난 다음 날은 숙취와 두통이 따랐다. 술자리 횟수가 거듭될수록 주님과 점점 친숙해져 갔다. 분위기에 취해 말도 많아지고 행동이 거칠어지는 등 차츰 객기도 부렸다. 술자리의 순기능보단 역기능에 먼저 빠져들었다.

적당한 음주는 사회생활에 도움이 된다. 사내 대장부는 술을 잘 마셔야 출세한다는 말이 있었다. 함께 술을 마시다 보면 긴장이 풀리고 친밀감이 생기는 건 물론이고 마음속에 있는 말을 할 수 있는 용기도 생긴다. 급기야 '취중진담'이 나온다. 그러나 어느 한계를 넘어서면 긴장이 풀리고 정신이 흐트러져 실수하기 마련이다.

사람들이 퇴근길에 술집을 찾는 이유는 거의 비슷하다. 대개 하루 일과에서 쌓인 스트레스를 풀기 위하여 술집을 찾는다. 위로가 필요할 때엔 의례적인 한마디의 말보다는 한 잔의 술이 더 도움이 될 수 있다. 소심하고 용기가 부족한 사람에겐 윤활유 같은 역할을 하며 기분이 우울한 사람에게는 기분을 좋게 만드는 신비의 묘약이 되기도 한다. 오죽하면 약주藥酒란 말이 생겼을까. 적당히만 마시면 좋을 것 같지만 술에는 이런 순기능만 있는 게 아니다. 천사와 악마 같은 두 얼굴이 있다.

술은 스스로 경계하면서 마셔야 뒤탈이 없다. 유혹에 빠져 홀짝홀짝 술을 마시다 보면 과음하게 되고 급기야 샛길로 빠지게 된다. 누구는 술을 너무 많이 마셔 문제가 되기도 한다. 술 때문에 패가망신한 사람이 어디 한두 사람이던가. 조선 후기의 거상巨商 임상옥은 과도한 음주를 경계하는 의미에서 늘 계영배戒盈盃라는 술잔을 가슴에 품고 살았다. 지나치면 도리어 모든 것을 잃게 된다는 교훈에 따라 그는 계영배의 의미를 되새기면서 과음은 물론, 더 나아가 과욕을 경계했다고 한다.

나는 단주하고 싶은 충동을 수없이 받았다. 그렇지만 술자리의 유혹에 못 이겨 여기까지 떠밀려 왔다. 적당히만 마시면 더없이 좋은 게 술이지만 술자리에서는 '적당히'란 말이 통하지 않는다. 술 앞에는 장사가 없다는 게 허튼 소리가 아니다. 술을 끊지 못할 바엔 절주節酒가 대안이라는 것을 깨달았다. 해답은 술 주酒 자에 있다. 마치 닭[酉]이 물[水]을 마시듯 여러 번 꺾어서 조금씩만 마시면 과음하거나 실수할 염려가 전혀 없다. 술을 마시면 취하기 마련인데 취하지 않으려고 그토록 애를 쓰다니, 어리석은 게 인간이란 생각을 지울 수 없다.

(2016. 12. 27)

또 한 해를 보내며

　오늘은 365일의 마지막 끝날, 12월 31일이다. 한 치의 망설임도 없이 숨 가쁘게 달려온 2013년도 오늘이 지나면 영영 다시 돌아갈 수 없는 과거가 된다. 송구영신이라 했던가. 지나간 한 해를 차분히 돌아보고 다가오는 새해를 뜨겁게 맞이할 순간이다. 지금 이 순간 송년의 기쁨과 뿌듯함보다는 한 해를 보내는 아쉬움과 회한이 더 크게 가슴을 파고든다.
　한 해의 끝, 섣달그믐날이다. 금년 한 해 동안 일어났던 수없이 많은 사건 사고들이 주마등처럼 스쳐 간다. 오늘 하루만이라도 마음을 가다듬고 경건하게 보낼 심사로 마지막 해넘이 순간을 지켜보기 위하여 집을 나섰다.
　서울의 일몰 시각은 17시 23분, 낙조 시간에 맞춰 집에서 가까운 '북서울꿈의숲공원'을 찾았다. 공원엔 주변 경관을 한눈에 조망할 수 있는 해발 139m의 아담하고 예쁜 전망대가 있다. 몇 년 전 상영

된 인기 드라마 '아이리스'의 촬영지로 유명해진 '오패산 전망대'이다. 망루에 올라서면 북쪽으로 북한산과 도봉산 동쪽으로 수락산과 불암산이, 남쪽으론 용마산과 남산, 멀리 한강이 아스라이 눈에 들어온다.

낙조 시간이다. 해가 기울기 시작한다. 금년 마지막 해넘이 순간이다. 여느 때와 크게 다를 바 없겠지만 한 해의 마지막 해넘이라 생각하니 조금은 마음이 숙연해진다. 하늘에 낀 희뿌연 미세먼지 때문에 해넘이를 선명하게 볼 수 없는 게 유감이다. 해가 노을 속으로 사라졌다. 금세 땅거미가 지고 사위四圍에 어스름이 빠르게 밀려온다. 가로등 불빛이 하나 둘 어둠을 밝히고, 도로 위에 차량 행렬이 경적을 울리며 부산하게 거리를 누빈다. 고단한 일상에 지친 시민들도 피곤한 몸을 이끌고 자신의 안식처를 찾아 부지런히 종종걸음을 치고 있다.

송년의 의미가 주는 중압감 때문인지 마음이 무겁고 공허하다. 지난해를 결산하고 새해를 어떻게 맞을 것인지 상념에 잠겨 본다. 으레 이맘때면 떠오르는 단어가 생각난다. '다사다난'이란 말이다. 하긴 달리 생각나는 말도 별로 없지만, 그야말로 나 자신도 다사다난했던 것 같다. 기쁘고 슬펐던 일도 있었고 힘들고 어려웠던 일도 생각난다. 그게 어디 나 자신만 그랬겠나. 경제적으로 여유가 있는 사람들이라고 근심 걱정이 없는 것도 아니고 가난한 사람들이라고 웃을 일이 전혀 없는 것은 더더욱 아니다. 언제 어느 시대나 다 그렇듯이 사람 사는 건 다 거기서 거기다. 제아무리 어렵고 힘들다 해도 누구에게나 크고 작은 시련과 희망과 절망은 있기 마련이다. 고난 속에서도 내일의 희망을 찾아 부대끼며 참고 살아가는 게 우리의 삶이 아닌가 싶다.

세밑에 서면 송년의 뿌듯함보다는 세월의 덧없음을 한탄하기 일쑤다. 어쩌면 해마다 반복되는 일상이지만 이제 나이를 먹다 보니 세월을 탓하던 어른들의 속내를 이해할 수 있을 것 같다. 몸은 처지고 시간은 왜 이렇게 빨리 지나가는지. 일 년이란 시간이 눈 깜짝할 사이에 지나간 듯하다.

시간은 쓰는 사람에 따라 속도가 다르다 했다. 어쩜 그렇게 실감나는지, 월급쟁이로 한창 바쁘게 살던 젊은 시절과 요즘 내가 느끼는 시간은 달라도 너무 다르다. 아마 노인들이 갖는 공통된 생각일 것이다. 누구나 새해가 되면 해마다 반복되는 연례행사가 있다. 이맘때가 되면 많은 사람들이 신년 계획을 세우고 무슨 일이 있어도 1월 1일부터는 반드시 실천하겠노라고 다짐하는 게 있다. 금연, 금주, 운동, 취미 활동 등 자신과의 약속이 한 달도 못 되어 포기하는 작심삼일 사태가 벌어진다.

지난 한 해를 돌아보니 작심삼일인 것도 있었지만, 그래도 여느 해보다는 기억에 남는 일도 있었던 한 해다. 첫째는 느지막이 수필가로 등단을 했다. 지난 10월 〈주말부부 연습〉과 〈돼지띠 4대〉란 수필 두 편으로 종합문예시인 월간 《문학공간》에 등단을 했다. 둘째는 버킷리스트 중 하나인 걸어서 고향에 가는 소원을 이루었다. 닷새에 걸쳐 '서울에서 청양까지 400리 길'을 친구들과 함께 무사히 완주를 했다. 마지막 하나는 막내아들의 결혼을 끝으로 자식 셋 모두를 성혼시켰다. 이른바 부모로서의 의무이자 책임인 숙제를 끝냈고 금지옥엽 같은 귀여운 손주도 둘이나 품에 안는 경사도 있었다. 그렇지만 손주 돌보는 일 때문에 나는 다시 주말부부로 돌아갔다. 아내를 손주에게 빼앗긴 셈이다. 비록 몸은 힘들고 고단하지만 귀여운 손주들을 생각하면 더할 수 없이 행복한 시간을 보내고 있다.

오늘이 지나면 또 하나의 나이테를 긋는다. 쓸모없이 몸집만 굵어

가는 잡목 같은 느낌이다. 나잇값도 못하면서 헛나이만 먹는 것이 아닌지, 마음이 착잡하고 씁쓸하다. 지나간 한 해를 돌이켜 본다. 그간 소식 한 번 전하지 못해 눈에 밟히는 사람들이 있다. 무슨 말보다도 미안함이 앞선다. 그중엔 고마웠던 사람도 있고 서운했던 사람도 있다. 나로 인해 상처를 받았거나 서운했던 분들에게는 용서를 빈다. 앞으로는 한 번 더 생각하고 배려하는, 사려 깊고 성숙한 사람이 되었으면 하는 바람이 간절하다.

어느새 은퇴한 지 10여 년의 세월이 흘렀다. 빠르게 변하는 세상의 중심에서 점점 멀어져 가는 느낌이다. 따라가고 싶어도 도저히 따라갈 자신이 없다. 그러니 행동반경이 좁아지고 자존감도 떨어지게 마련이다. 하지만 조금도 서운하거나 기분 나빠할 일이 아니다. 어쩌면 그것이 세상 돌아가는 이치이니까. 스스로 주제를 알고, 분수에 맞게 행동하는 것만이 노년다운 것이 아닐까. 하긴 쓸데없는 참견이나 집착을 해봐야 이젠 알아주는 사람도 없고, 스트레스만 받게 된다. 나잇값을 하고 사는데 전혀 보탬이 안 된다. 더 이상 유별나게 굴어 봐야 '꼰대'란 말밖에 더 들을 게 없을 것이다.

경건하게 새해를 맞을 순간이다. 새해엔 좀 더 나은 내일을 위하여 더욱 노력해 보자. 과연 잘사는 게 무엇이고 어떻게 살아야 잘사는 것인지, 깊이 성찰하고 반성해 본다. 가장 중요한 것은 내 삶의 주인공은 바로 나 자신이란 사실이다. 내 아내도 내 자식도 그 어느 누구도 나를 대신해 주지는 못한다. 힘들고 어려워도 더 나은 내일을 위해 열심히 살아가는 그 모습, 내가 최선을 다하여 오늘을 살아가야만 하는 가장 큰 이유인 것이다.

(2013. 12. 31)

다시 또 새해를 맞으며

 계사년癸巳年 새해가 밝았다. 해가 바뀐 지 보름이 지났지만 아직도 새해란 말이 어색하지 않은 분위기다. 새해라고 해서 크게 달라질 것도 없지만, 그래도 다시 또 한 해를 시작한다는 사실 하나만으로도 새삼 의미가 크다. 그래선지 새해 첫날 떠오르는 일출은 유난히 붉고 더 크게 느껴진다. 새해를 시작하는 이날만은 새로운 각오와 결의를 다짐하는 특별함 때문인지, 확실히 여느 때와는 느낌이 사뭇 다르다.
 새해란 새로운 희망 못지않게 버려야 할 것들이 있다. 지난해에 있었던 후회, 슬픔, 분노, 절망처럼 잊기 힘들거나 참기 어려운 것들은 훌훌 털어내고 새로운 출발을 다짐해야 할 것이다. 하긴 반복적으로 돌아가는 일상에 한 획을 그어 주는 새해라는 장치가 없었다면 평소와 같이 밋밋하고 무덤덤한 일상의 연속이 될 것이다.
 새해가 되면 습관적으로 "새해 복 많이 받으세요." 하고 덕담을 건

낸다. 어느 땐 아무리 덕담이라고는 하나 말로만 복 받으라고 하는 것 같아서 미안한 마음이 들기도 한다. 그렇지만 말이 씨가 된다고 정말 복을 주게 될지 누구도 알 수 없는 일, 그러니 너무 미안해할 일만은 아닌 것 같다.

누구나 새해가 되면 소원을 빌고 각오를 다지는 특별함이 있다. 새해 첫날에 행하는 '해맞이 의식'이 바로 그런 시간이다. 지난해를 돌이켜 보면 잘한 일보다는 잘못한 일이 더 기억에 남는다. 그렇다 보니 늘 후회 반 기대 반 속에 새해를 맞는다. 번번이 후회하면서도 별로 나아지지 않는 걸 빤히 알면서 하는 말이다.

시간이라는 주제 앞에만 서면 나오는 건 후회뿐이다. 어느 날 빛바랜 흑백 사진 속에 갇혀 있는 내 모습에서 시간의 존재를 절감한다. 이렇게 한참 지난 뒤에야 시간의 소중함을 깨닫게 되다니, 내가 모자란 것인지 알 순 없지만 굳이 '시간이 금'이란 말을 하지 않더라도 요즘 들어 시간의 소중함을 실감하고 있다. 꽃 피고 새 우는 좋은 시절 다 보내고 이제서 후회를 하다니, 지금부터라도 시간을 아껴 쓸 일이다.

시간의 속도감은 나이에 따라 다르게 느껴진다. 같은 분량의 시간이라도 쓰기에 따라 길게 느껴지기도 하고 짧게 받아들이기도 한다. 내 경우만 봐도 그렇다. 어렸을 적엔 하루해가 왜 그리 짧았는지, 조금만 놀고 온다는 게 항상 시간을 넘기기 마련이다. 별스럽지 않은 놀이였지만 그땐 뭐가 그렇게 재미있었는지, 시간 가는 줄을 모르고 정신없이 놀았다. 노는 재미에 푹 빠져서 시간이 짧기만 했다. 그땐 놀이라야 겨우 자치기, 딱지치기, 숨바꼭질 등 손에 잡히는 게 무엇이든 장난감이 되고 뛰어노는 곳이 놀이터였다. 비가 오나 눈이 오나 산과 들로 떼를 지어 다니며 놀았던 추억이 떠오른다. 놀기에 바빠서 먹는 것도 잊고 놀다 보면 엄마한테 꾸중 듣기 일쑤였고 걱정도 꽤 많이 끼쳤다. 남의 집 장독을 깨고 논둑이나 밭두렁에서 쥐불놀이를 하다가 산불로 번져 큰일 날 뻔한 게 어디 한두 번이었던가. 지금 생각하니 어린 마음에도 하루는 짧고 일 년은 참 길었다. 그러니 지금의 내 생활 패턴과는 정반대이다. 요즘 나의 하루는 길게 느껴지지만 일 년은 너무 짧은 것 같아서 들이대는 말이다.

  살아오면서 시간이 소중하다는 걸 절실하게 고민해 본 적이 없다. 나이를 먹을 만큼 먹은 요즘에야 시간이 귀하다는 걸 통감한다. 돌이켜 보니 철부지 적에야 감히 시간이 소중하다는 생각도 못했고, 젊었을 땐 처자식 먹여 살리기 바쁘다는 핑계로 그럭저럭 한세월을 보냈다. 앞만 보고 우직하게 살았다. 험하고 모진 세월을 살아오면서 쓰러지지 않고 버텨 온 것 하나만도 대견스럽지 않은가. 하지만 이젠 더 이상 물러설 곳이 없다.

  무정한 게 세월이라더니 덧없이 나이만 먹어 간다. 시간에 가속이 붙은 듯 어느새 종심從心을 향해 무섭게 질주하고 있다. 어른들 말씀에 나이를 먹으면 마음이 순해진다더니 이제야 그 뜻을 알 만하다. 육신은 늙어 가지만 오히려 속마음은 어린애처럼 나약해지고 헛헛하기 짝이 없다. 젊은 시절 한때 가슴에 품고 살았던 오기도 없어지고 독기도 빠져 이젠 빈껍데기만 남은 종이호랑이 신세로 추락된 지 오래다.

  욕심을 버리고 기대를 낮추니 마음이 편해진 것 같다. 그러나 그것은 내 생각일 뿐, 아직도 더 갖지 못해 안달하는 속물스런 본성이 가슴속에 숨어 있다. 난데없이 남을 미워하고, 말투가 격해지는 속물근성이 아직도 남아 있다. 과연 나는 어떻게 살아왔는지 곰곰이 생각해 본다. 남들처럼 근사하게 이룬 것도 없고, 많이 모으지도 못했다. 그렇다고 더 얻을 만한 능력도 남아 있지 않다. 잘못 살아온 것 같은 자괴감이 든다. 내 밥그릇을 채우는데 눈이 어두워 그늘에 가려진 이웃을 생각하지 못하고 오로지 눈에 보이는 것만 좇은 것 같다. 뒤늦게 후회해 봐야 소용없지만, 모든 게 내 탓이려니 하고 시린 가슴을 어루만지며 나 자신을 위로해 본다.

내 버킷리스트 중에 '서울에서 고향까지 걷기'가 있다. 작심삼일이 될지언정 올해에는 꼭 내 고향 청양까지 걸어가고 싶다. 동행할 친구가 있으면 좋겠지만 정 없다면 혼자서라도 결행할 작정이다. 작심삼일도 반복하다 보면 무엇인가 이룰 수 있듯이 일단은 시작이 중요하다. 금연할 때도 그랬고, 마음이 해이해질 때마다 결심을 하고 노력하다 보니 조금씩 달라지는 나 자신을 느낄 수 있었다. 하릴없이 시간을 축내는 백수 신세지만 무엇인가를 고민하고 몸을 움직여야 한다. 흐르는 물은 썩지 않고, 구르는 돌에는 이끼가 끼지 않듯이 적당히 몸을 써야 삶에 활력이 생기고 건강에 보탬이 된다. 운동이나 취미 생활, 집안일 돕기 등 나 자신과 이웃을 위해서 해야 할 일이 주변에 수없이 널려 있다. 무엇이든 꼭 해보고 싶다.

감사하는 마음으로 다시 또 새해를 맞고 싶다. 그동안 오늘이 선물이라는 의미도 망각한 채 뭐가 그리 바쁜지 해가 바뀌는 것조차 당연시 하고 살았다. 시간 귀한 줄도 모르고 너무 느슨하게 살았다. 오늘이 가면 당연히 내일이 오려니 생각했고 감사할 줄도 몰랐다. 이 세상에 내가 살아 있다는 것보다 더 큰 감사가 어디 있을까. 한번이라도 내가 숨 쉬고 걷고 달리고 보고 듣고 말할 수 있음에 감사해 본 적이 있는가. 일상의 삶 자체가 대단한 기적이다. 지금 이 순간 다시 새해를 맞을 수 있다는 사실 하나만으로도 더없이 감사할 일이다.

(2013. 1. 16)

두 쪽으로 갈라진 태극기

　오늘은 98주년 삼일절이다. 잠자리에서 일어나 태극기를 게양하고 마음속으로 국기에 대한 예禮를 표시했다. 98년 전 식민지 치하에서 맨손으로 대한독립을 외치며 일제에 항거했던 선열들의 숭고한 애국정신이 사무치게 그리운 오늘이다.

　태극기는 우리나라를 상징하는 표상이다. 어느 한 집단이나 특정인의 전유물이 아닌, 우리 국민 모두의 것이다. 그렇기에 3·1 운동을 비롯하여 8·15 광복과 정부 수립, 6·25 동란, 4·19 혁명, 6월 민주항쟁 그리고 올림픽을 비롯한 국제 행사 등 온갖 영욕으로 얼룩진 우리 근현대사를 거칠 때마다 태극기는 항상 우리 국민들과 고락을 함께해 온 것이다.

　오늘따라 태극기가 매우 애처로워 보인다. 나만 그렇게 느끼는 것일까. 때가 때인지라 대한민국도 태극기도 내 마음도 더없이 고통스럽고 아프다. 지난해 가을부터 시작된 이른바 '국정농단 사건'으로 온 나라가 몸살을 앓고 있다. 예측불허의 혼미한 정국은 갈수록 깊은 수렁에 빠져들고 있다. 대통령 탄핵이라는 거대한 암초에 걸려 한때 잘 나가던 대한민국호는 좌초 위기에 직면했다. 탄핵을 지지하는 '촛불'과 저지하려는 '맞불'로 온 나라가 두 동강이 나더니 결국은 태극기마저 '이 태극기와 저 태극기'로 갈라져 서로 대립하고 으르렁거린다. 98년 전 3·1 만세운동 때 우리 민족을 하나로 묶어 준 태극기가 어쩌다 이렇게 두 쪽으로 찢어졌는지 안타까운 마음을 금할 수 없다.

 보도에 따르면 3·1절을 앞두고 태극기 달기 운동에 나서려던 지방자치단체들도 고민에 빠졌다고 한다. 거리에서 태극기 퍼레이드를 펼치는 것이 자칫 대통령 탄핵을 반대하는 집회로 오해받을까 봐 그렇고, 어느 지자체에선 태극기 나눠 주기 행사를 벌이려다 취소했으며, 또 서울의 어떤 자치구 행사장에선 국민의례에 쓸 태극기 외에는 다른 태극기를 비치하지 않기로 했고, 촛불 집회 측은 오늘은 세월호를 상징하는 '노란 리본'을 매단 태극기를 가지고 나오기로 했다고 한다.

 이른바 '최순실 게이트'에 분노한 거친 파고가 우리 사회를 덮쳤다. 서울 도심엔 분노, 증오, 심지어는 저주의 함성이 하늘을 찌를 듯하다. 매주 토요일이면 광화문과 시청 광장이 경찰 차벽을 경계선으로 한쪽에선 탄핵 찬성을, 또 다른 한쪽에선 탄핵 반대를 목이 터져라 외쳐 댄다. 국가와 국민의 장래를 위하여 무엇이 바르고 옳은 행동인지 새삼 고심해 본다.

 탄핵 찬·반 지지자들에게 총동원령을 내린 오늘은 또 얼마나 많은 인파가 거리로 쏟아져 나올까? 시위에 참가하기 위하여 지방에서 올라오는 열성 지지자들도 적지 않은 것 같다. 살얼음을 딛고 서 있는 것 같은 위기 상황이 계속되고 있다. 촛불이든 맞불이든 아직은 평화스럽게 진행되고 있어 다행이나 헌법재판소의 선고 이후가 더욱 염려스러운 지경이다. 지금까지 그랬듯이 제발 별 탈 없이 이 위기가 빨리 진정되었으면 하는 마음 간절하다.

 탄핵 정국을 극복하기 위하여 국민 모두가 지혜를 모아야 할 요즈음이다. 하지만 이 난국을 은근히 즐기는 세력들이 곳곳에 숨어 있다. 바로 정치인 집단이다. 나라야 어찌 되든 집권욕에 눈이 먼 사람들이 강 건너 불구경하듯 성난 군중을 선동한다. 정녕 나라를 책임지겠다면 이쯤에서 조용히 헌법재판소의 결과를 기다리자고, 또한 헌재 판결에 흔쾌히 승복하자고, 국민들을 설득해야 마땅할 것이다. 한 나라를 이끌어 가겠다는 사람들이 무엇이 달라도 한참은 달라야 할 것이 아닌가? 저렇게 무책임한 사람들에게 나라를 맡겨도 되나 싶은 불안감이 점점 더 커져만 간다.

 나는 촛불 시위에도, 태극기 집회에도 몇 차례 나가 봤다. 촛불이든 태극기이든 일부 강성 극렬 세력을 빼고는 대부분 나라를 걱정하는 마음은 다 똑같다. 집회의 시작은 비선 실세의 국정농단에 분노해서 쏟아져 나온 사람들이다, 특히 이화여대 부정 입학에 연루된 주인공이 "돈도 부모의 실력이다"라는 막말에 많은 젊은이들이 분노하여 촛불을 들었다고 한다. 태극기 집회에 참석한 시민들도 맹목적으로 박근혜 대통령을 추종한다기보다는, 사드 반대나 통합진보당 이석기 석방 등을 주장하는 말도 안 되는 소리에 국가 안보를 걱정하는 사람들이 대부분이다. 이유야 어찌되었든 서로의 주장은 달라도 나라를 사랑하고 아끼는 마음은 둘 다 같아 보인다.

 생각이 바르고 건강한 다수의 국민이 있는 한 크게 걱정할 필요는 없는 것 같다. 만약 이정미 헌재소장 권한 대행의 퇴임일 이전에 최종 선고를 한다면 이제 보름도 채 남지 않았다. 탄핵을 둘러싼 양대 집회 세력이 마치 치킨 게임을 하듯 좀처럼 멈출 기미가 보이지 않는다. 집회 주도 세력들은 죽기 살기로 갈등을 조장하고 싸움을 부채질한다. 지금 이런 상황이 계속된다면 헌재 판결 이후의 결과는 불을 보듯 뻔하다. 승자도 패자도 없는 오직 혼란만이 이 나라를 더욱 불행하게 만들 것이다. 이제 분열과 대립을 멈추고 다 같이 국가의 앞날을 걱정해야 할 때이다.

바야흐로 춘삼월이다. 3월은 봄의 첫 디딤돌이다. 어둡고 칙칙한 긴 겨울잠에서 깨어나 희망찬 새봄을 노래하는 시간이다. 하지만 찬란한 이 봄을 즐길 마음의 여유가 생기지 않는다. 시국이 엄중하기 때문이다. 며칠 후 탄핵 기각이든 인용이든, 헌법재판소의 선고 결과를 겸허히 받아들이고 우리 앞의 암울한 현실을 직시했으면 좋겠다.

지금 우리는 '아메리카 퍼스트'를 외치는 미국 트럼프 행정부, 사드 배치를 이유로 경제 보복에 나선 시진핑 중국 정부와 위안부 합의 논란 문제로 대립하고 있는 일본 아베 정부, 게다가 언제 터질지 모르는 북핵 문제 등으로 안보와 외교가 총체적 난국에 직면해 있다. 어쨌든 나라가 있어야 국민도 존재하는 것이 아닌가. 이 위기를 슬기롭게 헤쳐 나가기 위해서는 여와 야가 싸우지만 말고 서로 양보하고 단합하는 것만이 최선의 길이다. 나라가 어려울 때마다 온 국민을 하나로 묶어 준 위대한 '태극기 정신'이 새삼 그립다. 창밖에 펄럭이는 태극기가 힘들고 애처롭게 보이는 건 내 눈에만 그렇게 보이는 건 아니겠지.

(2017. 3. 1)

갑과 을이 함께 사는 세상

정치의 계절이다. 국회의원 공천에서 탈락한 어느 정치인의 눈물 짓는 모습이 TV 화면에 잡혔다. 순간 별꼴이란 생각이 들었다. 차라리 돈 없고 힘없는 사회적 약자라면 동정이라도 받을 수 있겠지만, 4년 임기 내내 아쉬울 것 하나 없이 떵떵거리던 그가 무엇이 억울해서 저럴까, 나라와 국민을 위해 봉사하라고 뽑아 줬더니 제대로 일은 안 하고 온갖 '갑질'에 호가호위하다 공천을 못 받았다고 저런 모습을 보이다니, 국민들은 참 할 말이 많을 것 같다.

이번 4·13 총선은 우리 사회 갑 중의 갑인 국회의원을 뽑는 날이다. 선거판이 후끈 달아올라 정말 가관이다. 갈수록 혼탁 과열되어 불이라도 날세라 당장 119를 부르고 싶은 상황이다. 이번 선거는 좀 유별난 것 같다. 수신修身도 안 된 자들이 나랏일을 하겠다고 나대는 모습이라니, 정치의 정政 자도 모르는 내 눈에도 속이 훤히 들여다보이는 것 같은데 더 이상 말을 보태고 싶지 않다. 정상은 아닌 것 같다.

정말 유권자 무서운 줄 몰라서 저러는 건지, 서로 치고받는 꼴이 차마 입에 담기도 민망할 정도다. 막말 갑질에, 비방 흑색선전, 제 밥그릇 챙기기 등 '막장 드라마'는 저리 가라다. 여기에 한마디 더 보태면 초등학교 반장 선거도 이 정도는 아닐 거란 생각이 들었다.

어느 시대 어느 사회에서나 차별은 존재하기 마련이다. 말이 평등 사회이지 누군들 '을'이 되고 싶어 을이 되었을까. 세상에 태어날 때 금수저를 물고 나왔으면 갑으로 살고, 흙수저를 물고 나왔으면 을로 살아갈 수밖에 없는 것이 오늘의 현실이다. 한마디로 '운명'이다. 이처럼 세상에 나오면서 애초부터 갑으로 태어나는 사람도 없지 않지만 갑이라고 해서 다 몰지각하고 속물근성이 있는 건 아니다. 오히려 개중엔 바르고 반듯한 인성을 갖춘 존경받는 사람들도 꽤 많이 있다.

세상은 대개 갑과 을이 섞여서 함께 살아간다. 정부는 정부대로 기업은 기업대로, 조직이 크면 큰 대로, 작으면 작은 대로 그렇게 굴러간다. 누가 갑이고 을인지는 쉽게 구분이 안 간다. 결국 돈을 주고 명령을 하는 쪽은 갑이고, 돈을 받고 시키는 대로 일하는 쪽이 을이다. 속된 말로 칼자루를 누가 쥐었느냐에 따라 갑과 을로 나뉜다. 무릇 세상은 갑과 을이 조화롭게 어우러져 돌아갈 때 건강한 사회라 말할 수 있다. 갑만 있어서도 살 수 없고, 을만 있어도 세상이 돌아갈 수 없다. 사회든 조직이든 갑과 을이 서로 배려하고 협력할 때에 상생이 가능하고 대립하고 싸우면 결국은 공멸뿐이다.

몇 년 전 K항공사의 '땅콩 회항 사건'으로 갑질이 화제가 되었다. 갑질 논란이 벌어질 때마다 갑질을 한 주인공은 모두가 한결 같다. 카메라 앞에 고개를 푹 숙이고 동네북처럼 두들겨 맞아도 그때뿐이고 세상은 조금도 변하지 않는다. 최근에도 무슨 식품 회사의 회장님이 자신의 운전기사를 폭행한 사건이 있었다. 갑질의 방법과 정도의 차이만 있을 뿐, 갑의 횡포는 여전히 계속되고 있다. 대표적인 게 대기업 오너 가족이나 국회의원을 비롯한 고위공직자들이 그 주인공이다.

선출직 공직자들의 공통점은 선거철만 되면 자세를 낮춘다. 평소엔 갑질 노릇을 하다가 이때만 되면 표심을 얻기 위해서 비굴할 정도로 몸을 낮추고 읍소를 한다. 정말 별짓을 다한다. 보기에 민망하고 딱하다. 허리가 부러질 정도로 넙죽넙죽 유권자에게 인사를 하고, 경로당을 찾아가 큰절을 올리는 등 표를 구걸하는 모습이라니. 영 혼자 보기 아깝다. 그것도 부족해 자신을 지지해 달라고 조석으로 문안 전화까지. 그러던 사람들이 일단 당선만 되고 나면 언제 그랬느냐는 듯 고개 빳빳이 세우고 나 몰라라 하는 게 그들의 본모습이다.

나는 한평생 '을'로 살았다. 사회생활 첫 출발에서 은퇴할 때까지 을로 월급쟁이를 마감했다. 공무원을 퇴직하고 새로 들어간 금융회사는 이른바 '펀드'를 판매하는 투자신탁회사였다. 펀드는 확정 금리가 아닌 실적 배당 상품이기 때문에 고객 관리에 어려움이 따랐다. 고객의 비위를 맞추기 위하여 '감정 근로자'로서의 낱은 역할에 충실할 수밖에 없었다. 고객의 경조사를 챙기는 건 보통이고 경우에 따라선 술 상무 노릇도 감수해야 했다. 요즘엔 '실적 배당'이라는 말에 익숙하지만 그때만 해도 투자신탁제도 도입 초기였기 때문에 상품 판매에 많은 어려움이 있었다. 하지만 은행보다는 금리가 다소 높은 편이어서 문만 열면 구름 떼처럼 고객이 몰려오던 호시절도 있었다.

그런 봄날이 길지는 않았다. 88 서울올림픽 이후 영업 환경에 많은 변화가 왔다. 금융기관 간 경쟁도 치열해지고 한동안 치솟기만 하던 주식시장도 폭락과 침체를 반복하면서 펀드 수익률은 엉망이 되었다. 이자는커녕 원금을 까먹는 펀드도 속출했다. IMF 사태 이후 어려움이 지속되면서 설상가상으로 이른바 '대우채 사건'이 터졌다. 채권형 펀드마저 원금 손실이 발생하는 최악의 사태가 벌어졌다. 고객의 불만과 원성은 극에 달했다. 직원들은 좌불안석이었다. 고객을 대하는 창구 직원뿐만 아니라 지점장을 비롯한 책임자들도 힘들긴 마찬가지였다. 고객의 욕설과 폭언 등 험한 말이 오가는 건 일상이 되었고 하루에도 몇 번씩 멱살잡이가 벌어지는 등 영업장은 전쟁터로 변했다. 갖은 수모를 다 겪어야 했다. 결국엔 회사가 어려워지면서 경영권이 바뀌는 지경까지 갔다. 나는 그때 영업 사원 노릇을 하면서 을로 살아간다는 게 얼마나 힘들고 서러운 건지를 뼈저리게 실감했다.

  세상 어느 누구도 평생을 갑으로만 살아갈 수는 없다. 힘 있는 사람들도 경우에 따라선 하루에도 몇 번씩 갑과 을의 경계를 넘나든다. 이렇듯 우리의 삶은 언제나 상대적이다. 갑에겐 갑의 역할과 책임이 있고, 을 또한 마찬가지다. 이번 총선에선 아래에서 위를, 좌에서 우로 세상을 두루 살피고 배려할 줄 아는 가슴 따뜻한 선량들이 많이 당선되었으면 하는 바람이다. 갑과 을, 비록 살아남기 위하여 각자도생을 한다지만 어느 위치에서든 상생과 공존을 위한 역지사지하는 마음이 간절하다. 세상은 절대 혼자 살아갈 수 없는 게 상식이고 진리다.

(2016. 3. 11)

코로나19 단상

코로나 사태가 발발한 지 어느새 6개월이다. 일단 한고비는 넘긴 것 같은데 아직도 끝날 기미가 보이지 않는다. 산 너머 산이다. 물론 확진자는 줄고 있지만 그렇다고 안심할 단계는 아니다. 앞으로 얼마나 더 고통과 불편을 겪어야 할지, 멈춰 버린 일상은 여전히 지루하고 답답하다.

생활 속 거리두기로 전환한 지 두 달을 맞았다. 하지만 그 취지가 무색해진 듯 확진자가 줄기는커녕 갈수록 집단 감염이 늘고 있어 방역 당국을 긴장시키고 있다. 더구나 확진자가 인구 밀도가 높은 수도권으로 확산되고 있어 이러다가 '2차 대유행'으로 번지는 것은 아닌지, 정부도 국민도 불안하고 걱정스럽긴 마찬가지다.

코로나 방역에서 가장 중요한 수칙은 '거리두기'의 실천이다. 바이러스 질환의 특성상 사람과 사람 사이에 일정 간격을 유지해야 하는데 그게 말처럼 쉽지가 않다. 이른바 사회적 존재인 인간이 몇 달째 서로 거리를 두고 생활하다 보니 외딴섬에 갇혀 있는 것 같은 고립감 때문에 우울하고 무기력하다. 나 또한 계속된 '집콕 생활'로 심신이 지치고 고통스럽긴 마찬가지, 답답해서 죽을 지경이다. 그럼에도 어지간히 급한 일이 아니면 대면 접촉을 피하려고 애를 쓴다.

거리에서 사람들의 웃음소리가 사라졌다. 코로나 공포에 위축되어 웃음은커녕 생활에 활력이 없다. 마지못해 산다는 말이 입에 발렸다. 학생들의 등교 정상화는 집단 감염 우려 때문에 요원해 보이고 복지관 경로당 문화원 등 다중 이용 시설의 문은 언제쯤 다시 열릴지 가늠하기 어렵다. 산업 생산과 수출, 소비가 위축되면서 공장 가동은 줄고 음식 숙박 관광 공연 스포츠 등 산업 전체가 불황에 빠져 중소 상인들의 한숨과 대량 실업 공포가 근로자들의 어깨를 짓누른다. 코로나19로 인해 어느덧 익숙해져 버린 2020년 우리 사회의 어두운 단면들이다.

나는 요즘도 마스크 때문에 곤욕을 치른다. 외출을 하다 뭔가 잊은 듯한 느낌이 들어 정신을 차리고 보면 입언저리가 허전하다. 하루에도 몇 번씩 현관문을 여닫는다. 바로 '마스크 건망증' 때문이다. 그나마 즉시 알아차리면 다행이다. 요새는 마스크 구입이 수월하니 별문제가 없지만, '마스크 5부제'로 꼼짝달싹 못할 때 같으면 눈총 꽤나 받았을 것이다. 더구나 최근엔 마스크가 없으면 대중교통은 물론 공공시설에 출입할 수도 없을 만큼 통제가 엄격하다.

마스크 착용을 생활화한 지도 어느덧 여섯 달째다. 나는 코로나 사태 이전까지는 마스크를 써본 적이 별로 없다. 본격적으로 사용해 본 것은 이번이 처음이다. 그런데 마스크를 쓴다는 게 이렇게 불편한 것인 줄 미처 몰랐다. 날씨가 추울 땐 그래도 착용할 만하더니 무더위가 계속되는 요즘엔 정말 견디기 어렵다. 숨이 막힐 듯 갑갑해도 차마 벗을 수도 없다. 황사나 미세먼지 때는 순전히 나 자신을 보호하기 위해서 마스크를 쓴다지만 코로나19 상황은 좀 다르다. 저변에는 여전히 이기적인 속내가 깔려 있지만, 남에게 피해를 주지 않기 위해선 어느 정도의 불편은 기꺼이 감수하면서 마스크를 쓴다.

코로나를 핑계로 때 아닌 '돈 잔치'가 벌어졌다. 말은 '긴급 재난 지원금'이라지만 속셈은 총선을 염두에 둔 '공짜 선심'이었다. 물론 코로나 피해를 본 경제적 약자에게는 도움이 되겠지만, 피해가 없는 사람들까지 현금을 똑같이 나눠 주는 것을 어떻게 생각해야 할지. 아둔한 내 머리로는 도저히 이해가 안 된다. 그러나 속셈은 불을 보듯 뻔했다. 전 국민을 상대로 돈 잔치를 벌인 건 건국 이래 처음이라고 한다. 참 희한한 일이다. 총선을 눈앞에 두고 '공돈'을 흔들어 댔으니 투표는 하나마나, 결과야 당연히 집권당의 압승으로 끝났다. 선거에서 국민을 상대로 돈의 위력을 단단히 보여 준 셈이다.

단언컨대 세상에 돈 싫어하는 사람은 없다. 간사한 게 인간의 마음이라 한 번 공짜 맛을 보면 계속 손을 벌리게 된다. 언필칭 '공짜 중독'이다. 나는 긴급 지원금을 받아야 될지 말아야 될지, 어떤 것이 바른 처신일까 하고 나름 고심을 했다. 그러나 공짜를 뿌리칠 용기가 나질 않았다. 결국 돈을 받아 소고기도 사먹고 살림에도 보탰다. 하나 고맙기는커녕 조금도 달갑지 않았다. 오히려 속이 끓어올랐다. 코로나 피해가 큰 취약 계층에게 선별적으로 주는 것은 몰라도 피해가 없는 일반인들에게까지 마구 돈을 뿌리다니, 그것도 선거를 눈앞에 둔 시점에서. 이건 좀 아닌 것 같다는 생각에 속이 편하지 않다. 어렵고 힘든 때일수록 생각이 바른 국민이 많아야 나라가 바로 설 텐데. 걱정과 아쉬움이 남는 대목이다.

세상에 공짜는 없다. 결코 있을 수가 없다. 나라 살림도 마찬가지.

만약 공짜가 있다면 지구상에 망할 나라는 없을 것이다. 어쨌든 재난 지원금의 1원 한 장도 공짜가 아니란 사실을 가슴에 깊이 새겨야 한다. 분명히 국민의 혈세血稅다. 그런데도 자신의 부담으로 여기는 사람은 거의 없다. 안타까운 일이다. 결국 언젠가는 내 주머니에서, 아니면 내 자식들이 책임져야 할 '나랏빚'이다. 무책임하게 이런 식으로 공짜에 맛을 들이면 머지않아 그리스, 아르헨티나, 베네수엘라 같은 나라꼴이 될 것이다. 선심을 물 쓰듯 공돈을 뿌리다 보면 결국엔 나라가 망할 수밖에. 이게 나만의 생각인지 되묻지 않을 수 없다. 제발 내가 한쪽만 보는 외눈박이이기를 바랄 뿐이다.

긴급 지원금으로 14조여 원을 뿌렸는데 국민의 97%가 이 돈을 받았다. 기부액은 전체의 0.2%에 불과했다. 이 0.2%의 의미는 무엇일까. 결론은 공짜를 싫어하는 사람이 별로 없다는 것이다. 우리 국민의 수준이 여기까지다. 하지만 지구상엔 이런 나라도 있다. 매달 300만 원씩 기본 소득을 공짜로 주겠다는데도 국민의 77%가 반대표를 던졌다. 공짜에 휘둘리지 않는 성숙한 스위스 국민들의 건강한 애국심이다. 역시 국민은 그들 수준에 맞는 정부를 갖기 마련인 것 같다.

잃는 것이 있으면 얻는 것도 있다더니 결코 틀린 말은 아닌 것 같다. 코로나로 인해 '위생 관념'이 좋아졌다. 코로나 이전에는 기침할 때 손으로 입을 가리는 정도였는데 지금은 옷소매로 입을 틀어막는다. 뿐만 아니라 손도 자주 씻는다. 또 좋아진 것은 '맑고 깨끗한 하늘'이다. 예년 이맘때만 해도 미세먼지 때문에 마스크를 쓰지 않고는 견디기 어려웠는데 금년 들어 청명한 날이 꽤나 많아졌다. 코로나 때문에 공장이 다 문을 닫은 것 같은 착각이 들 정도다.

지난 6개월간 코로나가 준 교훈은 우리나라가 '선진국'이라는 사실이다. 전 세계가 코로나 팬데믹에 허우적거리는 가운데 유독 우리

나라의 대응은 모범 사례로 세계인의 주목을 받았다. 초기에는 우리도 혼란을 겪었으나 국민들의 적극적인 협조와 희생으로 이른바 'K방역체계'를 만들었다. 강대국인 미국을 비롯한 이탈리아, 영국 등 선진국들도 코로나 공격에 여지없이 무너졌다. 이를 보면서 최소한 의료 분야만큼은 우리가 선진국보다 낫다는 생각을 하지 않을 수 없었다. 불과 얼마 전까지 '헬조선'이라 욕하고 비웃던 사람들도 우리가 선진국 못지않은 '꽤 괜찮은 나라'란 사실을 깨달았으면 좋겠다.

 코로나19를 겪으면서 일상의 소중함을 알았다. 아침에 눈 뜨고 일어나 삼시 세끼 잘 먹고 잘 배설하며 내가 하고 싶은 걸 마음대로 할 수 있다는 게 얼마나 감사하고 소중한 것인지를. 이런 소소한 일상이 남에겐 하찮아 보이겠지만 나에겐 무엇과도 바꿀 수 없는 소중한 일들이다. 허나 이런 고마움도 모르고 때로는 불평불만을 일삼으며 남을 미워하고 원망도 했다. 언제나 당연하게 생각했던 일상들이 결코 당연한 것은 하나도 없다는 사실이다.

(2020. 7. 10)

한 번도 경험하지 못한 설 풍경

　참 이상한 설날이었다. 즐겁게 보내야 할 명절을 이렇게 황당하게 보낸 건 평생에 처음이다. 이번 설에는 정부의 '집합 금지 명령'에 따라 자식들도 못 오게 하고 나 혼자 설을 맞았으니 기분 좋을 리가 없다. 직계 가족도 거주지가 다르면 불법이라니 자식들은 자식들대로 나는 나대로, 명절을 각자 따로 보낼 수밖에 없었다. 정부의 방침을 이해하지 못하는 것은 아니나, 과태료 카드까지 꺼낸 건 아무리 좋게 생각해도 그건 좀 아닌 것 같다. 설 같지 않은 설을 보낸 것 같아 쓰디쓴 소태를 씹은 듯 뒷맛이 영 개운치가 않다.
　정부의 과태료 카드 방침이 알려지자 "설날에 가족이 만나는데 무슨 과태료냐."며 볼멘소리가 터져 나왔다. 부모님을 찾아뵙고 세배드리는 거야 자식으로서 당연한 도리이거늘, 해도 해도 참 너무한 게 아닌가. 과태료 발상 자체도 야속하지만 하필이면 왜 4명으로 제한했는지, 그것도 이해하기 어렵다. 직계 가족이야 어지간하면 손주까지 대략 예닐곱은 되는데, 무슨 근거로 4명 이내인지, 아무리 생각해 봐도 이해가 안 간다.

　정부의 설 연휴 방역 대책도 빈축을 사고 있다. 5인 이상 집합은 금지하면서 몇십, 몇백 명이 떼 지어 다녀도 모르쇠 하는 일이 벌어졌다. 앞뒤가 맞지 않는다. 멀리 떨어진 섬이라서 그랬는지, 아니면 유명 관광지라서 눈감아 준 것인지 정말 알다가도 모를 일이다. 설 연휴에 제주도에는 15만여 인파가 몰렸다고 한다. 물론 그중엔 귀성객도 있었겠지만 대부분이 관광객이었다고 한다. 거기뿐이 아니라 전국의 대형 쇼핑센터와 스키장 골프장에도 예상외로 많은 인파가 몰렸다. 이유야 어찌 되었든 설날만은 가족이 만나 조상님께 차례를 지내고 성묘 정도는 할 수 있게 풀어 줬어야지…. 내 짧은 소견으로는 도저히 이해가 안 된다. 어찌 되었든 성묘도 못 간 불효를 저지른 것 같아 조상님께 송구스러울 뿐이다.

　지난해 추석에는 "고향 방문을 자제해 달라."고 읍소하는 정도에 그쳤다. 그러나 이번 설에는 직계 가족도 만나지 못하게 강제하고 나섰다. 그러다 보니 정부가 나서서 천륜을 막는 것 아니냐는 불만이 쏟아졌다. 멀리 갈 것도 없이 내 자식들도 본가에 가야 되는지, 말아야 되는지를 두고 의견이 분분했다. 혼자라도 오겠다는 자식도 있고 낮에 잠깐 들러 세배만 드리고 가겠다는 자식도 있었다. 하지만 방역 수칙을 위반할 경우 과태료를 부과하겠다는 정부 방침에 순응해서 일단은 각자 설을 쇠도록 당부했다. 더구나 공직에 있는 자식은 본가 근처에 얼씬도 하지 말라고 엄명을 내렸다. 오고가는 길에 자칫 코로나에 감염되기라도 하면 공직자의 도리를 벗어난 행동으로 비난받을 건 뻔한 일이기 때문이다. 또한 그로 인한 인사상 불이익도 고려하지 않을 수 없었다.

정부 지침을 따르다 보니 자식들에겐 한 번도 경험해 보지 못한 초유의 '비대면 설'이 되었다. 정성껏 준비한 차례상을 '가족 단톡방'에 올리고 영상 통화를 했다. 차례상을 물린 뒤 떡국을 먹고 아들 3형제 그리고 손주들의 영상 세배를 받았다. 지금도 "할머니 할아버지 새해 복 많이 받으세요." 하는 어린 손주들의 목소리가 귓전에 맴돈다. 세뱃돈은 영상으로 보여 주고 은행 계좌로 보내 줄 것을 약속했다.

이번 설날은 세배꾼도 없이 조용히 지나갔다. 손주들에겐 낯설고 어색한 모습이었지만 영상으로 설을 맞았다. 예년 같으면 손주들의 재롱 잔치에 집안이 시끌벅적했을 텐데, 올해는 코로나 덕분에 '한 번도 경험해 보지 못한 설날'을 맞이하게 되었다.

방역을 핑계로 공권력이 안방 깊숙이 들어온 현실이 안타까웠다. 인터넷엔 정부의 단속을 피하기 위한 여러 묘책들이 떠돌았다. 가장 눈에 띄는 것은 형제들끼리 시간을 나눠서 부모님을 찾아뵙겠다는 것이다. 첫째네 가족이 부모님 댁에 들어가서 세배를 드리고 나오면 둘째가 들어가고 그들이 떠나면 셋째가 들어가는 방법이다. 또 어떤 이는 과태료를 감수하고 고향에 계신 부모님을 찾아뵙겠다는 '막가파'도 있고 또 어떤 이는 5인 이상 모임 금지를 핑계 삼아 부모님에게 영상 통화만 하겠다는 나름 '실속파'도 있다. 정부가 방역 수칙 위반 여부를 호구 조사하듯 단속할 수는 없겠지만 괜히 카파라치에 걸려 과태료를 무는 일이 없도록 조심해야 될 것이다. 실제로 이번 설날 가족 모임 위반 신고가 1천여 건이라는 보도를 보면서 투철한 신고 정신을 칭찬해야 할지 아니면 야박한 인심을 탓해야 할지 쓴웃음이 나온다.

나이를 먹고 보니 명절에 대한 감흥이 예전 같지가 않다. 오히려 귀찮은 생각이 들 때가 많다. 돌이켜 보니 내 인생에서 명절이 기다려지고 즐거웠던 시절은 결혼하기 전, 그러니까 부모님 품을 벗어나기 전까지였다. 그땐 고향에 가는 것 자체가 '고생길' 이었지만 그래도 반갑게 맞아 주는 가족들이 있어 더 없이 행복했다. 오랜만에 부모 형제를 만난다는 생각에 마음이 들떠 밤잠을 설치기도 했다. 그때는 지금처럼 명절 연휴가 길지도 않았다. 길어야 3일 정도였다. 그 시절 '귀성 전쟁' 은 진짜 총칼 없는 전쟁 같았다. 이젠 아련한 옛 추억이 되었지만, 교통 사정이 요즘처럼 좋은 것도 아니고 자가용은 상상도 못하던 시절이었다. 오로지 대중교통밖에 없었다. 기차가 되었든 버스가 되었든 좌석에 앉아서 갈 수 있으면 양반이고 그나마 콩나물 시루같이 빽빽한 입석도 탈 수만 있으면 감지덕지하던 시절이다. 그런 귀성길이 뭐가 그렇게 좋았는지 지나고 보니 그런 게 사람 사는 즐거움이고 행복이란 걸 한참 뒤에야 실감했다.

　우여곡절 끝에 2월 26일부터 백신 접종이 시작되었다. 지난해 연말까지만 해도 'K방역' 운운하며 세계적인 방역 모범 국가인 양 자화자찬하던 정부가 갑자기 곤경에 빠졌다. 선신국과의 백신 확보 경쟁에서 밀렸기 때문이다. 결국 OECD 회원국 중 맨 꼴찌로 백신을 접종하는 나라가 되었다. 그야말로 경제 규모 10위권 국가의 체면이 우습게 되었다. 바이러스 감염병은 백신을 통한 집단 면역만이 일상 회복의 유일한 카드라는 걸 우리 정부만 몰랐는지. 그동안 뭘 믿고 큰소리치다 이 지경이 되었을까, 참으로 안타까운 일이다. 이번 백신 논란을 지켜보면서 정녕 '좋은 정부' 란 무엇인가 하는 생각이 머릿속을 떠나지 않는다. 화려하고 거창한 백 마디 구호보다는 작은 실천, 즉 허풍 떨지 말고 정직 겸손해야 국민이 믿고 따른다는 사실을 깨달았으면 좋겠다.

누가 뭐라 해도 명절만은 가족과 함께 보내야 제맛이다. 그것이 사람 사는 즐거움이고 행복이 아닌가. 이번 설은 코로나19 때문에 가족이 함께하지는 못했지만 빨리 백신 접종률을 높여서 정부가 목표한 대로 11월까지 집단 면역이 형성되기만을 고대한다. 그렇게만 되면 내년 설에는 마스크를 벗고 온 가족이 함께 차례를 지내고 고향에 성묘도 갈 수 있지 않을까. 올 설날엔 자식은 물론 손주들 얼굴을 보고 싶어도 꾹 참고 견뎌야만 했다. 내 마음이 이러한데 조상님들도 서운하긴 마찬가지셨을 것 아닌가.

(2021. 2. 27)

회상

몇 해 전 이맘때였다. 갑자기 내 친구 K의 부음을 받았다. 밤새 안녕이라더니 전날까지 멀쩡했던 친구가 하룻밤 사이에 세상을 떠난 것이다. 다시 생각하기도 싫은 끔찍한 교통사고였다. 나하고는 근 30여 년 넘게 한솥밥을 먹고 지낸 직장 동료이자 막역한 동갑내기 친구였기에 더욱 가슴이 아프고 쓰리다.

비보를 듣고 한달음에 안암동 고려대학교 병원 장례식장으로 달려갔다. 이렇게 허망하게 떠날 줄은 전혀 뜻밖이라 도저히 믿어지지 않았다. 혹여 내가 부음을 잘못 받은 건 아닌가 하고, 장례식장에 걸린 전광판 앞에서 한참을 머뭇거렸다. 고인의 이름을 확인하고 또 확인했다. 그러기를 몇 번이나 반복했지만 아무리 눈을 씻고 다시 보아도 내 친구 K가 분명했다.

나는 지금도 그의 죽음이 실감나지 않는다. 빈소의 영정 앞에서 "친구야, 뭐가 급해서 그리 황망하게 떠났는가." 하고 몇 번을 되물어도 망자는 말이 없었다. 순간 뜨거운 눈물이 왈칵 쏟아졌다. 한마디 작별 인사도 못하고 이렇게 빨리 떠날 줄이야, 아쉬움이 너무 커서 할 말을 잃었다. 아직은 갈 때가 아닌데 하는 서글픈 생각에 눈물을 쏟았지만, 그건 나 혼자만의 생각이다. 삶이란 게 원래 욕심을 부린다고 마음먹은 대로 되는 건 아니겠지만, 설사 그렇다 하더라도 하룻밤 사이에 친구를 앗아간 하늘이 너무 원망스럽고 미웠다.

하긴 윗세대 어른들을 생각하면 우리 나이도 결코 적은 숫자는 아니다. 내가 어렸을 적엔 환갑만 넘어도 뒷방 늙은이 행세를 하는 어른들이 수두룩했다. 예전엔 대부분이 고희古稀의 문턱을 넘지 못하고 세상을 등지는 분들이 워낙 많다 보니, 오죽했으면 인생 칠십을 '고래희古來稀'라고 했을까. 그래서 환갑만 되어도 푸짐하게 잔치를 벌이고 뭇사람들의 축하를 받았던 것 같다.

고인은 참 효심이 뛰어난 친구였다. 그에겐 구순이 넘은 노모가 생존해 계셨다. 언젠가 술자리에서 "넌 이름이 좋아서 어머니께서 장수하시는 게 아니냐." 하고 너스레를 떨었던 일이 생각난다. 그의 이름에 들어 있는 '효孝 자'를 두고 한 말이지만, 어쩌다 노모 앞에 먼저 가는 불효를 저지른 것은 아닌지 하는 생각이 들자 가슴이 먹먹하다. 허나 이승에서의 못다 한 효는 저승에 가서 다하고도 남을 사람이라 여겨지니 다소나마 위안이 되었다. 하긴 그 친구는 충분히 그렇게 하고도 남을 위인이다.

K는 어려운 환경에서도 매우 열심히 산 친구였다. 그의 부모님은 6·25 때 월남하신 분들이다. 전쟁통에 얼마나 고생이 심했을지 미루어 짐작이 간다. 나는 그의 어린 시절에 대해서는 자세히 알지 못한다. 과거사는 서로가 묻지도 않고 알려고 하지도 않았다. 아픈 상처를 건드리는 것 같아 서로 조심을 했기 때문이다. 그는 동대문 부근

에 있는 '홍인초등학교'를 졸업했다. 언젠가 코흘리개 시절 이야기를 나누던 중 청계천 근처에 살았다는 말을 들었다. 그때야 너나없이 모두가 헐벗고 굶주렸지만 피란민이라서 무척 힘들었을 것이다.

그는 일찍이 공무원 생활을 시작했다. 주경야독으로 직장에 다니면서 학업을 계속했다. 대학원은 물론 해외 연수도 다녀왔다. 나하고는 우연인지 몰라도 체신 공무원을 거쳐 재무부에서 만났고, 그 후 다시 K투자신탁에서 20여 년을 동고동락하다 퇴직도 한날한시에 같이 회사를 그만두었으니 인연치고는 정말 기이한 만남이었다.

고인은 경제적인 사정으로 공직을 박차고 금융기관으로 전직을 했다. 나 또한 같은 이유로 뒤를 따랐지만. 당시 금융업은 확장 일로에 있었기 때문에 새로운 회사가 설립되고 점포가 신·증설되면서 인력수요도 급증했다. 그때 새로 출범한 금융회사 중 하나가 'K투자신탁회사'이었다. 고인은 회사 창립 일정에 맞추어 먼저 퇴직을 했고, 나는 몇 달 뒤인 1983년 3월에 정든 재무부를 떠났다. 공무원에서 회사원으로 전직한다는 게 말처럼 쉬운 일은 아니었다. 업무를 새로 배우고 익히는 것도 그렇지만 새로운 사람들과 조식에 석응하는 네 너 어려움이 컸다. 더구나 나는 회사 설립 이후에 입사하다 보니 소위 '낙하산'이라는 눈총을 받아 한동안 고역을 겪었다. 그런 어려움을 당할 때 옆에서 나를 도와준 게 고인이었다. 그렇게 해서 우리는 주위에서도 부러워하는 둘도 없이 가까운 절친으로 발전해 갔다.

나는 회사에서 고인과 같이 보낸 시간이 참 많았다. 본사 시절은 물론이고 영업점에 근무할 때도 그런 경우가 많았다. 성격이나 취향도 서로 비슷했다. 그는 소문난 애주가였다. 집도 나와 같은 강북으로 술이 거나하면 우리 집에 들러서 가는 일이 많았다. 그렇다 보니 우리 집에선 그를 '방학동 아저씨'라 불렀다.

본사 근무 시절, 두어 차례 보직을 나에게 물려주기도 했다. 더욱이 내가 전산 부장으로 있을 때는 한 건물의 위아래 층에서 같이 근무하기도 했다. 나는 4층 전산부에서, 친구는 2층 영업점에서 근무를 했다. 아마 그때가 둘이서 많은 시간을 함께 보낸 게 아니었나 싶다.

회사를 퇴직한 이후 고인을 비롯한 친구들 몇이서 모임을 만들었다. 매월 셋째 주 수요일에 만난다 해서 '세수회'라 일컬었다. 그렇게 얼마가 지난 뒤 단순히 밥 한 그릇을 먹고 헤어지는 것보다는 모임을 통해 마음을 갈고 닦자는 의미로 '세심회洗心會'라 명칭을 바꾸었다. 처음에는 매주 등산을 다녔으나 요즘엔 한 달에 한 번 둘레길이나 공원을 산책하고 이따금 박물관이나 영화관 등을 찾기도 한다. 공교롭게도 친구가 세상을 떠나던 날도 모임이 예정된 날이었다. 결국은 빈소에서 회원들을 한자리에서 만나기는 했지만…. 그날이 K와는 마지막 모임이 되었다.

K가 떠난 게 엊그제 같은데 벌써 5년이란 세월이 흘렀다. 고인을 생각하면 이것이 인생인가 싶고 삶에 대한 회의감마저 들었다. 너무 허망하고 두렵다. 어차피 인생의 끝은 죽음이라 하지만 하늘의 뜻에 따라서 조금은 짧게도 조금은 길게도 살다 가는 그 차이밖에 없다. 지금까지 남의 일만 같던 죽음의 그림자가 바로 내 앞에서 얼씬거리는 듯한 느낌이다. 나 또한 그때가 언제일지 모르지만 K가 떠난 그 길을 가게 될 것이다. 그렇다. 결국은 우리가 가야 할 종착역은 죽음이다. 고인과 함께했던 그 시절을 회상할수록 그리움만 더 쌓여 간다.

(2019. 2. 23)

그래도 이만하면

"내가 벌써 고희古稀라니…"

어느새 내 나이 칠십이다. 까마득하게만 느껴지던 70이란 숫자가 마법을 부리듯 이렇게 빨리 쫓아올 줄은 꿈에도 몰랐다. 막상 고희를 맞고 보니 기분이 착잡하다. 두렵고 혼란스럽다. 지난 시간을 돌아보니 무엇 하나 내세울 것 없이 나이만 헛먹은 것 같아 후회와 자괴감이 든다. 자고로 "인생칠십 고래희"라 했건만 요즘 나이 칠십은 경로당에 가도 청소나 하고 술, 담배 심부름을 해야 한다고 하니 고래희는커녕 70이란 말을 꺼내기조차 민망하다.

언젠가부터 백세 시대란 말이 입에 붙었다. 불과 반세기 전까지만 해도 환갑이면 오래 살았다고 큰잔치를 벌였는데, 요즘 나이 칠십은 어지간하면 누구나 사는 아주 평범한 나이가 되었다. 그래서인지 회갑은 물론 고희란 말도 잘 쓰지 않는다. 이젠 국어사전 속에서 잠자는 고어古語가 되었다. 아무리 그렇다고 해도 고희까지 산다는 게 얼마나 힘들고 지난한 과정인데, 암癌 등 난치병과 안전사고를 생각해 보라. 돌이켜 보니 건강한 육신을 물려주신 우리 부모님과 내가 어려울 때 도움을 주신 주위의 많은 분들에게 엎드려 감사드린다. 나이를 먹어 갈수록 따가운 가을볕에 누렇게 익어 가는 벼이삭처럼 고개 숙여 감사할 일만 남았다.

내가 회사를 퇴직한 지도 꽤 시간이 흘렀다. 회사가 어려워지면서 그만두게 될 것을 각오한 일이라서 크게 당황하진 않았다. 급기야 천 길 낭떠러지 절벽 위를 걷는 심정으로 하루하루를 근근하게 버텼다. 결국 퇴직 통보를 받았다. 막상 출근할 곳이 없어지고 보니 두렵고 불안했던 건 사실이다. 솔직히 얼마 동안은 편하고 좋았으나 오래가지 못했다. 그것도 잠시 이내 평정심을 되찾았다. 그만두기 전부터 혼자 사는 마음 공부를 많이 한 때문인지 지루하지 않게 시간을 잘 보내고 있다. 한때는 작은 소일거리라도 있었으면 하는 마음이 간절했으나 현실은 녹록지 않았다. 이젠 그런 절박감마저 식어 버린 지 오래다.

나는 평생 헛된 짓 안하고 열심히 살았다고 자부한다. 번듯하게 이루지도, 많이 모으지도, 널리 알린 것도 없지만 세끼 밥을 굶지 않고 남에게 손 벌리지 않을 정도의 생활은 유지할 수 있으니 이 또한 큰 축복이 아닌가. 분명한 것은 남에게 자랑할 것도, 내세울 것도 없지만 그렇다고 내 이름 석 자를 더럽히거나 손가락질 받을 짓은 하지 않고 열심히 살았다. 나름대로는 남에게 폐 끼치지 않고 바르게 살려고 무던히 애쓴 것만은 널리 자랑하고 싶다.

나는 한평생을 평범한 월급쟁이로 살았다. 흔히 말하는 좋은 자리에 앉아 본 적도 없지만 공무원과 회사원으로 주어진 위치에서 늘 최선을 다했다. 충청남도 지방 공무원으로 출발하여 다시 서울에서 체신 공무원과 재무부를 거쳐 K투자신탁회사에서 월급쟁이로 생활했다. 금융기관에서 근무한 20여 년이 마냥 좋았던 것은 아니다. 공무원보다 월급은 좀 많이 받았을지 모르지만 여간 스트레스를 받은 게 아니다. 이마에 영업 실적 꼬리표를 달고 사는 건 물론이고 잊을 만하면 무슨 캠페인을 벌여 실적에 따라서 신상필벌을 가하는 등 업무에 대한 중압감은 이루 말할 수 없었다. 여기에 더해 불만 고객의 거친 폭언과 민원 등 갖은 수모를 겪기도 했다.

내가 회사에 다니면서 가장 힘들었던 시기는 IMF 때였다. 멀쩡하던 금융기관들이 환란換亂을 견디지 못하고 줄도산과 인수 합병 등으로 많은 직원들이 거리로 내쫓겼다. 당연히 우리도 무사할 순 없었다. 회사도, 직원들도 불안하긴 마찬가지였다 마침내 회사 주인이 바뀌고 경영 정상화란 미명 아래 구조 조정의 칼바람이 거세게 불어닥쳤다. 살생부, 정리 해고, 일괄 사표 등 그야말로 죽고 사는 건 운명에 맡겨야 했다. 그래도 난 천신만고 끝에 잘리지 않고 살아남아서 그럭저럭 회사 생활을 마감할 수 있었다. 구조 조정의 격랑에 휩쓸려 일찍 퇴출당하지 않은 것만으로도 감사해야 할 일이다.

나는 내세울 것 하나 없는 그저 그런 평범한 회사원이었다. 특별한 재주나 뛰어난 능력도, 든든한 뒷배도 없이 생존을 위하여 무진 애를 썼다. 윗사람의 비위를 맞추기 위하여 손바닥을 비비거나 줄을 서는데는 영 서툴렀다. 맡은 업무 이외에 다른 건 생각도 못했고 생각할 겨를도 없었다. 오로지 회사를 위하여 내 나름 '성실과 끈기' 하나로 위기를 버텼던 것 같다. 돌아보니 그런 것이 모두 나에겐 행운이었다.

나의 생활 신조는 진인사대천명이다. 언제나 성실한 자세로 최선을 다하는 사람이 되고자 노력했다. 열심히 하다 보니 좋은 결과도 따랐다, 세상에 "공짜는 없다"는 말처럼 노력하지 않고 얻을 수 있는 건 생각하지도, 바라지도 않았다. 땀 흘려 노력해서 얻은 게 진짜 내 것이듯, 근로 대가로 받는 월급이 수입의 전부였고 근검절약은 기본이었다. 정직하고 성실하게 살다 보면 세끼 밥은 먹을 수 있다는 게 나의 인생 철학이다. 여기까지 살아보니 돈은 재물이 따라 줘야 쌓이는 것이고 분에 맞지 않게 욕심을 부리면 반드시 탈이 나는 게 세상의 이치란 것을 배웠다.

  사람이 산다는 건 정말 고달프고 힘든 여정이다. 내 나이 칠십이지만 어떻게 살아야 잘사는 것이고, 무엇이 성공인지 정답은 없는 것 같다. 돈 많이 벌고 높은 지위에 오르는 것만이 삶의 조건은 아니듯 무릇 작은 일에 감사하고 행복할 수 있다면 그것이 성공이 아닌가 싶다. 공사판을 전전하며 막일을 하고 사는 사람도 나이가 70 정도이면 세상 돌아가는 이치는 빤하게 다 알 것이다. 평생을 상식과 순리에 어긋나지 않게 살았으면 그것으로 만족할 일이지, 지금 이 나이에 무엇을 더 바라겠는가. 살아보니 인생엔 정답이 없다는 게 하나도 틀린 말이 아니다.

  앞으로의 여생은 사는 날까지 최선을 다하는 것이다. 있으면 있는 대로 없으면 없는 대로 분수에 맞게 살 것이다. 충청도 두메산골에서 태어나 서울 하늘을 지붕 삼아 비바람 맞지 않고 한세상 무던하게 잘 살았다. 아직까지는 아픈 데 별로 없이 이만큼 건강했으면 감사한 일이고, 아들 3형제 그런대로 잘살고 있으니 이 또한 축복이 아닌가. 고희를 맞아 남 보기에 팔불출 같은 소리지만 "그래도 이만하면" 더 바랄 것이 없다는 감사한 마음뿐이다. 이제 세상 떠나는 그날까지 안분지족安分知足하면서 건강하게 사는 것이 나의 마지막 소망이다.

(2016. 8. 20)

제2부 소중한 가족

- 돼지띠 4대
- 그리운 나의 어머니
- 다시 불러 보는 아버지
- 야, 엄마 냄새다
- 아버지의 지게
- 할아버지 할머니에 대한 추억
- 재회
- 손주 바보
- 소중한 가족
- 주말부부 연습
- 아내의 잔소리
- 장남으로 산다는 것
- 아들이 좋아, 딸이 좋아
- 추억 만들기
- 벚꽃 구경
- 황금돼지의 해

돼지띠 4대

우리 가계家系엔 유난히 돼지띠가 많다. 그 '띠'라고 하는 것이 '60갑자'의 천간지지天干地支 중 12개의 지지를 놓고 그해[年]에 해당되는 것이 무엇인가에 따라 띠가 정해진다. 그런 것이기에 난 별로 대수롭지 않게 여겼는데, 우리 집은 맏아들 4내 모두가 돼지띠를 타고나다 보니 기이한 느낌마저 든다. 마치 맏아들끼리 돼지띠 릴레이를 벌이고 있는 것 같은 기분이다.

릴레이의 첫출발은 나의 아버지로부터 시작되었다. 평생을 농사꾼으로 사시다 겨우 환갑을 넘기고 돌아가신 선친은 1923년 계해癸亥생 돼지띠이셨고 나는 정해丁亥생 돼지띠이다. 여기까지는 그냥 우연한 일로 치부하고 말았는데 내 대代를 이은 큰아들마저 돼지띠였을 때는 "우와, 우리 집에 돼지띠 복이 터졌구나." 하면서 그냥 웃을 수밖에 없었다. 그런데 더 기막힌 것은 릴레이가 거기서 멈춘 게 아니라 내 손자 대까지 이어졌다. 4대째 돼지띠 릴레이가 이어진 것이다. 맏손자인 서용瑞容이가 태어난 2007년은 내가 회갑을 맞은 정해년으로 600년 만에 한 번 돌아온다는 쌍춘년雙春年 돼지띠의 해였다. 이것은 분명 우리 집의 경사였다. 더구나 그해는 '황금돼지의 해'라고 해서 온 나라가 떠들썩했다.

쌍춘년이란 음력으로 일 년 사이에 입춘立春이 두 번 들어 있는 해를 말한다. 세상 만물이 생명을 잉태하는 봄의 이미지와 새 가정을 이루는 결혼의 의미가 서로 잘 맞아떨어진 것이다. 그런 입춘이 일 년에 두 번이나 끼어 있으니 어찌 길吉하지 않을까. 더구나 황금돼지띠 해였으니 그해에 아이를 낳으면 잘 먹고 잘살 것이란 생각에 출산율이 높아지는 건 어쩌면 당연한 일이 아닌가 싶다.

나는 그해가 저물어 갈 무렵인 음력 섣달 스무날에 할아버지가 되었다. 기다리고 기다렸던 첫 손자를 본 것이다. 그것도 내 대代를 이어 갈 맏손자였다. 내가 첫 손자를 본 건 친구들에 비해 좀 늦은 편이었다. 지금까지는 친구들의 손주 자랑에 할 말이 없어 멍하니 듣기만 했으나, 이젠 나도 자랑거리가 생긴 셈이다. 내 손자 녀석은 돼지띠도 그냥 돼지띠가 아닌 황금돼지띠를 타고났고 우리 집 맏아들의 돼지띠 릴레이도 4대째 잇게 되었으니, 이보다 더한 자랑거리가 어디 있을까. 정말 큰 경사다.

큰며느리의 출산 소식을 들은 이튿날, 나는 맏손자를 만나기 위하여 아침 일찍 길을 나섰다. 수원까지 차를 타고 가면서 만감이 교차했다. 좀 늦게라도 손자를 본 것은 더할 나위 없이 감사하고 기쁜 일이지만, 내가 할아버지가 되었다고 생각하니 묘한 기분이 들었다. 믿어지지 않았다. 내가 할아버지라니, 분명 손자를 본 것은 기분 좋은 일이지만 어쩐지 할아버지가 되었다는 게 전혀 실감나지 않았다.

머릿속으로 처음 보는 손자의 얼굴을 그리면서 조심스럽게 병원 문턱에 들어섰다. 내 자식 이후 오랜만에 출입해 보는 산부인과 병원, 선뜻 들어가기가 쑥스러웠다. 첫 만남의 설렘 때문일까. 신생아실 문을 들어서는 순간 기분이 묘했다. 유리창 너머로 갓난아이들의 귀여운 모습이 눈에 들어왔다. 하늘에서 내려온 천사들 모습이다. 이 아이일까, 저 아이일까 하고 두리번거리는데 때마침 간호사가 조심스럽게 손자 녀석을 번쩍 들고 나를 향해 손자의 얼굴을 보여 주었다.

'앗, 저 녀석이다.'

얼굴을 마주친 순간 형언할 수 없는 상서로운 느낌이 왔다. 천륜이란 이런 것일까. 동그란 눈과 오뚝한 코, 두툼한 귀, 어쩐 일인지 생긴 모습이 전혀 낯설지가 않았다. 어디서 많이 본 듯한, 꽤 낯익은 모습이다. 그렇다. 잠시 후 마음속으로 조용히 손자 녀석을 불러 봤다. "야 이놈아, 할아버지가 왔다. 우리 첫 만남인데 어서 인사해야지." 바로 그때였다. 내 마음이 녀석에게 전해졌는지 꼬물거리는 게 "할아버지 오셨느냐."는 듯 고갯짓을 한다. 조손간의 무언의 첫 인사였다. 녀석을 보니 앙증스러웠다. 어쨌든 이목구비와 사지가 멀쩡한 몸으로 태어나 준 것에 감사할 따름이나. 이렇게 감사할 수가…. 더 이상 바랄 게 없었다. 고슴도치에 비유하진 않더라도 손자 녀석이 마냥 귀엽고 사랑스러웠다. 분명 손자에 대한 할아버지의 절대적인 사랑, 그야말로 '핏줄'이 무엇인지를 실감나게 만드는 순간이었다.

나는 젊었을 때 '돼지아빠'란 소리를 들었다. 그랬던 내가 다시 '돼지할아버지'란 말을 듣게 되었으니 우연치고는 보통 우연이 아니다. 내가 큰자식을 낳았을 때 돼지처럼 잘 먹고 튼튼하게 자라라는 의미로 태명을 '돼지'라고 지었다. 물론 돼지띠를 타고났지만, 자연스럽게 나는 돼지아빠, 아내는 돼지엄마라 불리게 되었다. 당시 이웃에 살았던 사람들은 지금도 날 만나면 돼지아빠라고 부른다. 돌아보니 돼지아빠란 말이 정겹게 들리는 건 지금도 그 시절이 그리워서가 아닐까.

　내 자식이 귀여우면 남의 자식도 귀여운 법이다. 아마 내 손자와 같은 해에 태어난 아이들 모두 '좋은 운과 때'를 타고 태어났으리라 믿는다. 그래서 나는 쌍춘년의 상서로운 기운을 듬뿍 받았으면 하는 소원을 담아 손자에게 상서로울 '서瑞' 자를 써서 '서용'이란 이름을 지어 주었다. 돼지처럼 잘 먹고 튼튼하게 자라서 상서로운 기운을 세상에 널리 떨치는 훌륭한 사람이 되기를 소망해 본다.

　세상에 제 자식이 귀엽지 않은 부모는 없다. 내가 자식을 낳아 키울 때만 해도 자식이 귀엽다는 말을 마음대로 하지 못했다. 더구나 어른들 앞에선 그런 말도 못 꺼냈다. 그때만 해도 자식 자랑을 하는 사람은 팔불출이라 놀리던 시절이었으니까.

　겉으로 드러낸 '손주 사랑'은 삼가고 싶다. 지나친 사랑은 과유불급이다. 적당히 사랑을 하되 속으로 사랑하면서 아버지에서 나 그리고 아들 손자까지 면면히 이어져 온 돼지띠 4대의 의미가 무엇인지를 다시 한번 곱씹어 본다.

　돼지띠 2대 할아버지로서 내가 해야 할 일이 생겼다. 손자가 자라서 내 말을 이해할 수 있는 나이에 이르렀을 때 들려줄 돼지띠의 자랑과 사명 같은 걸 담은 우리 가계의 빛나는 언어言語를 만들고 다듬어야겠다. 요즘엔 핵가족이나 이혼 등 가족 해체 영향으로 대부분의 아이들이 자신밖에 모르는 이기적인 행동을 쉽게 볼 수 있다. 이는 자식에게 지나친 사랑만 주었지 인성 함양에 필요한 교육이 부족한 탓이 크다. 이런 시대일수록 4대째 이어져 온 '돼지띠 가족'의 의미가 더욱 소중한 것이 아닐까.

(2013. 6. 5)

그리운 나의 어머니

 문득 어머니 생각이 났다. 지그시 눈을 감고 조용히 어머니를 불러 본다. 오늘따라 젊었을 때의 고운 모습보다는 늙고 병들어 거동이 불편하셨던, 어머니의 말년 모습이 눈에 밟힌다. 돌아가시기 몇 해 전부터는 무릎이 아프고 허리가 굽어 혼사 서동하는 것조차 어려운 지경이었다. 차마 그런 모습을 눈뜨고 볼 수 없어 어머니 면전에서 언짢게 굴기도 했다. 정작 몸이 불편하셨던 어머니의 속은 오죽하셨을까. 어머니 기일을 며칠 앞두고 애타게 불러 보는 그 이름, "아, 그리운 나의 어머니여" 나는 단 한시도 어머니란 말을 잊어 본 적이 없다.
 어머니가 세상을 떠나신 지 어느덧 18년이다. 그런데도 내게는 마치 엊그제 일처럼 생생하기만 하다. 엄혹한 일제 강점기에 태어나서 혼란스러운 해방과 6·25 전란, 먹고살기 어려웠던 보릿고개 등 고단한 세월을 마지못해 억지로 살다 가신 분이다. 얼마나 궁핍했으면 흰쌀밥에 고깃국 한 그릇을 마음 편히 잡숫지 못하셨을까. 노년엔 배불리 먹고 살 만큼 좋은 세상을 만났지만, 찾아온 병마에 시달리다 끝내 한 많은 생을 마감하셨다. 지금도 어머니를 생각하면 가슴이 아리고 먹먹하다.

내 어머니는 낫 놓고 기역자도 모르는 까막눈이셨다. 학교 문턱을 밟아 보지 못한 무학이셨다. 글자는커녕 숫자도 읽을 줄 몰랐으니 얼마나 답답하셨을까. 멀쩡한 눈을 뜨고 장님처럼 캄캄한 세상을 살다 가셨으니 더 말해 무엇하랴. 외할아버지께선 근동에 이름 난 훈장님이셨으면서도 왜 하나밖에 없는 외동딸에게 글을 가르쳐 주지 않으셨는지, 한글만이라도 깨우쳐 주셨으면 밝고 좋은 세상을 편히 살다 가셨을 텐데, 야속하지만 그 시절이야 여자는 살림이나 하다 시집가면 그만이라는 생각이 대세였으니 그럴 수밖에. 세월을 탓해서 무엇하랴. 얼마 전 TV에서 할머니들의 '문해교육' 장면을 보다가 불현듯 어머니 생각에 쏟아지는 눈물을 주체할 수 없었다.

한평생 글을 모르고 살았으니 얼마나 답답하셨을까, 생각만 해도 억장이 무너진다. 시장엘 가도, 버스를 타러 가도, 관공서에 일을 보려고 해도 하나에서 열까지 남에게 다 묻고 물어야 했으니, 그 불편한 심정을 어찌 다 말로 헤아릴 수 있을까. 나는 왜 간단한 글자나 숫자를 가르쳐 드릴 생각을 하지 못했는지, 부모가 자식을 생각하는 마음의 만분의 일이라도 생각했다면 무슨 수를 쓰고도 남았을 것이다. 그래서 난 어머니에게 받을 줄만 알았지 뭐 하나 제대로 드린 것이 없는, 천하에 몹쓸 불효자란 생각을 지울 수가 없다.

어머니는 한집안의 맏며느리이자 9남매를 낳아 기른 장한 어머니였다. 결혼 초에는 석면石綿 광산에 다니는 아버지를 따라 '하고개' 너머 이웃 동네에 잠시 분가해서 사셨다. 해방 후 광산이 폐광되면서 다시 고향으로 돌아오셨다. 할머니 할아버지를 모시진 않았지만 한 동네에 살면서 가난한 집 맏며느리 노릇을 해야 했으니, 당신의 고달픈 생활은 이루 말할 수 없었을 것이다. 낮에는 농사일에 시달리고, 밤에는 길쌈을 해서 우리 9남매를 길렀으니 신사임당과 같은 '위대한 어머니'는 아닐지라도 한집안을 위해서 최선을 다하신 자랑스러운 어머니였다고 자부한다.

하얀 쌀밥은 어머니를 추억하게 하는 특별한 그 무엇이 있다. 가난했지만 나는 어렵사리 중학교에 진학했다. 꽁보리밥도 없어서 못 먹던 시절, 내 도시락만은 흰쌀밥을 싸 주셨다. 가마솥 한편에 쌀을 한 줌 넣었다가 도시락에 넣어 주신 것이다. 아버지도 못 잡숫는 귀한 쌀밥이었다. 이불에 싸서 아랫목에 묻어 두었던 따뜻한 밥 한 그릇, 그건 자식 사랑의 상징과도 같았다. 그런 쌀밥을 혼자 먹으면서도 다른 식구들에게 미안한 줄도 몰랐다. 당연한 줄만 알았다. 어머니의 이런 끔찍한 사랑이 아니었다면 오늘의 내가 존재할 수 없었음을 철이 들어서야 깨달았다. 지금 이 순간에도 어머니에게 다하지 못한 불효를 가슴에 가득히 끼인고 싶어진다.

어머니는 74세를 일기로 먼 길을 떠나셨다. 아버지 돌아가시고 10여 년을 혼자 외롭게 버티셨다. 물론 고향에서 동생이 모시긴 했지만, 나는 장남이란 멍에 때문에 늘 마음이 무거웠다. 어쩌다 서울에 오시면 우두커니 집에만 있는 것을 불편해하셨다. 서울에 사는 고모님이나 다른 자식들을 보러 가고 싶어도 혼자 다닐 수 없었기 때문에 그런 서울이 싫었던 것 같다. 중년 이후 찾아온 관절염 등으로 모진 고통을 겪었다. 손과 무릎이 저리고 아파서 밤잠을 설치기 일쑤였고 특히 말년엔 허리가 굽어 이른바 꼬부랑 할미꽃 신세가 되셨다.

단언컨대 자식은 자식일 뿐, 결코 부모가 될 수는 없다. 부모는 열

자식을 키워도 열 자식은 부모 하나를 모시지 못한다는 말처럼. 나이를 먹어 부모 노릇을 해봐야 겨우 알듯 말듯 죽을 때가 되어도 부모의 마음을 속속들이 헤아리지 못하는 게 자식들이다. 그럼에도 자식에게 하나라도 더 주지 못해 노심초사하는 게 부모의 심정이다. 고통스러운 병석에서도 오로지 자식 걱정만 하시다 끝내 눈을 감으셨다. 부모는 자식 걱정으로 한평생 마음 졸이며 살아간다더니 하나도 틀린 말이 아니다. 나도 자식을 낳고 살림을 해보니 그제야 어머니의 마음을 겨우 헤아릴 수 있을 것 같다.

  어머니라는 말은 언제 들어도 가슴이 따뜻하다. 자식을 위하여 목숨보다 더한 것도 내줄 수 있는, 그게 부모의 자식 사랑이다. 자식의 보살핌을 받아야 할 고령에도, 다 큰 자식에게 밥은 먹었느냐, 배고프지 않으냐, 차 조심해라 하는 등 온갖 걱정을 달고 사셨다. 한평생 어머니라는 틀에 갇혀 고단하게 살다 가신, 숙명 같은 그 이름, 바로 어머니의 일생이다. 어버이날이 들어 있는 가정의 달 5월을 맞아 다시 한번 머리 숙여 깊이 감사드린다. "어머님 고맙습니다. 정말로 사랑합니다."라고.

(2015. 5. 27)

다시 불러 보는 아버지

　아버지가 돌아가신 지 올해로 34년이다. 지금은 부모님 없이 사는 것에 제법 익숙해졌지만 울컥하고 생각날 때가 한두 번이 아니다. 돌아보니 부모님 생전에 잘해 드린 것보다는 잘못한 일만 기억에 남는다. 그럴 때마다 회한에 젖어 속으로 뜨거운 울음을 삼키곤 한다. 이제는 잘해 드리고 싶어도 부모님 곁에 영영 돌아갈 수 없다는 기막힌 현실이 내 마음을 더 아프게 한다.
　나의 아버지는 평생을 농사꾼으로 사신 분이다. 일제 강점기 가난한 집 맏아들로 태어나 고향인 충청도 산골에서 땅만 파고 사셨다. 손바닥만 한 땅뙈기를 부쳐서 처자식을 건사해야 했으니 그 곤궁함이 오죽했을까. 생각만 해도 눈시울이 뜨겁다. 입에 풀칠하고 살기도 바쁜 가난한 살림에 학교는 언감생심이었고, 어깨너머로 배운 한문이 배움의 전부였다. 그래도 집안의 기제사에 지방을 쓰고 독축讀祝을 하러 다니실 정도는 되셨으니 나름 꽤 열심히 사신 분이다.

아버지의 일생은 한마디로 '고단한 삶' 그 자체였다. 그 시대엔 대부분이 그랬겠지만 극심한 가난에 초근목피로 연명하고도 죽지 않고 살아남은 게 이상할 정도였다. 하루하루가 지옥을 떠도는 것 같은 삶이었을 것이다. 청년기엔 재 너머 이웃 마을 석면 광산에서 밥벌이를 했다. 배움이 짧아 관리자의 멸시와 폭언에 갖은 수모를 겪어야만 했다. 해방 후 광산이 폐광되면서 그 일마저 계속할 수 없어 부득이 고향으로 돌아오셨다.

해방의 감격도 잠깐, 6·25 난리통에 생존을 위한 고행은 계속되었다. 밀려오는 인민군을 피해 경상도 대구 인근까지 피란을 갔다가 천신만고 끝에 가까스로 귀향하셨다. 내가 어렸을 적 우리 집 뒤꼍 모퉁이에는 아버지가 피란길에 메고 다니셨다는 '낡은 배낭' 이 외로이 걸려 있었다. 난 아버지와 생사를 함께 한 그 배낭에 따뜻한 눈길 한 번을 주지 못하고 무심하게 지나쳐 버렸다. 배낭에 얽힌 자세한 사연을 듣지 못한 게 후회로 남았다.

아버지는 1987년 위암으로 세상을 뜨셨다. 병이 나시던 해 겨우 63세였다. 소화가 안 되어 고생하신다는 연락을 받고 나는 황급히 고향에 내려갔다. 작은아버지께서 다급하게 전화를 거신 것만 봐도 상태가 많이 안 좋으셨던 게 분명했다. 나는 본가에 도착하자마자 "아버지, 저와 같이 병원에 가시죠."라고 말씀드렸으나 한마디로 "못 간다."고 거절했다. 당시 아버지께서는 마을 이장을 맡고 계셨다. 가을 추수철에는 추곡 수매 등으로 동네일이 바쁠 때였다. 평소 잔병치레 없이 강건하셨던 분이라 단지 소화가 안 되는 것쯤으로 가볍게 여기다 병을 키우고 말았다. 그로부터 달포가 지나 청양에서 가까운 대천 현대아산병원을 거쳐 서울에 오신 것이다. 송년 분위기에 들뜬 12월의 어느 날이었다. 서울에 올라오시던 그날 S대학교 병원 응급실로 직행했다.

　돌이켜 보면 아버지를 그때 바로 병원에 모시지 못한 게 나에겐 천추의 한이 되었다. 불치병도 조기 발견하면 거뜬히 고칠 수 있는 것을, 자식인 내가 서두르지 못해 병을 키운 꼴이 되었다. 이른바 "골든 타임"을 놓친 것이다. 아버지는 두 차례나 큰 수술을 받고 2년여 동안 투병하시다 결국은 신록이 우거진 5월의 어느 화창한 봄날 65세를 일기로 꽃상여를 타고 돌아올 수 없는 강을 건너고 말았다.

　나는 병중의 아버지를 보고 억장이 무너졌다. 내가 해드릴 수 있는 게 아무것도 없었다. 예전 건강한 모습은 오간 데 없고 쇠잔한 몰골에 나약한 모습만 눈에 들어왔다. 뼈만 앙상한 팔과 다리, 핏줄도 사그라진 창백한 얼굴, 삶의 끈을 이어 가기 위하여 가쁘게 몰아쉬는 애잔한 숨소리가 내 마음을 더 아프게 했다. 아버지는 평생 병원이란 것을 모르고 사신 분이다. 몸이 아파도 웬만하면 참고 견디셨다. 늘 자식들에겐 "나는 괜찮다."란 말을 입에 달고 사셨다. 나 또한 그런 모습의 아버지를 당연한 것으로 알고 더 이상 말을 건네지 않았다.

　자식은 부모를 이해하기 위해서 나이를 먹는 것 같다. 내가 나이를 먹고 철이 든 뒤에야 아버지를 겨우 이해할 수 있었다. 내가 어릴 적의 아버지는 엄하고 무서웠다. 허구한 날 일밖에 모르셨다. 아버지인들 왜 웃음이 없고, 편하고 싶지 않으셨을까. 그건 내가 아버지를 이해하지 못한 데서 오는 오해와 착각이었을 것이다. 겉으로는 엄한 척을 하셨어도 속은 얼마나 여리고 아프셨을지, 아버지에게 조금이라도 더 다가서려는 노력은 하지 않고 아버지 탓만 했으니 생각할수록 난 참 못난 자식이다.

　아버지는 원래 말수가 적으신 분이다. 워낙에 할 말만 하시는, 생전 우스개 같은 건 모르고 사셨다. 물론 상스러운 말이나 험담도 안 하셨지만 남의 입방아에 오를 일은 조금도 하지 않으셨다. 병이 나시기 전까지 마을 이장과 농협 조합장을 10여 년 넘게 하셨어도 주위에서 뭐라고 손가락질하는 사람들을 보지 못했다. 내가 지금도 가슴 아파 하는 건 "그 아버지에 그 아들"이란 말처럼 부자간에 대화다운 대화를 나눈 기억이 별로 없기 때문이다. 아버지가 말수가 적으면 자식이라도 살갑고 나긋나긋하게 굴었어야 했는데 나 또한 전혀 그렇지 못했으니. 이런 걸 두고 '붕어빵 부자'라고 하는지 모르겠지만….

오랜만에 다시 아버지를 목 놓아 불러 본다. 워낙 불효한 것이 많아서 아버지라 부르기도 죄스럽고 아버지란 말을 입에 담기도 송구하다. 다음 생에는 차라리 아버지를 만나지 않았으면 좋겠다. 나 같은 불효자를 만나 평생을 고단하고 외롭게 사셨으니 다음 생엔 아주 효성스럽고 살가운 자식을 만나 천복을 누리셨으면 하는 마음 간절하다. 만약 아버지를 다시 만나게 되면 이생에서 못해 드린 효를 꼭 해드리고 싶다.

요즘 들어 아버지 생각이 간절하다. 야속한 게 세월이라더니, 아버지 돌아가신 지 꽤 많은 시간이 지났다. 지금의 내 나이가 돌아가실 때의 아버지 나이를 훌쩍 뛰어넘었다. 가슴속에 그리움으로만 남아 있는 나의 아버지, 아버지라는 그 사실 하나만으로도 더없이 감사한 일이다. 부족하지만 내가 이만큼 복을 누리고 사는 것도 아버지께서 닦아 놓은 디딤돌 덕분이라 생각한다. 하루가 다르게 녹음이 짙어 가고 있다. 5월이 되면 아버지에 대한 그리움이 더욱 커진다. 아버지의 아들로서, 세 자식의 부모로서 좋은 역할을 하고 있는지 다시금 나를 돌아보게 된다.

(2021. 5. 12)

야, 엄마 냄새다

어머니 기일을 며칠 앞둔 음력 2월 어느 날이다. 퇴근해서 집안에 들어서니 TV를 켜놓은 채 아내가 주방에서 한창 저녁 준비를 하고 있었다. 때마침 TV에서 들려오는 딸과 엄마의 대화 한 토막이 내 귓전을 스친다. 대여섯 살로 보이는 어린 꼬마애가 엄마를 덥석 끌어안으며 "야, 엄마 냄새다. 아, 엄마 냄새 참 좋다." 하고 매달리며 응석을 부린다. 그러자 엄마는 기다렸다는 듯 양팔을 벌려 달려드는 딸을 꼭 껴안으며 "아이고, 내 강아지." 하면서 반갑게 맞아 준다.

어머니를 못 뵌 지 15년이 되어 간다. 어머니를 생각하는 마음은 나이가 많으나 적으나 모두가 한결같다. 어머니란 말은 부르면 부를수록 더 그리워지고, 들으면 들을수록 더 훈훈하게 느껴진다. 이제 어머니가 돌아가신 지 오래다 보니 따가운 봄볕에 색이 바래듯 사랑도 그리움도 갈수록 엷어져 간다. 기껏 제삿날이나 명절이 돼서야 어머니를 생각하는 몹쓸 불효자가 되었다. 잠시 TV 화면에서 시선을 떼고 흐트러진 마음을 가다듬었다. 지그시 눈을 감고 생전의 어머니 모습을 머릿속에 그려 본다.

갓난아이들도 엄마 냄새는 잘 기억하는 것 같다. 한참 칭얼거리다가도 엄마가 가까이 오면 울음을 뚝 멈춘다. 아마 엄마 뱃속에서부터 각인된 본능 때문일 것이다. 어릴 적 몸이 기억한 엄마 냄새는 나이를 먹어서도 지워지지 않는 향수와 같은 존재랄까. 누구나 엄마한테는 엄마만의 독특한 냄새가 있다. 달콤한 젖 냄새, 구수한 밥 냄새, 때로는 몰래 흘린 눈물 냄새도 섞여 있다. 나도 나이를 먹고 철이 들어서야 겨우 울 엄마의 체취를 알았다. 딱히 뭐라 단정하기 어려운 엄마만의 냄새, 자식들만이 기억하고 있는 독특한 냄새인 것이 엄마 냄새다.

엄마 냄새는 마냥 향긋하고 달콤하지만은 않다. 평생을 일 속에 파묻혀 고생하셨던 울 엄마는 항상 땀 냄새에 젖어 있었던 것 같다. 그래도 나는 그런 엄마가 좋았다. 내 기억엔 구수하고 달콤한 냄새보다는 땀에 젖어 있을 때가 훨씬 더 많았다. 도시에 사는 젊은 부인들이야 매일 샤워를 하고 좋은 화장품으로 꽃단장을 하니 당연히 향긋한 냄새를 풍기겠지만 농사일에 찌든 촌부들에겐 도저히 상상하기 어려운 일이다. 잠시도 쉴 틈조차 없는 판에 한가하게 몸치장을 하는 건 가당치도 않은 일이다. 비록 몸에선 땀 냄새가 날지라도 내면에서 풍기는 온기가 중요한 것이 아닐까. 향 싼 종이에 향내 나고, 생선 싼 종이에 비린내 난다는 말처럼 내면이 아름답지 못하면 곁에서 아무리 좋은 향내를 풍긴들 무슨 소용이 있을까. 자식을 향한 엄마의 사랑은 비록 땀 냄새일지라도 자식에게는 달콤한 향기 그 이상으로 기억될 것이다.

엄마에게는 자식만이 느낄 수 있는 독특한 냄새가 있다. 딱히 꼬집어 말할 순 없지만 시큼한 땀 냄새가 됐건, 달콤한 젖 냄새가 됐건, 구수한 밥 냄새가 됐건 간에 엄마 냄새는 언제 맡아도 싫증 나지 않는다. 평소엔 그런 엄마 냄새를 잊고 살다가도 좋은 일이나 어려운 일이 있을 때 문득 생각나는 게 엄마 냄새다. 엄마 냄새는 코끝에서 오는 것이 아니라 가슴으로 느껴진다. 돌아가신 뒤에도 엄마 냄새는 쉽게 잊히지 않는다. 아무리 나이를 많이 먹었어도 엄마는 엄마이니까. 내 나이 이순耳順이 넘었지만 엄마 냄새는 조금도 지워지지 않고 더욱 선명하게 남아 있다.

울 어머니는 언제나 자식 걱정으로 노심초사하신 분이었다. 자식들이 서로 우애 좋게 사는 것만이 어머니의 소원이었다. 가난한 집에 시집와서 9남매를 낳아 기르시느라 허리 한번 제대로 펴지 못하고 배불리 밥 한 그릇을 편히 먹지 못했다. 노후에는 활처럼 굽은 허리와 손발 관절 마디가 시리고 아파서 외출 한번 마음 편히 못하셨으니 이만저만 고생이 아니었다. 지금도 휘영청 밝은 달밤이면 밤이 이슥하도록 마당에서 삼을 삼고 베를 날던 젊은 시절의 어머니 모습이 눈에 선하다.

부모의 눈에 자식은 언제 보아도 안쓰러운 존재다. 나도 자식을 낳고서야 겨우 그 마음을 헤아릴 수 있었다. 하지만 자식이 부모를 생각하는 마음은 항상 인색하고 핑계가 많다. 자주 찾아뵙기는커녕 손에 꼽을 정도로 이따금 찾아가 돈 몇 푼 손에 쥐어 드리면 그것으로 자식 노릇을 다하는 줄만 알았다. 지금도 부모님 생전에 저지른 불효가 부메랑처럼 돌아와 후회로 남는다.

고슴도치처럼 제 자식이 가장 귀엽다고 생각하는 게 부모의 마음이다. 자식을 품에 안고 '내 강아지야' 하면서 금지옥엽처럼 귀하게 키웠건만 자식은 그런 부모의 은공을 조금도 헤아릴 줄 모른다. 부모가 돌아가신 뒤에야 겨우 알까 말까 하지만. 비가 오면 구슬피 울어

대는 청개구리와 같은 존재가 자식들이다. 그래서 "내리사랑은 있어도 치사랑은 없다."고 하지 않던가. 하지만 이런 말도 자식들의 마음을 편하게 해주려는 부모의 입장에서 나온 말이 아닐까 하는 생각을 해본다.

　엄마 냄새는 사막의 오아시스와 같다. 뜨거운 태양 아래서도 마르지 않고 지워지지도 않는다. 비록 향기롭지 못한 땀 냄새일망정 영원히 잊을 수가 없다. 엄마 냄새에는 생전에 못다 한 어머니에 대한 사랑과 그리움이 배어 있기 때문이다. 오늘도 눈물을 머금고 속죄하는 심정으로 "어머니 사랑합니다." 하고 못다 한 사모곡을 애타게 불러본다.

(2011. 5. 27)

아버지의 지게

 며칠 전 꿈속에서 아버지를 만났다. 지게를 지고 가는 모습이 꽤 지쳐 보였다. 얼른 뛰어가서 "아버지" 하고 인사를 드렸더니 따라오지 말고 "먼저 집에 가서 있어라." 하는 한마디를 남기고 홀연히 사라지셨다. 무슨 일인가 싶어 화들짝 잠에서 깨고 나니 아버지 생각이 더욱 간절해졌다.
 나의 아버지는 일밖에 모르는 천생 농사꾼이셨다. 한평생 가족을 건사하기 위하여 황소처럼 일만 했어도 가난을 벗어나지 못한 채 안타깝게도 일찍 생을 마감하셨다. 돌아가시던 그해 아버지의 춘추 겨우 64세였으니 누가 봐도 아까운 삶이었다. 내 기억 속의 아버지는 허구한 날 일 속에 파묻혀 바깥세상 구경 한번 제대로 못해 보고 고생만 하시다 돌아가신 분이다.
 생전의 아버지는 늘 지게를 지고 다니셨다. 지게가 몸에 달라붙은 것처럼 떨어질 줄 몰랐고 그 지게는 삶의 무게만큼이나 무겁게 보였다. 지긋지긋할 만도 할 텐데 무거운 지게를 질 줄만 알았지 왜 벗을 줄은 모르셨을까. 얼마나 힘이 들었으면 어깨에 굳은살이 박이고 허리마저 구부정하게 굽으셨는지. 곤궁한 살림에 당신의 건강을 돌보지 못하고 일만 하시다 결국 환갑이 지난 그 다음해 몹쓸 병을 얻은 뒤에야 겨우 지게를 벗을 수 있었다.

　나는 지게 진 아버지를 대할 때마다 억장이 무너졌다. 농삿거리라도 많았으면 몰라도 손바닥만 한 논밭뙈기에 무슨 일이 그렇게 많으셨는지, 꼭두새벽부터 저녁 늦게까지 지게를 지고 동동거리셨을까. 농번기는 물론이고 농한기에도 나무를 하러 산에 가시고 한 뼘의 땅이라도 늘리기 위하여 야산을 개간하는 등 밤낮없이 일을 하셨다. 그러니 밥 먹고 주무실 시간을 빼고는 지게를 벗지 못했던 것이다.

　"아이고 삭신이야, 날이 궂으려나?"

　어렸을 적 자주 들었던 아버지의 독백이다. 온종일 힘든 일을 마치고 집에 들어오신 아버지는 밤새 끙끙거리며 뒤척이느라 잠을 설치시고도 다음 날 먼동이 트기 전 일찌감치 일터로 나가셨다. 아버지는 근동近洞에서 부지런하기로 소문난 분이셨다. 농사철이면 식전에 이슬을 털고 논밭에 나가 김을 매고, 물꼬를 둘러보았다. 조반을 드시러 집에 오실 때에도 그냥 빈 지게로 들어오시는 법이 없었다. 하다못해 소에게 먹일 풀 한 주먹이든, 땔나무 가지든, 뭐라도 지게를 채워 가지고 들어오시는 게 기본이었다. 늘 그게 농사꾼의 자세라고 말씀하셨다.

　아버지가 병원에서 퇴원하여 고향에 가셨을 때의 일이다. 부지깽이도 춤을 춘다는 봄철 농번기이었다. 병석에서도 마음은 콩밭에 가 있었다. 오로지 배운 게 농사였고 그걸 천직으로 살아오신 분이니 당신께서 직접 씨를 뿌리고 거름을 주며 작물을 가꿔야 마음이 놓였을 텐데, 그러던 어느 날 집에 누워 있기가 갑갑하다며 지게를 지고 밖으로 나가시는 게 아닌가. 동네 이웃 사람들마저 안타까움에 끌끌 혀를 찰 정도였다.

환자의 몸으로 지게를 메고 문밖을 나가셨던 날, 동네 어른들께서 "환자가 무슨 놈의 지게여" 하면서 만류했으나 막무가내로 버티셨다. 지게를 지는 것이 몸에 밴 아버지의 오랜 습관이었다. 돌이켜 보면 평생을 인질 삼아 붙들고 있는 그 지게가 야속하지도 않으셨는지, 나는 도저히 이해할 수가 없었다. 어쩌면 지게를 벗어던지고 싶어도 그럴 수 없는 숙명 같은 존재, 그것이 '아버지와 지게'의 인연이 아니었을까.

아버지는 그 다음해 병세가 다시 악화되어 2차 수술을 받았다. 퇴원해서 집에 가신 이후 끝내 자리에서 일어나지 못했다. 당신의 분신과도 같은 지게를 다시는 멜 수가 없었다. 주인을 잃은 그 지게도 천덕꾸러기가 되었다. 헛간 구석에 방치되었던 지게가 언제부터인가 눈에 띄지 않았다. 나는 그 지게의 마지막을 챙기지 못한 게 두고두고 마음에 걸렸다. 왜 아버지의 체취가 밴 분신 같은 그 지게를 내 곁에 둘 생각을 하지 못했을까. 지금도 그 지게만 생각하면 죄책감에 가슴이 뜨끔거린다.

내가 결혼하기 전 어느 해 추석 무렵이었다. 명절을 쇠러 고향에 가던 날, '발온성고개'를 넘어가다 나뭇짐을 지고 가는 아버지를 만났다. 거기서 아버지 "제가 그 지게를 지겠습니다."라고 말을 했으면 좋았으련만, 말도 못 꺼내고 아버지의 뒤만 졸졸 따랐다. 설령 말씀을 드렸던들 선뜻 "그래라." 하실 분도 아니었기에, 나는 그 일이 두고두고 한이 되었다. 부모는 자식을 위해 모든 짐을 메어 주건만 자식은 단 한 번도 당신의 짐을 받아 줄 생각을 못했으니, 그게 불효자가 아니고 무엇이란 말인가. 지금도 그 일만 생각하면 죄스러운 마음에 얼굴이 화끈거린다.

 나도 어린 나이에 지게질을 배웠다. 아마 초등학교 4~5학년쯤으로 기억된다. 어느 날 아버지께서 앙증맞게 생긴 조그만 지게를 가지고 오셨다. 지게를 메는 게 처음엔 서툴렀지만 몇 번 지다 보니 몸에 익숙해졌다. 그때는 초등학생 정도만 돼도 학교에서 돌아오면 으레 책보따리는 한구석에 집어던지고 집안일을 도왔다. 어린 나이지만 누가 시키지 않아도 여름엔 꼴을 베고 겨울이면 땔나무를 하러 산에 가는 등 나름 일찍 철이 들었던 것 같다.

 나는 지게질이 힘들다는 걸 너무나 잘 안다. 무거운 짐을 지고 있으면 어깨가 빠질 듯 아프고 다리가 후들거려 걸음을 제대로 뗄 수가 없다. 이렇듯 작대기에 기대어 악을 써보지 않은 사람들은 그 고통을 잘 모른다. 그래서 평생 지게를 져 본 부모님들은 제 자식만은 절대 지게질을 안 시키고 편하게 살기를 소원하셨다.

 나는 아버지가 돌아가신 뒤에야 '지게'가 아버지의 분신과도 같은 존재란 것을 알았다. 그 지게는 단순한 농기구가 아니라 거기엔 우리 가족의 '밥줄'이 걸려 있었다. 그런 까닭에 아버지는 지게를 벗지 못하고 힘들게 사신 것이다. 아버지인들 지게질이 얼마나 힘들고 싫으셨을까. 허나 정작 아버지를 더 힘들게 했던 건 그 지게가 아니라 '나'를 비롯한 줄줄이 딸린 자식들이었다. "아버지 고맙습니다." 오늘따라 아버지 생각이 더욱 간절하다.

(2020. 3. 8)

할아버지 할머니에 대한 추억

"야, 인영아 일어나 글 읽어야지."

"에이, 조금만 더 자고요…."

할아버지의 불호령에 잠이 십 리는 달아났다. 살포시 눈을 떠 보니 할아버지는 오늘도 여전히 자리를 앞에 앉아 계셨다. 구부정한 자세로 돗짚자리를 짜시느라 부지런히 고드랫돌을 이리 돌리고 저리 돌리셨다.

음력으로 삼월 열사흘이 할아버지의 기일이다. 할아버지의 영정을 가슴에 끌어안고 서럽게 눈물짓던 게 엊그제 같은데 벌써 38년이란 세월이 흘렀다. 흐른 세월만큼이나 할아버지가 사무치게 그립다. 이젠 그리움이 사그라질 때도 되었건만, 어쩐 일인지 할아버지에 대한 추억이 더 새록새록 되살아난다. 하긴 돌아가실 때까지 병원 출입 한번 안 하시고 갑자기 세상을 떠나셨기에 할아버지에 대한 그리움이 더욱 큰 게 아닌가 싶다.

나는 유년 시절을 조부모님의 품안에서 자랐다. 분가分家하신 우리 부모님을 따라가지 않고 할아버지 댁에 계속 눌러앉았다. 할머니가 엄마보다 더 좋았다. 할머니가 가시는 곳이면 어디든 졸졸 따라다니며 귀찮게 굴었다. 어린 마음에 할머니가 얼마나 좋았으면 그랬을까 싶다. 눈에 넣어도 아프지 않은 맏손자였으니 조부모님의 손주 사랑이 오죽했을까. 나는 맏손자 이름값만큼이나 유별난 사랑을 받았다.

어느 해 겨울밤 나는 엉덩이에 화상을 입었다. 그날도 할머니 등에 업혀 안방에서 사랑채로 자러 가다 일어난 불의의 사고였다. 잠에 취해 할머니 등에서 내리는 순간 툇마루에 놓아 둔 뜨거운 화로에 털썩 주저앉고 말았다. 불씨가 이글거리는 화로에 엉덩이를 덴 나도 나였지만 할머니는 얼마나 놀라셨을지, 두 번 다시는 상상하고 싶지도 않다. 내 엉덩이엔 지금도 그때 입은 화상 자국이 손주 사랑의 훈장처럼 선명하게 남아 있다.

할아버지는 내게 한문을 가르쳐 주신 훈장님이시다. 나는 한글보다 한자를 먼저 깨우쳤다. 할아버지의 남다른 손주 사랑 덕분이다. 아마 초등학교도 가기 전 다섯 살 때쯤으로 기억된다. 어느 날 할아버지께서 천자문 책을 펴놓고 따라 읽기를 강요하셨다. 할아버지가 시키는 대로 '하늘 천天' 하면 나도 하늘 천 하고 따라서 읽는 시늉을 했다. 무슨 글자인지도, 뜻도 모르고 시키는 대로 따라 읽었지만, 시간이 지나면서 글을 깨우치기 시작했다. 처음엔 할아버지의 강요에 겁을 먹기도 했다. 그럴 때마다 할아버지가 무섭고 싫었지만 가끔 맛있는 것을 주시면서 관심과 흥미를 이끌어 주었다. 끊임없이 반복된 학습 효과가 나타나기 시작했다. 마침내 눈을 감고도 천자문을 달달 외울 수 있었다. 예를 들어 '천지현황天地玄黃하고, 우주홍황宇宙洪荒이라' 하는 식으로 네 글자를 한 문장으로 운을 달아 천자문을 처음부터 끝까지 읊어 댔다.

할아버지는 글을 많이 배우지 않은 평범한 분이셨다. 물론 훈장님도 아니셨다. 그런 분이 어떻게 손자에게 천자문을 가르치실 생각하셨는지. 아마 그것은 손주 사랑 때문일 것이다. 처음엔 뜻도 의미도 모르고 무조건 달달 외웠던 천자문이 평생을 두고 내 삶의 밑천이 되었다. 단순한 지식을 넘어서 독서와 학습에 대한 흥미를 일깨워 주었던 것이다. 천자문 전체는 아니지만 부분부분 그때 익혔던 글자들이 지금도 눈에 선하다.

할아버지는 손재주가 무척 좋으신 분이셨다. 일상에 필요한 웬만한 생활용품은 거의 만드셨던 것 같다. 하기야 광주리, 소쿠리, 채반, 어렝이, 바지게 등은 싸리나무나 대나무, 갯버들로 만들고 멍석, 망태기, 돗자리나 돗짚자리 등은 왕골이나 짚으로 만들었다. 지금도 가장 기억에 남는 건 긴긴 겨울밤 자리틀에 앉아 고드랫돌을 돌리면서 자리를 짜시던 할아버지의 모습이다.

할아버지는 술을 참 좋아하셨다. 근동에서도 소문난 애주가셨다. 하루 끼니때마다 반주 삼아 한두 잔씩 꼭 드셨다. 집에 술이 떨어질 날이 없었다. 그 시절 술을 사다먹는 건 쉬운 일이 아니었다. 술을 사 먹을 돈이면 집에서 누룩을 빚어 술을 담갔다. 이른바 '밀주'란 것이다. 술맛으로 따지면 양조장 술은 저리 가라 할 정도로 훨씬 좋았다. 하지만 밀주를 담가 먹기엔 늘 위험 부담이 따랐다. 예고 없이 들이닥치는 '밀주 단속원' 때문이었다. 아무리 꼭꼭 숨겨도 완벽할 순 없었다. 단속에 걸릴 때마다 가난한 형편에 벌금을 내야 했고 술을 만드신 할머니는 번번이 죄인 아닌 죄인 노릇을 해야 했으니 참으로 기막힌 일이었다.

할아버지는 술을 좋아하신 만큼이나 할머니의 속도 어지간히 태웠다. 술이 좀 과하시면 그냥 넘어가는 법이 없었다. 주사酒邪가 문제였다. 동네 골목이 시끌시끌하면 어김없이 술에 취하신 할아버지의 고함 소리가 들려왔다. 그럴 때마다 할머니는 안절부절하며 애간장을 태우시던 모습이 지금도 눈에 밟힌다.

어느새 나도 어엿한 할아버지가 되었다. 도대체 손자가 뭐길래, 말귀도 제대로 알아듣지 못하는 나에게 '천자문'을 가르치셨을까. 맏손자에 대한 무한한 사랑 때문이었으리라. 이제 나도 손주를 둔 할아버지가 되었다. 먼 훗날 손주들이 나를 어떤 할아버지로 기억할 것인지를 머릿속에 그려 본다. 하지만 천자문을 가르쳐 준 할아버지처럼 긴 여운을 남길 수 있을는지, 그럴 자신은 없으나 지금부터라도 좋은 할아버지가 되기 위하여 많은 노력을 해야 할 것 같다.

나는 한순간도 할아버지 할머니를 잊어 본 적이 없다. 지금도 천자문을 가르쳐 주신 할아버지의 큰 사랑에 가슴이 먹먹하다. 조부모님의 품안에서 금지옥엽처럼 귀여움을 받기만 했지 보답해 드리진 못했다. 나도 내 손주들에게 할아버지만은 못해도 기억에 남을 멋진 추억거리를 만들어 주고 싶다. 손주들에게 좋은 추억을 물려주는 것만이 할아버지의 큰 사랑에 보답하는 것이 아닐는지.

(2015. 4. 30)

재회

 달포 전 돌아가신 부모님을 만났다. 두 분의 유택을 합장合葬하면서 가진 눈물겨운 재회였다. 아버지와 어머니의 산소는 100여 미터가량 떨어진 곳에 각각 모셔져 있었다. 그래서 기회가 되면 아버지를 어머니 곁으로 이장하고 싶었으나 그간 시운時運이 맞지 않아 수년을 기다려 왔다.
 아버지 산소는 생전에 당신이 손수 잡으신 못자리이다. 비록 남의 땅이지만 좌청룡 우백호까지는 몰라도 배산임수에 온종일 볕이 들어 풍수 문외한인 내 눈에도 명당으로 보였다. 못자리의 땅 임자는 아버지와 호형호제하는 막역한 사이였다. 약간의 돈을 주기로 하고 양해를 구했다. 아버지가 병석에 계실 때 내가 산주를 만나서 돈을 건넸다. 아버지 산소에는 이런 애틋한 사연이 있어서 이장 여부를 놓고 무척 고심을 했다. 수차례 형제들과 논의한 끝에 어렵게 이장을 결심했다. 어지간하면 그대로 두고 싶은 생각도 없지는 않았으나, 결국은 남의 땅이라는 것이 영 자식들의 마음에 걸렸다.

　두 분의 합장 문제는 오랜 숙제처럼 늘 내 머릿속을 맴돌았다. 장남이란 무게감까지 더해져 나를 압박했다. 나는 십여 년 전에 할아버지와 할머니 산소를 사초했고, 부모님의 산소 문제도 어떻게든 빨리 매듭을 짓고 싶었다. 마냥 기다릴 수가 없었다. 지난해 한바탕 병치레를 하고 난 뒤 더욱 조바심이 났다. 그런데다 올해는 아버지 산소를 이장移葬하는 것뿐만 아니라 어머니와 합장을 해도 좋다는 지관의 말을 들었다. 기회는 바로 이때다 싶었다. 내 손으로 부모님 산소를 건드릴 수 있는 시간이 많지 않은 것 같아 더욱 일을 서둘렀다. 다행히 형제들도 내 의견에 토를 달지 않고 흔쾌히 따라 주었다.

　부모님 두 분을 합장하기로 결정이 난 뒤 사초 날을 받았다. 4월 20일로 받았다. 우선 지관을 모시고 산소의 좌향坐向을 다시 살펴보고, 석물은 청양읍내에 있는 석재상회에 주문을 하는 등 차근차근 준비에 들어갔다. 다행히 외사촌 형님이 지관이어서 일이 순조롭게 진행되었다. 이 또한 감사한 일이다.

　사초 비용은 장남인 내가 감당할 몫이라 생각했다. 동기간들에겐 조금도 부담을 주고 싶지 않았다. 부모님 생전에 맏아들 노릇을 제대로 못한 죄책감에서 그간 형제들에게 진 마음의 빚을 조금이라도 갚고 싶었다. 헌데 매부들로부터 뜻밖의 제안을 받았다. 장인 장모님을 위한 마지막 기회라면서 조금이라도 비용을 분담하겠다고 나섰다. 워낙 그 뜻이 완강해서 좋은 마음으로 흔쾌히 받아들였다. 사초 당일엔 구름 한 점 없이 날씨까지도 좋았다. 모든 일이 원만하게 잘 마무리되었다. 이번 사초를 기회로 형제들이 우애를 더 돈독하게 다지게 된 것 같아서 흐뭇했다.

　기다렸던 부모님과의 재회 순간이 다가왔다. 비록 유골이지만 부모님의 안위랄까, 매장 상태를 직접 확인할 수 있다는 사실에 만감이 교차했다. 어떤 모습일지 떠올린 그 순간 목에 가시가 걸린 듯 속이 답답하고 마음이 무거웠다. 전혀 예상하지 못한 상황이 잠시 후 눈앞에 펼쳐졌다.

먼저 아버지 산소부터 파묘破墓에 들어갔다. 부르릉 하고 포클레인 굉음이 요란스럽게 지축을 흔들었다. 마음속으로 '아버지 놀라지 마십시오. 잠시 후 어머니와 합장을 위해서 파묘에 들어가겠습니다.' 라고 아버지에게 고했다. 봉분을 걷고 1미터 정도 땅을 파 내려가니 '횟가루'가 보였다. 이것은 나무뿌리나 야생 동물의 침투를 막기 위하여 홍대 위에 흙과 석회 가루를 섞어서 단단하게 다진 구조물이다.

포클레인을 잠시 멈추고 노영魯永 동생이 다가가서 삽으로 석회가 섞인 흙을 살살 걷어내자 아버지의 유골이 드러났다. 차마 눈 뜨고 볼 수가 없었다. 이게 무슨 일인가, 순간 터져 나오는 눈물을 억지로 참았다. 내가 이러고도 자식인가 싶었다. 진즉에 왜 이장을 못했을까. 당황스러워서 할 말을 잃었다. 머리를 쥐어뜯으며 "아버지 이 불효자를 용서해 주십시오." 하고 울부짖고 싶었다. 한 줄기 눈물이 볼을 타고 흘러내렸다. 옆에서 이 광경을 지켜보던 매형과 동생도 어이없어 하는 표정이 역력했다.

전혀 예상하지 못한 일이다. 처음 묘를 쓸 때 보았던 뽀송뽀송하던 토질은 어디로 가고 물기에 젖은 아버지의 유해란 말인가. 이게 무슨 변고일까. 며칠 전 이곳에 봄비치고는 비가 꽤 많이 왔다고는 하나 계곡도 습지도 아닌, 산자락이 이렇다면 분명 이곳에는 수맥水脈이 지나고 있음이 분명했다. 장례식 때 보았던 것과는 전혀 딴판이었다. 차라리 그때 이랬다면 여기에 모시지 않았을 텐데. 참 귀신이 곡할 일이다. 묘지 공사 경험이 많은 포클레인 기사가 망연자실해 하는 나에게 우스개를 섞은 위로의 말을 던진다. 풍수상으로 '물명당'도 있으니 너무 속상해하지 말라고 한다. 그의 말대로 정말 물명당이 있는지 알 순 없지만, 난 그의 말을 진실로 믿고 싶었다.

이어서 어머니 산소 파묘 작업에 들어갔다. 봉분을 걷어내고 유골을 살펴보니 마음이 확 놓였다. 조금도 걱정할 필요가 없었다. 땅속은 돌멩이 하나 없는 붉은 황토층이었다. 무엇보다 전혀 습기가 보이지 않아 다행이었다. 과연 이곳마저 물구덩이였다면 내 마음이 어땠을까. 이제 마음이 편안해졌다. 고서동비考西東妣의 장묘 예법에 따라 두 분 유골을 안치하고 석물 설치 작업까지 일사천리로 진행되었다. 새삼 이곳에 합장해 드리길 정말 잘했다는 생각에 날아갈 듯 마음이 가벼웠다. 오랜만에 이루어진 부모님과의 재회는 이렇게 해피 엔딩으로 끝이 났다.

나는 부모님 묘소 합장을 하면서 충격을 받았다. 그도 그럴 것이 물기에 젖은 아버지의 유해를 보고 어떤 자식인들 마음이 편할 수 있겠는가. 아버지의 유택이 이런 줄도 모르고 무심했던 내가 밉고 싫었다. 포클레인 기사의 물명당 얘기를 듣고 혹시나 하는 마음에 인터넷을 검색해 봤다. 물명당은 사실이었다. 아버지가 돌아가신 이후 형제자매들 모두 무해 무탈하게 잘 지내온 것만 봐도 물명당의 음덕이었음을 알 수 있다.

인간의 욕망은 끝이 없다. 살아선 좋은 집에 살고 싶고, 죽어선 명당에 묻히기를 갈구한다. 명당이란 무엇일까. 생전에 착하고 바르게 살면 죽어서 천당이나 극락에 간다고 하지 않던가. 그렇다. 명당은 멀리 있는 게 아니라 바로 내 마음속에 있는 것이 분명하다.

(2018. 6. 5)

손주 바보

초록의 계절 5월이다. 봄이 한껏 무르익어 간다. 화창한 날씨만큼이나 싱그럽고 풋풋한 봄기운이 집안에 가득하다. 신록의 계절답게 우리 집에도 어린 새싹 한 포기가 봄기운을 타고 무럭무럭 자라고 있다. 그 새싹은 바로 이 세상 무엇과도 바꿀 수 없이 소중한, 다름 아닌 나의 맏손자인 서용瑞容이란 녀석이다.

내 손자가 세상 밖에 나온 지 막 15개월이다. 우리 집에서 좀 멀리 떨어져 있어 보고 싶어도 만날 기회가 자주 없다. 한 달에 겨우 한두 번뿐이라서 많이 아쉽고 애틋한 생각마저 든다. 그러다 보니 허구한 날 전화통에 매달려 손주의 안부를 주고받는다. 잠자리에 들기 전 어김없이 하루를 어떻게 보냈는지, 어디 아픈 데는 없이 잘 먹고 잘 싸고 잘 놀았는지, 할아버지의 손주 사랑인 양 뻔한 걸 묻고 또 되묻는다. 이런 게 바로 손주 바보가 아닐까.

요즘 녀석의 재롱이 여름 장마에 오이 자라듯 쑥쑥 늘어 간다. 하루도 빠짐없이 안부를 묻고 물어도 전혀 싫증나지 않는다. 오히려 보고 싶은 갈증뿐이다. 언제 뒤집기를 했고, 배밀이를 하고, 옹알이를 했으며, 첫걸음을 뗐다는 것 등등 오로지 녀석의 일거수일투족에 관한 관심뿐이다. 하긴 그것이 요즘 우리 집의 가장 큰 관심사이고 화젯거리다. 이제는 손주의 재롱이 늘어 손을 흔들고 볼에 뽀뽀를 하고 머리를 흔들며 조아리기까지 한다. 또한 흥겨운 가락이 나오면 엉덩이를 씰룩씰룩 춤추는 시늉도 한다. 흥에 겨워 무어라 중얼거리기도 한다. 정말 먹고 싸는 것조차 예쁘고 사랑스럽다. 우리 집안에는 이렇게 흥이 많고 끼가 있는 사람이 없는데 녀석은 좀 유별난 것 같다. 앞으로 눈여겨볼 재목이다.

  손주 만나는 날이 몹시 기다려진다. 아예 녀석이 내 집에 오는 날이면 온통 한바탕 웃고 즐기는 잔칫집 분위기다. 녀석을 위한 '가족오락관'이 펼쳐진다. 언젠가 이 녀석이 두 발로 벌떡 일어서는 것을 보자 죽 둘러앉아 있던 가족들 모두가 우와 하고 함성을 지르며 "야, 섰다 섰어. 서용이가 섰어."를 동시에 외치면서 손뼉을 치고 야단법석을 떨었다. 마치 세상에서 그 녀석만이 혼자 일어서기라도 한 것인 양 말이다.

  며칠 전 아버지 기일忌日에 있었던 일이다. 내가 술잔을 올리고 난 뒤였다. 제사상 앞에 죽 둘러서서 일제히 절을 하자 녀석도 덩달아서 넙죽 엎드리는 것이 아닌가. 마치 절하는 시늉을 한다. 조금 전까지만 해도 방 안을 정신없이 돌아치던 녀석이 오늘이 무슨 날인지를 알아채기라도 한 듯 넙죽 엎드렸다. 참 신통한 일이다. 나는 그 순간 아버지께서 증손자의 첫 인사를 받으셨으니 얼마나 기뻐하실까 하는 생각에 가슴이 울컥했다. 제사를 모시는 내내 당신의 증손자가 건강하게 잘 자랄 수 있도록 도와주십사 하고 간절히 소원했다.

그런 일이 있은 뒤 일주일 만에 녀석을 다시 만났다. 수원에 있는 손주의 외삼촌 결혼식장에서였다. 전에는 낯가림을 하다가도 내 품에 냉큼 안겼는데 그날은 영 딴판이었다. 본체만체하다가 녀석의 외할아버지와 외할머니를 보더니 팔을 벌리고 그쪽으로 쌩하고 달려가는 것이 아닌가. 몇 번이나 내가 안아 보려고 시도했지만 손사래를 치면서 눈도 맞추지 않았다. 한번도 안아 보지 못한 채 헤어졌다. 몹시 서운했다. 이래 봬도 내가 제 할아버지인데, 나를 몰라보다니, 역시 녀석이 외갓집 근처에 살고 있어 나보다는 외갓집 식구들과 낯이 익어 그런 게 아닌가 싶었다.

흔히 자식보다는 손주가 더 귀엽다고 말한다. 직접 겪어 보니 틀린 말이 아니다. 오래전 일이기도 하지만 내 자식을 키울 때에는 예쁘고 귀여운 게 뭔지도 몰랐다. 살기 바빠서 그런 생각을 할 겨를도 없었다. 다람쥐 쳇바퀴 돌리듯 뻔한 일상이지만 새벽에 출근하고 밤늦게 퇴근해서 씻고 자기도 바빴으니까, 아무튼 자식이 예쁘다는 생각을 해본 적이 별로 없었던 것 같다. 시도 때도 없이 손주 자랑하는 사람들을 이해하지도 못했다. 서런, 예쁘면 혼자나 좋아할 일이지, 굳이 귀엽다는 말을 남 앞에서 꼭 표현해야 하느냐고 뾰족하게 굴었던 것이 얼마 전이다. 이제야 비로소 그들의 마음을 헤아릴 수 있게 되었다.

속담에 "고슴도치도 제 자식은 함함하다."라고 한다. 비록 바늘같이 뾰족한 털을 가졌지만 제 새끼의 털만은 솜털처럼 부드럽게 생각한다는 말이다. 어쩌면 동물이나 인간이나 제 자식을 사랑하는 건 당연한 일이다. 그게 바로 어미의 자식 보호 본능이다. 세상에 제 자식이 귀엽지 않은 부모가 어디 있을까.

언론에 자식 문제로 고초를 겪는 공직 후보자들을 많이 보았다. 한

때의 잘못된 자식 사랑 때문에 그 좋은 공직 후보에서 낙마하는 경우를…. 그게 어디 그들뿐이겠는가. 일례로 남들 다 가는 군대에 제 자식은 보내기 싫어 부정한 짓을 저지르고, 자식에게 재산을 상속시키기 위하여 탈세를 하고, 사랑의 매를 든 선생님을 오히려 폭언 폭행하는 잘못된 부모가 있는가 하면, 자식이 어떤 잘못을 해도 오히려 두둔하고 남 탓하는 이기적인 자식 사랑 등 이루 다 말할 수 없이 많다. 이런 게 바로 고슴도치의 눈먼 자식 사랑이 아닐까.

요즘 젊은 부모들은 자식이 원하는 건 무조건 다 해주려고 애쓴다. 자식이 한둘뿐이다 보니 귀하다는 핑계로 감싸 주는 것 같다. 무조건 다 들어주는 것만이 능사는 아니듯 안 되는 건 안 된다고 말할 수 있는 건 오로지 부모뿐이다. 학교에서도 가정에서도 훈육에 한계가 있다. 부모의 지나친 관심과 무조건적인 사랑은 자녀의 인성 교육에 결코 바람직스럽지 않다. 새삼 과유불급의 의미를 되새겨 본다.

자식이 귀엽지 않은 부모는 세상 어디에도 없다. 나도 허구한 날 고슴도치처럼 내 자식만 끼고 돈 건 아닌지, 설령 그렇다 쳐도 엇나가지 않고 잘 자라 준 자식들이 고맙다. 손주들 또한 인성이 바르고 착한 어린이로 잘 자라 주었으면 하는 마음뿐이다. 이것이 손주를 사랑하는 할아버지의 간절한 소망이다.

(2009. 5. 11)

소중한 가족

　새삼 가족의 의미를 되새겨 보는 가정의 달 5월이다. 가정이라는 울타리 안에서 사랑으로 뭉쳐진 가족, 항상 옆에 있어 너무 당연하기에, 당연한 것만큼 소중함도 잊고 사는 것 같다. 평상시엔 공기처럼 소중함을 느끼지 못하다가도 문득 생각나는 사람들, 그게 가족인 것이다. 이렇듯 소가 닭을 보듯 소중함을 모르고 건성으로 지나치다가 때로는 별것 아닌 일로 오해하는 일도 생긴다. 그러니 가족일수록 편하다고 함부로 대하지 말고 당연하게 생각하지도 말고 살뜰히 챙기며 세심하게 보살펴야 오해하는 일도, 후회할 일도 생기지 않는다. 늘 한결 같다고 변하지 않을 거라 생각하면 큰 오산이다. 사람 마음 바뀌는 건 한순간이다.
　정녕 가족이란 무엇일까. 한마디로 가족은 마음의 고향이다. 언제나 가족을 생각하면 문득 떠오르는 말이 '사랑과 눈물'이다. 가족으로서의 애틋함과 서러움이 한꺼번에 복받쳐 오르기 때문이다. 힘든 시절을 함께 보낸 가족일수록 눈물이 뜨겁고, 흘린 눈물만큼 가족의 정도 더 끈끈하다. 가족 중에는 잘난 사람도 있고 못난 사람도 있고 건강한 사람도, 몸이 불편한 사람도, 똑똑한 사람, 모자란 사람 등 별별 사람이 다 있다. 그렇지만 한번 가족은 영원한 가족이듯 눈을 감기 전에는 잊을 수 없는 것이 가족이다. 나는 가난한 집 9남매의 맏아들로 태어나 가족의 사랑을 듬뿍 받고 자랐다. 부모 형제들에겐 평생을 갚아도 다 못 갚을 만큼의 많은 빚을 가슴에 품고 살아간다. 나이 들어갈수록 가족이란 말만 들어도 가슴이 찡하고 눈시울이 붉어지는 이유다.

가족은 가정이란 울타리 안에서 함께 사는 사람들이다. 내가 유년 시절을 보낸 우리 집은 허름한 초가삼간 집이었다. 몇 년 뒤에 바깥채를 새로 지으면서 방이 네 칸으로 늘었지만 여전히 안방은 우리 가족의 유일한 생활 공간이었다. 늘 거기서 같이 밥을 먹고 잠도 같이 자고 모든 것을 함께했다. 옹색했지만 비좁은 줄도 모르고 부모 형제가 함께 부대끼며 살았다. 내 유년 시절은 부족함 속에서도 서로 사랑하고 아껴 주는 가족이었기에 마음만은 행복했다.

언제나 가족의 중심엔 부모님이 계신다. 나는 부모님이 살아 계실 때까지는 이런저런 이유로 고향에 자주 갔으나 두 분 다 돌아가시고 나니 고향은커녕 형제자매가 한자리에 모이는 것조차 쉽지가 않다. 아마도 그건 부모님의 부재로 인한 가정의 구심력이 느슨해졌기 때문이리라. 고향에 가도 부모님이 계실 때의 훈훈하고 따뜻했던 분위기와는 사뭇 다르다. 그 또한 부모님의 온기가 사라졌기 때문이지 싶다. 그래서 고향도 부모님이 살아 계실 때까지란 말을 실감한다.

흔히 형제는 싸우면서 큰다고 한다. 그래야 미운 정 고운 정이 들고, 가족 간의 우애도 돈독해진다. 힘들고 어려운 시절 아웅다웅 싸우면서 자란 형제들일수록 커서도 사이가 좋다. 우리 형제들은 지금도 만나면 콩 한 쪽도 나누어 먹던 어린 시절을 그리워하며 옛 추억을 회상한다. 비록 나이가 들어 서로의 처지와 사는 모습은 다르지만 공통된 화제는 고단하게 살았던 그 시절의 애틋한 가족 사랑이다.

며칠 전 다섯째 손자인 준용準鎔의 첫돌잔치가 있었다. 수원의 한 호텔에서였다. 마침 그날이 어버이날이기도 해서 멀리 전라도 김제에 사는 큰 아들네를 비롯한 아들 3형제와 며느리 손주 등 내 직계가족 열네 명이 한자리에 모였다. 모처럼 온 가족이 즐거운 시간을 보내면서 '가족의 소중함'이란 이런 것이지 하는 생각에 가슴이 먹먹했다.

나는 해마다 어버이날이 되면 자식들을 만나서 가족의 정을 나눈다. 비록 밥 한 끼를 먹고 일어서지만 귀여운 손주들의 재롱도 보고 그간의 안부를 확인하는 등 즐거운 시간을 보낸다. 설과 추석, 그리고 아내와 내 생일날에도 가족이 모인다. 그렇게 일 년에 서너 번을 모이지만 정작 나는 부모님이 살아 계실 때 '어버이날'을 한번도 챙겨 드리지 못했다. 가속이 모이는 것이 이렇게 즐섭고 행복한 섯이서늘 정작 나는 왜 부모님에게 그런 시간을 만들지 못했을까. 죄책감에 가슴을 치며 눈시울을 붉힌다.

나는 부모님 생전에 맏아들의 도리를 다하지 못했다. 오로지 자나 깨나 자식 잘 되기만을 소원하시는 부모님의 마음은 조금도 헤아리지 못한 채 내 생각만 하고 살았다. 먹고살기 바쁘다는 핑계로 자주 찾아뵙지도 못하고 기껏해야 명절이나 부모님 생신에 얼굴 한 번 빠끔 내밀고 용돈 몇 푼 쥐어 주는 것으로 자식의 도리를 다한 양 무거운 짐을 벗으려고 했다. 과연 나는 부모님에게 어떤 자식이었는지, 생각할수록 후회스럽다. 이것이 나의 자화상이다. 먹고살기 바빠서 그럴 수밖에 없었다지만 아무리 생각해도 잘못한 것만 떠오른다. 인생이 돈이 전부는 아니건만 철딱서니가 없어도 너무 없었다. 부모, 자식, 건강 등 세상에는 돈으로 살 수 없는 것, 돈으로 되지 않는 것이 아주 많다는 걸 진즉에 깨달았으면 이렇게 후회스럽진 않을 것이다.

나의 부모님은 고향에 사시다 그곳에 뼈를 묻으셨다. 나는 무늬만 맏아들이었지 부모님을 한 차례도 모시지 못했다. 핑계는 이렇다. 내가 부모님을 모시겠다고 직장을 그만두고 고향에 내려가서 살 수 없는 노릇이고 농사가 천직이신 부모님이 호밋자루를 내던지고 서울로 오실 리도 만무했다. 그래도 다행인 것은 부모님 곁에 효심이 깊은 넷째아들 노영魯永이가 있어서 나는 직장 생활에 전념할 수 있었다. 그렇다고 부모님 봉양 책임에서 자유롭지는 못했다. 늘 가슴 한구석에 돌덩이를 매단 듯 마음이 무겁긴 마찬가지였다.

가족은 한식구로 살아야 진정한 한가족이다. 한집에 살면서 한솥밥을 먹는 사이를 '식구食口'라고 하지 않던가. 낯선 사람도 같이 밥을 먹고 나면 정이 들듯이 식구란 말이 가족보다는 더 정겹게 들리는 이유다. 엄밀히 말하면 한집에 살아도 같이 밥 먹을 기회가 없다면 한식구라고 부르긴 좀 그렇다. 예전에는 가족이면 당연히 한식구였으나 요즘 같이 직장을 따라 전국을, 심지어 멀리 해외까지 떠돌다 보면 자식도 때에 따라선 한식구가 아닐 수 있다. 가족끼리도 자주 만나서 식구 노릇을 해야 정이 더 깊어지는 법인데 기껏 일 년에 몇 번밖에 만나지 못하는 손주들이 이 할아버지를 어떻게 생각할지 두려운 생각마저 든다. 허나 가족은 멀리 떨어져 있어도 가족인 것이다. 한가족이면서도 한식구로 같이 살 수 없는 현실이 마냥 안타까울 뿐이다.

가족은 내 삶에서 가장 소중한 존재이다. 서로 의지하고 사랑하며 함께 살아가기 때문에 조금도 소홀할 수 없다. 가족이 있다는 사실만으로도 내가 살아가야 할 이유가 되고 살아가는 힘의 원천이 된다. 사랑하는 부모 형제, 아내와 자식 등 가족이 없는 세상을 생각하면 망망대해를 떠도는 난파선처럼 외롭고 허무할 것이다. 이 세상에 사랑하는 가족이 없다면 명예도 재물도 부귀영화가 다 무슨 소용이 있을까. 내가 살아야 할 의미도, 가치도 없을 것이다. 생각할수록 가족보다 더 소중한 것은 없는 것 같다.

(2016. 5. 16)

주말부부 연습

　부부란 한지붕 아래서 함께 살아야 고운 정 미운 정도 쌓이게 마련이다. 몸이 떨어지면 마음도 소원疏遠해지기 쉽다고 했던가. 사랑이란 참으로 미묘한 감정이어서 알쏭달쏭한 면이 많고, 이 '변덕스런 마음'이 행여 실망이나 증오로 바뀌는 일이 없도록 각별히 신경을 써야 할 것 같다. 특히 주중에는 별거別居하고, 주말에나 겨우 코빼기를 볼 수 있는 주말부부가 되면 이런 점이 더욱 절실해진다. 그렇지 않으면 남편이 혹시 바람이라도 피우지 않나 해서 갖가지 오해의 늪에 빠질 수도 있다. 대체로 사랑이란 불안을 먹고 자라는 것이라서 더욱 조심해야 한다.
　요새 나는 주말부부로 지낸다. 이번이 세 번째 주말부부다. 주말부부가 된 책임은 거의 남편의 직장 때문인 경우가 많다. 이렇게 자주 주말부부를 겪었다면 남편의 자격부터 따져 봐야 될 것이라고 해도 나는 할 말이 없다. 그래서 특히 주말부부가 되면 가정의 평화를 위해 서로가 남다른 연습이라도 해야 되는 것 아닌가 싶다.

　내가 첫 번째 주말부부가 된 것은 결혼한 지 거의 이십여 년이 지난 1989년 3월이다. 내가 K투자신탁 대구지점장으로 부임하면서 우리 부부는 생이별을 하게 된 것이다. 지점장으로 승진되어 가기 때문에 기뻐해야 할 일이었으나 연고가 전혀 없는 타관 객지라서 적잖이 당황했다. 가족과 떨어져 지내야 하는 어려움보다는 영업 실적 등 지점 관리가 더 큰 걱정이 되었다.

　그러나 무엇보다도 어린 자식들과 집안 대소사 등을 아내에게 떠맡긴 것 같아 미안함이 앞섰다. 처음 한두 달은 경상도 특유의 억센 말투나 음식이 생소했고, 퇴근해서 컴컴한 사택社宅의 방문을 열고 들어가 불을 밝히는 게 익숙하지 않아서 많이 힘들었다. 먹는 건 거의 밖에서 해결했다. 아내의 손맛에 길들여진 식성은 쉽게 바뀌지 않았으나 그것도 잠시였다. 서울에는 격주로 오르내렸다. 매주 가기에는 몸도 마음도 여유롭지 못했다. 금융기관 나름의 영업 실적에 대한 스트레스를 받을 수밖에 없었으나 시간이 지나면서 영업점 생활에 점차 익숙해져 갔다.

　익숙함. 그렇다. 그 고비에 우리 부부가 이 '낯선 것'과 익숙해지기까지 얼마나 많은 노력을 기울였던가. 나보다는 아내가 더 힘들었을 것이다. 늘 곁에 있던 가장家長이 주중에는 집에 없었으니 주부의 역할을 떠나 남편의 자리까지 대신해야 하는 게 얼마나 힘들었을까? 익숙함의 과정에 실패한 주부들이 짜증을 내고 불만의 골이 깊어져서 파경을 맞는 가정도 보지 않았던가. 돌이켜 생각해 보면 '낯섦' 앞에서 우리 부부는 모든 걸 긍정적으로 생각하기 위하여 서로 안간힘을 썼던 것 같다.

　두 번째 주말부부의 생활은 1999년 1월. 내가 영업본부장이 되면서 다시 시작되었다. 연고지인 대전을 거쳐 일 년여가 지난 뒤 다시 대구까지 갔다. 그땐 요령이 생겨서인지 첫 주말부부 때보다는 모든 게 좀 여유로웠다. 물론 영업 일선에서 한 발짝 떨어져 있기 때문이기도 했을 것이다. 대구에 다시 갔을 때는 지난번보다 훨씬 지낼 만했다. 지점장 시절보다 업무적인 중압감도 견딜 만했다. 우린 기왕이면 주말부부의 어려움보다는 좋은 면만 생각하려고 무척 노력했다.

'이젠 주말부부로서의 여유를 즐기자.' 이렇게 생각했다. 서울에 올라가면 이곳에 다시 온다는 게 말처럼 쉬운 일인가. 주말에는 가급적 아내를 내려오라고 해서 볼거리, 먹거리 등을 찾아 함께 시간을 보냈다. 그때 참 많은 곳을 돌아봤다. 지금 생각하니 매우 잘한 일인 것 같다. 아내와 함께 즐거운 시간을 보낼 수 있었던 것은 내가 지방에 근무했기에 가능한 일이었다. 결국은 지방 근무 때문에 주말부부 노릇을 하게 됐지만 그때가 아니었다면 그렇게 많은 추억을 만들지 못했을 것을 생각하니 회사에 감사하고도 남을 일이다. 우리 부부는 지금도 그때를 회상하면서 더없이 고맙게 생각하고 있다.

무릇 부부란 얼굴을 마주 보며 사는 게 정상이겠지만 때로는 떨어져 사는 것도 좋은 점이 꽤 있다. 서로를 아쉬운 듯 아끼고 사랑하는 애틋한 감정이 생기고, 그러다 보면 부부간의 정도 깊어지게 마련이다. 서로 눈치 볼 필요도 없고 싸우거나 다툴 일이 전혀 없으니 더욱 좋았다. 그렇다고 마냥 무절제하게 부부로서의 궤도를 일탈하는 행동을 해서는 곤란하지만.

자식을 결혼시키고 나면 정작 편할 줄 알았는데 오히려 손주 보느라 허리 펼 날이 없다. 손주를 봐주기 위해 나는 다시 주말부부의 삶을 택했다. 나이 먹고 떨어져 지내는 게 결코 좋을 순 없겠지만 대代를 이어 갈 손주를 위한 일이라 생각하니 어떤 어려움도 견딜 수 있다. 예전에 겪었던 두 번의 주말부부 생활은 내가 지방 근무 때문에 생긴 부득이한 일이었으나 이번에는 손주를 위하여 내가 기꺼이 선택한 일이다.

요즘 먹고사는 게 어렵다 보니 대부분의 가정이 맞벌이로 살아간다. 하지만 맞벌이하는 것까지는 좋은데 애를 낳아서 키우는 게 힘들어서 아우성이다. 도대체 애를 낳아도 봐줄 사람이 없으니까. 시댁이 아니면 친정 쪽에서라도 애를 맡아 줘야 마음 편히 직장에 다닐 수 있는데, 그렇지 못해 안타까워한다. 결국 육아 문제 때문에 출산을 기피하게 되고 설령 애를 낳아도 당장 맡길 곳이 없어 어려움을 겪고 있다.

맞벌이가 늘면서 많은 아이들이 조부모의 손에 자란다. 우리 속담에 "애 봐준 공功은 없다."라고 했다. 얼마나 애 봐주기가 힘들고 또 서운했으면 그런 말을 했을까. 한번쯤 곱씹어 볼 일이다. 흔히 자식 사랑은 '내리사랑' 이라 하지 않던가. 어차피 부모는 자식을 위해 모든 걸 다 내어 주기 마련이다. 실제로 손주를 봐주면서 그 공덕을 알아달라거나 보상을 해달라고 큰소리치는 부모는 세상 어디에도 없다.

농사 중에는 '자식 농사' 가 최고라고 했다. 자식을 제대로 키우는 것이 그만큼 어렵고 중요하다는 얘기다. 곡식을 심고 가꾸는 농사의 출발은 씨앗이나 어린모에 있듯이 자식 키우는 농사는 갓난아이 때부터의 보육에 달려 있다. 영유아일수록 먹이고 돌봐 주는 사람의 영향을 많이 받기 때문이다. 이는 조부모로서 손주를 돌본다는 게 얼마나 중요한지 다시 한번 생각해 볼 일이다. 그런 의미에서 풍부한 경륜과 지혜를 갖춘 조부모의 손주 돌봄은 무엇과도 바꿀 수 없을 만큼 중요한 일이다. 인격 형성기에 있는 어린 시절, 정서적으로 이보다 더 훌륭한 산교육이 어디 있을까.

늙은이가 애를 본다는 게 말처럼 쉬운 일은 아니다. 중노동이다. 얼마나 힘들면 "애를 보느니 차라리 콩밭을 매겠다."라고 했을까. 젊은 사람도 힘든 일이다. 내 주위에도 손주를 봐주다 병이 나서 고생하는 사람들이 수두룩하다. 편히 쉬어도 모자랄 나이에 굼뜬 몸으로, 말귀도 통하지 않는 어린것을 본다는 게 그만큼 어렵다. 손주를 보는 게 마냥 즐겁지만은 않은 일, 또한 잘해야 본전이다. 오죽하면 인터넷에 '손주 돌봄 10계명' 이란 것이 떠돌까. 읽어 보니 상당히 교훈적인 내용이다. 어쩌다 애 하나 키우는 게 이렇게 힘든 세상이 되었는지 오늘의 현실이 안타까울 뿐이다.

내 자식들도 예외가 아니다. 큰아들은 다행히 처갓집 근처에 살고 있어서 우리의 도움 없이 지금까지 잘 버텨 왔다. 하지만 손주를 봐주지 못하는 게 늘 마음에 걸려서 며느리는 물론 사돈에게 미안함을 갖고 있다. 문제는 둘째아들 부부다. 그 애들도 맞벌이다. 한동안 애가 들어서지 않아 손주는 잊고 살아왔다. 그러다 금년 초 금지옥엽 같은 귀한 손녀를 얻었다. 반가운 마음도 잠시, 육아 문제가 현실로 다가왔다.

출산 후 지금까지는 며느리가 휴직 중이었기 때문에 시어머니의 손길이 간절하지는 않았다. 그러나 복직을 앞두고 드디어 문제가 터졌다. "8월부터 회사에 출근하게 됐으니 집에 들어와서 손주를 봐달라" 는 부탁이다. 난감한 일이었다. "만약 애를 봐주지 않으면 회사를 그만둘 수밖에 없다."고 읍소를 한다. 아무리 생각해도 뾰족한 방법이 없었다. 그렇다고 핏덩이를 남의 손에 맡길 수도 없는 일이고, 친정집은 서울에서 멀리 떨어진 지방이기 때문에 다른 선택의 여지가 없었다.

손주를 봐주느라 늘그막에 다시 겪는 주말부부, 힘든 만큼 보람도 있고 기쁨도 크다. 눈에 넣어도 아프지 않고, 바라만 봐도 배가 부른 내 손주이기에 힘든 걸 모두 잊고 즐겁게 살아간다. 그래도 가끔 힘들다는 생각이 들지만 그건 잠깐일 뿐, 손주가 있다는 사실만으로도 감사하고 기쁜 일이다. 우리 가족은 '손주 돌봄 10계명' 처럼 가족 간에 서로 이해하고 배려함으로써 가정이 더욱 화목하고 행복해진 것 같다. 참으로 감사한 일이다.

  우리 부부는 요즘 손주 때문에 육아 공부도 다시 한다. 삶의 경륜과 지혜, 거기에다 디지털 시대에 맞는 육아 상식까지 두루 갖춘 완전한 '손주 돌봄 도우미' 가 되기 위하여 꾸준히 노력하고 있다. 낯선 것에 익숙해지기를 연습했던 그때가 주말부부 제1기였다면, 생산적으로 즐기며 추억거리를 만들었던 제2기를 거쳐 이제 손주 돌봄 도우미로 나선 제3기를 맞은 것이다. 주말부부 3기는 '공부하는 조부모' 가 되어 육아 전문가가 되는 '젊음으로 돌아가기' 실습을 하고 있는 셈이다. 요즘 나는 손주 생각에 하루하루가 마냥 즐겁고 행복하다. 정말 살맛이 난다.

(2013. 8. 7)

아내의 잔소리

"여보, 가슴을 쫙 펴고 똑바로 걸어요!"

아내와 같이 외출할 때면 으레 듣는 아내의 잔소리다. 이젠 하도 많이 들어서 내성이 생겼다. 아내의 말끝에 짐짓 긴장하는 척하면서 "왜 내 걸음걸이가 어때서"라고 받아치면 "걸음걸이가 그게 뭐예요" 하고 한마디를 더 보탠다. 나는 못 이기는 척 자세를 바로잡으며 뒤를 돌아본다. 거기다 더 들이대 봐야 좋을 게 없다는 걸 잘 알기 때문에 못 들은 체 걸음을 재촉한다.

늙으면 잔소리만 늘어 간다더니 틀린 말이 아니다. 내 아내도 늘그막에 늘어 가는 게 잔소리밖에 없는 것 같다. 아무리 남편을 위해서 하는 말이라지만 좋은 말도 한두 번이지, 자주 듣다 보니 이젠 잔소리로 들린다. 아내는 내가 은퇴한 이후 부쩍 잔소리가 심해졌다. 요즘 들어 아내의 눈에는 내 외모나 말투 등 행동거지 하나하나가 모두 잔소리감으로 보이는 모양이다.

아내의 잔소리, 젊었을 땐 감히 생각하지도 못한 일이다. 예전엔 기껏해야 담배를 끊어라, 술 좀 조금 마셔라, 집에 일찍 좀 들어와라 하는 정도였는데 요새는 말투, 걸음걸이, 먹고 마시는 모습 등 사사건건 잔소리 거리로 보이는 것 같다. 거기다 둘이 같이 지내는 시간이 길어지면서 가스 밸브 잘 잠가라, 화장실 불 꺼라, 문 좀 꼭 닫아라 등 예전에는 안 하던 레퍼토리가 점점 늘어 간다. 어쩌다 듣기 싫어 말대꾸라도 한번 할라치면 도리어 그 몇 배로 되돌아오기 때문에 아예 말수를 줄인다. 언제부턴가 되[升]로 주고 말[斗]로 받는 것 같은 기분이 들어 대응 전략을 바꿨다.

나이 들어가면서 아내가 사뭇 달라졌다. 순하고 상냥했던 예전의 그 모습이 아니다. 결혼 전에는 부드럽고 상냥한 말씨와 밝게 웃는 모습이 참 좋았는데, 이제 그 모습은 오간 데 없이 너무 많이 변했다. 변해도 왜 저렇게 바뀌었을까. 하긴 나이가 들면 남자는 여성화되고 여자는 반대로 억세고 거칠어진다더니, 내 아내도 세월을 거스르지 못한 채 얌전하고 고왔던 여성성을 잃고 남성화돼 가는 모습에 마음이 씁쓸할 뿐이다.

요즘엔 내가 뭐라고 한마디 하면 아내는 오히려 더 엇나간다. 어떤 때는 '이 나이에 무슨 말인들 못할까' 하는 심정으로 표현이 거칠고 행동이 세게 나온다. 조금도 참지 못하고 지지 않으려는 모습이 역력하다. 하긴 그래야 스트레스를 덜 받고 건강에도 좋다니 아내에겐 바람직한 일이다. 사실은 지는 게 이기는 것이라는데, 예전의 어머니들처럼 속으로 꾹꾹 눌러서 화병火病을 만드느니 차라리 속 시원하게 밖으로 분출하는 게 건강을 위해서도, 가정의 평화를 위해서도 바람직한 일이 아닌가 싶다. 그렇다면 내가 얼마든지 참고 받아줄 수 있으니 맘껏 퍼부어도 좋다는 생각이 든다.

이제는 하고 싶은 말을 참지 못하는 그런 아내가 측은하고 짠해 보인다. 때로는 밉기도 하고 어떤 때는 부럽기까지 하다. 그렇지만 무슨 자신감에서 저렇게 용감할 수 있을까. 한편으로는 이해가 된다. 아내는 지금까지 남편과 자식을 위해서 희생하며 살았다. 가난한 집안 9남매의 맏아들인 나를 만나서 고생 꽤나 하고 살았다. 박봉의 월급쟁이 남편을 만나서 바닥에 떨어진 밥풀 하나도 아까워할 정도로 알뜰하게 살림을 살았다. 여유라고는 조금도 없었다. 먹고 싶고 입고 싶고 쓰고 싶은 것을 꾹꾹 참고 절약해서 지금 이만큼이나마 살림을 일으켜 세웠다. 살아오면서 자신의 몸치장이나 친정나들이 한번 변변히 하지 못한 채 늘 자신보다는 남편과 자식이 우선인 그런 삶을 살았다.

이젠 아내도 하고 싶은 말을 다하고 살아도 좋을 때가 되었다. 칠십 평생 이때까지 가족을 위하여 고생을 했으니 잔소리가 좀 심해도 나 말고는 뭐라 할 사람은 없다. 내게 퍼붓는 '그깟 잔소리쯤이야' 참고 들어주면 그만이지, 하기야 아내가 내 옆에 있으니까 저런 말이라도 하는 거지, 만약 아내가 없다면 하는 생각을 하니 아내의 잔소리가 아름다운 가락으로 들리는 듯하다. 아무튼 잔소리를 듣더라도 아내가 건강하게 오래 내 곁을 지켜 주었으면 하는 마음 간절하다.

요즘엔 아내 잔소리 때문에 크게 싸울 일은 별로 없다. 나름 잔소리를 들어주는 요령을 터득했기 때문이다. 아내의 잔소리를 '몸에 좋은 보약쯤으로' 생각하면 싸울 일도 없이 마음이 편안하다. 우리 속담에 아내의 말을 잘 들으면 자다가도 떡이 생긴다고 하지 않던가. 이제는 무슨 말을 하던 기꺼이 들어줄 준비가 되어 있다. 그러니 다투거나 싸울 일이 없어졌다. 잔소리가 좀 심하다 싶으면 내가 없으면 저 잔소리를 누구한테 퍼부을까 싶은 생각에 "좀 웬만큼 하시지." 하고 너스레를 떨면 알았다는 듯 아내도 헛웃음을 짓고 돌아선다.

남자는 아내가 있어야 건강하게 오래 산다고 한다. 혼자 사는 홀아비보다는 아내와 함께 사는 남편의 평균 수명이 10여 년 정도는 더 길다는 주장이 있다. 그 이유야 여러 가지가 있겠지만 아내의 잔소리가 남편의 수명 연장에 한몫을 한다니 일리가 있을 법하다. 시도 때도 없이 퍼붓는 아내의 잔소리를 듣다 보면 긴장하지 않을 남편이 어디 있을까. 그것이 바로 '메기 이론'이 아닌가. 아내의 잔소리가 남편의 활동량을 늘려 건강하게 만드는 순기능이 분명 있을 것만 같다.

살아가면서 잔소리하는 아내가 없으면 구속받을 일이 별로 없다. 그러니 홀아비들은 긴장할 일도, 긴장해야 할 필요성도 못 느낀다. 좋게 말해서 '여유롭게' 살기 때문이다. 늦잠을 자고 게으름을 피워도, 외박을 해도, 과음 과식을 해도 잔소리하는 사람이 없다. 그러니 긴장감이 떨어질 수밖에, 아무튼 아내의 잔소리가 남편의 수명을 연장시켜 준다니 새삼 잔소리를 퍼붓는 아내가 그렇게 고마울 수가.

아내의 잔소리는 부부 사랑의 또 다른 표현이다. 굳이 남편에게 관심이 없다면 잔소리를 할 이유도, 필요도 없을 것이다. 어쨌든 나를 사랑하기 때문이라고 생각하니 서운했던 감정이 봄눈 녹듯 사라진다. 언젠가 아내의 잔소리가 하도 귀에 거슬려 넋두리하고 있을 때 조용히 듣고 있던 친구 왈 "이 사람아, 마누라의 잔소리는 비타민보다 더 좋은 보약이야." 하면서 나를 토닥여 준다.

(2018. 9. 28)

장남으로 산다는 것

나는 5남 4녀의 장남이며 장손이기도 하다. 9남매 중 위로는 누님이 한 분 계시고 내가 둘째이다. 평생을 맏아들로 살아오면서 좋은 일도 많았지만, 힘들고 어려운 때도 있었다. 솔직히 장남 노릇에 충실하진 못했다. 명색만 장남이었지 힘들고 궂은일은 거의 아내의 몫이었다. 평소엔 장남이라는 사실을 까맣게 잊고 있다가도 시장 출입이 잦은 아내의 무거운 장바구니를 보고 비로소 내가 장남이라는 사실을 실감할 때가 한두 번이 아니다. 9남매의 맏아들이다 보니 우리 집엔 대소사가 잦다. 넉넉하지 못한 살림에도 늘 최선을 다해 주는 아내가 고맙고 한편은 미안하기도 하다.

내가 어렸을 적만 해도 모든 게 장남 위주였다. 돌이켜 보면 식구는 많고 먹고살기 어려운 시절이라 그럴 수밖에 없었을 것 같다. 자식 귀한 것이야 아들이든 딸이든 어느 자식이나 다 마찬가지이겠지만 빠듯한 살림에 여유가 없다 보니, 먹을 것, 입을 것, 배움마저도 장남이 우선이었다. 내가 바로 그런 혜택을 받고 자랐다. 결국 내 의지와는 상관없이 형제자매들의 희생과 헌신을 딛고 오늘의 내가 존재할 수 있게 된 것이다. 철부지였던 시절이야 장남이 뭔지도 몰랐고 으레 그런 줄만 알았다. 어쩌면 당연하게 생각했다는 말이 더 정확할 것이다. 비록 장남이라는 이유만으로 사랑을 독차지하고 자랐다. 동기간에게 너무나 미안했다. 그 빚은 내가 세상 다하는 날까지 갚아도 다 못 갚을 것 같다.

옛말에 "형만 한 아우가 없다."라고 했는데 나는 그런 형이 되지 못했다. 한솥밥을 먹으면서 함께 생활하기 때문에 형이 동생들에게 끼치는 영향은 클 수밖에 없다. 그렇지만 나는 동생들이 의지하고 기댈 만큼 너그럽고 든든한 형이 되지 못했다. 내 깜냥에는 잘한다고 했지만 항상 기대에 미치지 못했다. 장남인 나를 위하여 모든 것을 양보하고 희생한 형제자매들이지만, 나는 이런저런 핑계를 대며 살뜰하게 보듬지 못했다. 요즘 들어 그런 생각에 눈시울을 붉히는 일이 많아졌다.

장남 노릇을 하며 산다는 게 결코 쉽지 않은 것 같다. 유산을 많이 받을 만큼 가세가 넉넉하지도 못했고, 위세를 부릴 장남의 권위도 없었다. 그렇다고 장남의 자리를 포기할 수도 없으며, 설령 포기한다고 누가 대신할 것도 아니잖은가. 힘들어도 부모를 봉양하고 동기간에 우애를 다지는 일 등은 맏아들로서 당연히 해야 될 일들이다. 물론 법法에도 없는 장남의 의무와 책임이지만 그렇다고 소홀히 할 수도 없는 것이라서 더욱 안타깝기만 하다.

장남의 중요한 역할 중 하나는 집안의 중심을 잡아 주는 것이다. 부모를 모시고 기제사를 봉양하는 등 주도적으로 집안을 이끌어 가야 한다. 이제는 세상이 달라져 장남의 어깨도 많이 가벼워졌다. 늙은 부모님을 요양원에 보내는 건 일반화되었고, 명절 차례나 제사도 합사하거나 종교 시설에 위탁하는 등 많이 간소화되었다. 다만 종교 문제로 가족 간 불화를 겪기도 하나 서로 다름을 인정하고 이해한다면 좋은 방법을 찾을 수 있을 것이다. 어렵고 힘든 일이라도 서로 생각하기 나름, 그런 게 바로 부모와 자식, 형제들 간에 나누어 져야 할 짐이 아닌가 싶다.

나는 장남의 도리를 지키지 못한 불효자로 살았다. 허울만 장남일 뿐, 부모님 두 분을 제대로 모시기를 했나, 임종을 지키길 했나, 맏아들로서 한 게 아무것도 없다. 내 형편이 좀 나아질 만하니 부모님 모두 떠나시고 고아가 되었다. 다행스럽게 고향에 사는 동생이 부모님을 모셨기에 나는 직장에 전념할 수 있는 여유가 있었다. 돌이켜 보니 평생을 형제자매들에게 번번이 무거운 짐만 지게 만든 못난 맏이로 살았다.

유년 시절엔 장손의 기대를 한몸에 받고 자랐다. 할아버지와 할머니, 삼촌들과 고모는 물론 집안 어른들로부터 끔찍이 큰사랑을 받았다. 먹고 살기도 빠듯한 그 시절에 과분하게도 중학교에 진학을 시켜 줬으니까. 나에겐 대단한 행운이었다. 당시엔 초등학교를 졸업하고 중학교에 간다는 게 말처럼 쉽지 않았다. 한 동네에 중학생이라야 기껏 한두 명이 될까 말까 했고, 그렇잖으면 서당에서 천자문을 배우는 정도였다. 아마도 내가 장손이 아니었다면 진학이 불가능했을 것이다. 나는 그런 사실을 잠시도 잊어 본 적이 없다. 송아지를 팔아 입학금을 내주시던 막냇삼촌의 조카 사랑, 이것이 바로 내가 장손으로서 집안을 이끌고 열심히 살아야 하는 존재 이유이기도 하다.

장남보다 더 어려운 게 맏며느리 역할인 것 같다. 장남인 나야 마땅히 해야 할 도리라지만, 아내의 경우는 조금은 다르다. 어쩌면 맏아들인 나를 만나지 않았다면 시집살이 고생을 덜했을 것이다. 가난한 집 맏며느리로 살면서 솔선해야 할 일이 얼마나 많았을까. 속상할 때도 많았겠지만 결코 싫은 내색 한 번 안 하고 원만하게 맏며느리 노릇을 감당해 준 아내가 정말 고맙고 대견스럽다. 평범한 월급쟁이의 아내로 가난한 집 살림을 하다 보니 근검 절약이 몸에 밴 듯하다. 박봉에 시달리면서도 남에게 손 내밀지 않고 힘들게 살아온 그 긴 세월 고통이 오죽했을까. 두고두고 아내에게 고마움을 느낀다.

나는 집안 경조사를 빠짐없이 챙겨야 했다. 그렇게 하지 않았으면 내가 집안에서 얼굴을 제대로 들고 다닐 수가 없다. 그 중심엔 언제나 아내가 있었다. 참 고마운 존재이다. 함께 살아온 40여 년이라는 긴 세월, 잘 참고 잘 살아온 것 같다. 생각해 보면 한약방 집 막내딸로 곱게 자란 아내가 가난한 집 9남매의 맏며느리 역할이 결코 쉽지만은 않았을 터이니 말이다.

이젠 장남의 권위 따위는 사라졌다. 발골 당한 갈빗대같이 의무만 앙상하다. 그러나 부모 봉양이나 제사 등 가족 문화도 많이 변했다. 부모도 자식에게 얹혀살려 하지 않고 맏이가 부모를 모시지 않는다고 흉이 되는 세상도 아니다. 가급적이면 기제사도 내가 모실 수 있을 때까지 모시고 굳이 자식에게는 대물림하거나 강요하지도 않을 터이다. 요즘엔 자식이 하나 아니면 많아야 둘이다 보니 모두가 장남이고 모두가 맏며느리인 세상이 되었다.

(2016. 6. 28)

아들이 좋아, 딸이 좋아

"나는 아들 부자다."

자식 이야기만 나오면 한때 입버릇처럼 떠들던 말이다. 자랑은 아니지만 나는 아들만 셋을 두었다. 하필 딸도 없이 아들을 셋이나 두었으니 '아들 부자'란 소리를 들을 수밖에…. 요즘엔 딸도 없는 '불쌍한 아빠' 취급을 받지만, 분명 그 시절에는 커다란 자랑거리였다. 지금이야 세상이 바뀌어 아들보다 딸이 더 좋다고는 하나 아들 부자를 부러워하던 게 엊그제 같은데 그야말로 격세지감이다.

내가 결혼할 무렵만 해도 여전히 남아선호가 강했다. 언제나 딸보다는 아들이 먼저였다. 더구나 나는 장손이었기 때문에 집안의 대代를 이어야 한다는 생각이 머리 한구석에 잠재되어 있었다. 이른바 '남아선호사상'에 젖어 있었던 것이다.

내 생애 첫아이의 출산일이 다가왔다. 조상님께서 도와주셨는지 아내는 내가 바라던 대로 떡두꺼비 같은 아들을 순산했다. 병원에서

'아들'이라는 말에 터져 나오는 웃음을 억지로 참았다. 지금도 기억이 생생하다. 둘째는 아들이든 딸이든 건강하게 순산하기만을 소원했다. 그러나 또 아들이었다. 그렇게 몇 년이 흘렀다. 그러던 어느 날 아무리 아들이 좋다 해도 딸은 좀 있어야 좋겠다는 생각이 들었다. 아내가 세 번째 임신을 했다. 막상 낳고 보니 또 아들이었다. 그야말로 우리 부부에게 '아들 복'이 터진 것이다. 쪼르르 아들만 셋을 낳았으니, 아마 내 팔자엔 딸자식은 없었던 것 같다.

세상에서 마음대로 안 되는 것 중 하나가 자식 문제다. 절대 권력을 휘두르던 왕조 시대에도 자식만큼은 어쩌지 못했다. 자식 교육도 그렇지만 특히 대를 잇기 위해서 아들을 낳는다는 건 더더욱 뜻대로 되지 않는다. 인간에게 생명을 주는 것은 신神의 영역이니 그렇다 치고, 기왕에 주는 생명, 아들과 딸을 골고루 섞어서 주면 얼마나 좋을까. 과유불급이란 말처럼 우리 형제들만 봐도 참 고르지 않다. 내 9남매 동기간 중에서 딸이 없이 아들만 둔 사람이 나까지 셋이나 되고, 딸만 둔 형제도 둘이나 된다.

돌이켜 보면 1990년대 초까지만 해도 거의가 아들에 목을 매었다. 오로지 아들을 낳기 위해서 좋다는 갖은 방법을 동원했다. 딸은 출가외인일 뿐, 가문을 지키는 자식은 될 수 없었다. 오죽하면 딸은 족보에도 이름을 올리지 못했다. 도대체 아들이 뭐길래…. 아들을 낳을 때까지 계속 하나만 더 더 더 하다 보니 '딸 부잣집' 소리를 듣기 일쑤였다. 그래도 아들을 낳지 못하면 후실後室을 들이거나 아예 밖에서 아들을 낳아 오기도 했다. 대를 잇기 위하여 수단과 방법을 가리지 않았다. 남아선호사상이 남긴 폐해였다.

요즘 같은 세상에도 말로는 딸이 더 좋다 하면서 의외로 아들을 고집하는 사람들이 있다. 7공주니 8공주니 하는 가정만 봐도 감회가 새롭다. 눈물겨운 '인간 승리'를 보는 것 같기도 하고, 한편으론 아들을 향한 끈질긴 집념에 그저 쓴웃음이 나온다.

1960년대의 인구 정책은 출산을 억제하는 것이 급선무였다. 한마디로 '산아 제한 정책'이라 할 만큼 한 가정의 자녀 수를 정부가 강제하고 나섰다. 그 시절 정부의 산아 제한 표어에서 알 수 있듯이 초기에는 "덮어 놓고 낳다 보면 거지꼴 못 면한다." 하면서 3명으로 제한했고, 그러다가 "딸 아들 구별 말고 둘만 낳아 잘 기르자."고 2명으로, 마지막엔 "잘 기른 딸 하나 열 아들 안 부럽다."고 1명으로 제한했다. 내가 셋째를 낳았을 무렵엔 아들 딸 구별 말고 둘만 낳아 잘 기르자던 시절이다. 그런 판에 아들 셋을 낳고 보니 정부 시책에 역행한 것 같아 남 보기에도 민망스러웠다.

그땐 세법稅法에서도 두 자녀까지만 소득공제 혜택을 주었다. 도무지 먹히지 않을 것 같던 정부의 산아 제한 노력이 시간이 지나면서 당연한 것으로 받아들여졌다. 어느새 아들을 선호하던 심리도 많이 누그러졌고, 출산율도 급격히 둔화되었다. 최근 출산율이 급감하면서 애를 낳는 가정에 출산 장려금 등 각종 지원 시책을 펴는 것을 보면서 세월 참 많이 변했구나 하는 생각이 든다.

이젠 남여 차별 없는 성性 평등 세상이 되었다. 요즘은 그 어디에도 금녀의 벽은 없어졌다. 정부의 양성 평등 노력에 힘입어 여성의 사회 진출과 맞벌이 부부의 증가 등 예전과는 사뭇 다른 세상이 되었다. 이미 여성 대통령도 선출해 봤고 '출생 성비'도 남녀가 평준화되었으니 이만하면 양성 평등의 시대라 할 수 있다. 상대적으로 남성들의 입지가 좁아졌다고 아우성이다. 오히려 역차별을 걱정해야 하는 것은 아닌지. 머지않아 그런 우려가 곧 현실화될 것 같은 예감이 든다.

요즘엔 딸이 대세다. 누가 뭐라도 아들보다는 딸을 더 좋아하는 세상이 되었다. 이런 현상은 남성 중심의 가부장적인 가족 제도의 변화와 무관하지 않을 것이다. 세대를 대표하는 '세대주'에서 남녀의 구분이 없어졌고 특히 호주제의 폐지야말로 대를 잇기 위하여 아들에 목숨을 걸지 않아도 되게 만든 역사적인 사건이다. 우리의 전통적인 관혼상제 풍습도 사회 변화에 따라 바뀌고 있다. 그러나 어른을 공경하고 조상을 모시는 효孝 문화만큼은 아무리 강조해도 지나침이 없을 것 같다.

세간에 딸 가진 부모는 비행기 타고, 아들 가진 부모는 버스 타기도 어렵다는 우스개가 있다. 웃자고 하는 말이겠지만, 그렇다고 아주 터무니없는 말은 아닌 것 같다. 가족 단위 외출이나 외식, 쇼핑 등 어른을 모시고 활보하는 인파의 대부분이 친정 부모, 혹은 처가 부모인 것으로 비쳐진다. 아들만 가진 부모 입장에서는 부럽기까지 하다. 그래서 "아들은 품안의 자식이고 딸은 영원한 내 사랑"이라고 하는 것인지.

과연 아들보다 딸이 더 좋은 세상일까. 요즘 들어 '딸바보'란 말에 귀가 솔깃하시만, 그건 내가 가져보지 못한 것에 대한 아쉬움 때문일 것이다. 아들은 잔정이 없고 무뚝뚝한 것이 사실이지만 그래도 든든한 맛이 있어 좋고, 딸은 딸대로 귀엽고 살가운 맛이 있어 좋다고들 한다. 딸 가진 아빠들이 이구동성으로 하는 말이 '딸 키우는 재미'를 최고로 꼽는다. 물론 아들딸 다 있으면 좋겠지만, 자식 농사가 다 끝난 마당에 딸 타령을 해본들 무슨 소용이 있겠는가. 아들이든 딸이든 부모에게 기쁨을 주는 건 다 마찬가지. 모두가 사랑스러운 내 자식이 아닌가.

(2015. 8. 28)

추억 만들기

 7월 하순으로 접어든 어느 무더운 여름날이다. 온 가족이 휴가 길에 나섰다. 말이 휴가이지 '가족 단합 대회'란 표현이 더 어울릴 것 같다. 오랜만에 아들 3형제와 며느리 손자 손녀 등 우리 가족 열두 명이 한자리에 모였다. 아직 두 돌도 채 지나지 않은 어린 손주가 둘이나 있어 멀리 가기엔 좀 무리인 것 같아 수도권 가까운 곳에서 온 가족이 하룻밤을 의미 있게 보내고 싶어서이다.
 이번 가족 모임은 큰아들 내외가 주선했다. 나름 그럴 만한 이유 때문이다. 한 달 뒤면 큰아들의 직장인 '농촌진흥청'이 수원을 떠나 전주 혁신 도시로 이전을 한다. 이는 오래전 노무현 정부가 추진한 정부기관의 지방 분산 정책에 따라 이전이 예정되어 있었다. 전주로 가고 나면 자주 못 만나게 될 것 같아 미리 석별의 정을 나누기 위해 한자리에 모인 것이다. 오늘처럼 온 가족이 한 공간에 모여 살을 비비며 하룻밤을 보내는 건 아들 3형제를 결혼시킨 뒤 처음 갖는 가족 모임이다.

  큰아들은 수원에 살면서 무시로 서울 본가를 드나들었다. 맏아들로서 경조사 등 대소사를 챙기고 전기 수도를 비롯해 집안 구석구석 손 볼 것이 있으면 으레 해결사 노릇을 해왔다. 지금 내가 살고 있는 이 집은 한옥을 헐고 재건축한 상가 주택으로 얼추 20여 년의 세월이 흐르다 보니 시설이 노후되어 잔고장이 많이 생긴다. 그럴 때마다 웬만한 고장은 큰아들을 불러서 손을 보곤 했는데, 이제 멀리 가고 나면 어쩌나 싶어 걱정이 앞선다. 거리가 먼 것도 그렇고 아쉬운 것이 한둘이 아닐 것 같다.

  무엇보다 더 서운한 건 정작 손주들과의 생이별이다. 그동안 손주가 보고 싶으면 한달음에 녀석들이 사는 수원으로 달려가곤 했는데 이젠 어떡해야 좋을지, 눈에 넣어도 아프지 않은 귀여운 손주들인데, 벌써부터 녀석들이 눈에 밟힌다. 더구나 맏손자인 서용瑞容이는 내년엔 초등학교에 입학한다. 학교에 들어가면 마음대로 시간을 낼 수도 없을 것이다. 이런저런 핑계로 마침 손주들과 기억에 남을 좋은 추억거리를 만들고 싶었는데 이참에 아주 잘된 것 같아서 기분이 좋다.

  우리가 1박 2일을 보낸 곳은 바다가 한눈에 내려다보이는 대부도大阜島의 한 펜션 타운이다. 각자 집에서 출발해 펜션에서 만나기로 했다. 나는 동탄에 사는 막내아들네와 동행하기로 했다. 학교에 근무하는 막내며느리의 퇴근 시간에 맞추다 보니 출발이 좀 늦어졌다. 수원을 벗어나 대부도 근처에 들어서니 탁 트인 푸른 바다가 한눈에 들어왔다. 언제 보아도 시원한 바다 풍경이다. 수평선 너머로 갈매기가 날고 비릿한 바다 냄새가 코끝을 스친다. 도로변에 있는 농산물 판매대엔 해풍을 맞고 자란 싱싱한 '대부도 포도'가 산더미처럼 쌓여 눈길을 끈다. 요즘이 제철이란다. 비록 1박 2일의 짧은 시간이지만 휴가 기분을 내기엔 충분한 장소다.

　펜션에 도착하고 보니 먼저 온 손자 손녀들이 펜션에 딸린 손바닥만 한 풀장에서 물놀이 삼매경에 빠져 있다. 벌써 한 차례 갯벌에 나가 게를 잡고 조개도 캐왔노라고 누가 먼저랄 것 없이 서로 자랑을 늘어놓는다.

　어느새 붉게 물든 석양이 수평선에 걸려 있다. 펜션 마당 한편에 숯불을 피우고 파티 준비에 들어갔다. 보글보글 매운탕을 끓이고 지글지글 불고기를 굽느라 모두들 바쁘게 움직인다. 찌개 끓는 소리에 군침이 넘어가고 고기 굽는 냄새에 회가 동할 지경이다. 소갈비, 돼지 삼겹살, 대하, 조개, 버섯 등 먹을거리가 풍성하다. 분명 오늘만은 임금님 수라상 부럽지 않은 진수성찬일 듯싶다. 온 가족이 식탁에 빙 둘러앉았다. 식구食口란 말이 실감나는 순간이다. 그야말로 한솥밥을 나눈다는 게 바로 이런 것이구나 하는 생각에 마음이 뿌듯하다. 여느 때엔 생각하지도 못한 또 다른 가족 사랑이 느껴진다. "우리 가족을 위하여 건배" 모두 잔을 높이 들고 가족의 건강과 행운을 위해서 건배했다. 또한 큰아들네 가족을 위해서도 손을 모았다. 낯선 곳 전주에서 빨리 안정된 일상으로 돌아갈 수 있게 되기를 기원했다.

　자식들과 이런저런 이야기를 나누다 보니 밤이 이슥해서야 잠자리에 들었다. 허나 좀처럼 쉽게 잠이 오지 않았다. 문득 돌아가신 부모님이 생각났다. 이런 자리에 함께하셨으면 얼마나 좋아하셨을까. 나는 부모님 생전에 이런 모임을 생각하지도 못했다. 죄책감에 한참을 뒤척이다 잠을 설쳤다.

　그땐 먹고 살기 바빠서 그럴 만한 여유가 없었다. 가족들과 함께 여름휴가를 간다는 건 감히 상상하지도 못했다. 이유야 어찌됐건 너무 내 생각만 하고 살았던 건 아닌가 하고 지난 세월을 돌아본다. 허구한

날 구슬땀을 흘리며 일에 시달리는 부모님을 생각하면 휴가철이라고 나 혼자 피서 갈 생각은 엄두도 못 냈다. 그래서 아이들 방학 때가 되면 부모님이 계신 고향으로 달려갔다. 농사일을 흡족하게 도와드리진 못해도 손주들을 보고 즐거워하실 부모님을 생각했고, 자식들에겐 할아버지 할머니와의 추억을 만들어 주고 싶었다. 지금도 자식들은 고향 집 마당에 모깃불을 피워 놓고 멍석에 누워 할아버지 할머니의 품에서 한여름 밤을 보냈던 옛 추억을 생생하게 기억하고 있다.

추억을 그리워하는 건 인간의 본능이다. 요즘 들어 젊은 시절로 돌아가고 싶을 때가 한두 번이 아니다. 다가오는 앞날이야 어찌될지 알수 없어 불안하지만 지나간 과거는 언제나 아름다운 추억으로 가슴속에 남아 있다. 비록 어금니를 깨물며 힘들게 살았던 어려운 시절도 지나고 보면 한없이 아름다운 추억으로 느껴질 때가 많이 있다.

나는 바쁘다는 핑계로 부모님 생전에 자주 찾아뵙지 못했다. 직장에 매인 몸이었으니 어쩔 수 없었다지만 그건 핑계일 뿐, 내 효심이 부족한 탓이다. 어쩌다 고향에 한번이라도 가면 회사 일이 바쁠 텐데 이렇게 왔느냐고 하시지만, 속으론 "오냐 참 잘 왔다." 하시면서 반갑게 맞아주셨다. 그런 게 부모의 마음이란 걸 뒤늦게 깨달았다. 일 년에 한두 번이라도 오늘과 같은 자리를 만들어 드렸다면 얼마나 좋아하셨을까. 돌아보니 가슴 아픈 일도, 기억하고 싶지 않은 일도 많았지만 그래도 즐겁고 아름다운 추억이 더 많았던 것 같다. 추억이 아름다운 건 누구나 다 마찬가지이지 싶다.

(2014. 8. 28)

벚꽃 구경

 화창한 어느 봄날이다. 이른 아침 휴대폰 벨이 요란하게 울린다. 전화를 받고 보니 낯익은 목소리다. 목소리의 주인공은 예쁘고 상냥한 우리 둘째 며느리다.
 "아버님 전데요. 오늘 출근하다 보니 벚꽃이 흐드러지게 활짝 피었네요. 저녁에 어머님과 같이 벚꽃 구경하시고 저희랑 맛있는 거 잡숫고 가시죠." 참 말도 감칠맛 나게 잘한다.
 여의도에 벚꽃이 만개했으니 꽃구경 나오라는 반가운 전화다. 전화를 건 둘째 며느리는 여의도 K방송국에 나간다. 여의도 윤중제 벚꽃이 어찌나 흐드러지게 피었는지 설원을 걷는 듯 세상이 온통 하얗다고 자랑을 늘어놓는다. 그것도 오늘과 내일이 절정일 것이라는 말에 내 마음은 벌써 콩밭으로 달려가고 있다. 그렇잖아도 귀여운 손녀 생각에 마음이 심란하던 참이었는데 듣던 중 아주 반가운 전화였다. "그래 알았다. 꼭 가고 말구~."

뭐니 뭐니 해도 봄꽃은 단연코 벚꽃이다. 세상의 모든 꽃이 다 아름답지만 벚꽃같이 눈에 익은 것도 없으니 하는 말이다. 흐드러지게 핀 순백의 벚꽃 길을 걷는 감흥은 느껴 보지 않은 사람은 잘 모른다. 그것도 한참 재롱을 떠는 어린 손녀와 함께할 생각을 하니 벌써부터 가슴이 설렌다.

요즘 나는 주말부부로 지낸다. 아내가 육아 도우미를 하러 둘째네 집에 가 있기 때문이다. 물론 손녀 봐주는 일로 주말부부이긴 하지만 그런 시부모를 살뜰하게 챙겨 주는 며느리의 살가운 마음씨에 기분이 좋고 대견스러운 느낌이다.

세상에 꽃구경을 마다할 사람이 어디 있을까. 더구나 불러만 준다면 어디든 달려갈 것이다. 벚꽃이 아니라도 꽃이 예쁘고 아름답게 보이는 건 누구나 다 마찬가지, 꽃구경은 북적거리는 인파에 뒤섞여 사람 구경에 콧바람까지, 생각만 해도 기분 좋은 일이다. 요즘같이 화창한 봄날엔 꽃구경이 아니라도 생동감 넘치는 봄기운을 마음껏 느낄 수 있기 때문이리라. 어느새 마음은 여의도 벚꽃 현장으로 달려가고 있다.

약속 시간에 맞춰 지하철 5호선 여의도역으로 나갔다. 약속한 정시에 도착했다. 잠시 후 둘째네 집에 가 있던 아내가 손녀를 태운 유모차를 끌고 눈앞에 나타났다. 이어서 퇴근하고 달려온 며늘아기와도 반갑게 상봉했다. 귀여운 손녀를 앞세우고 팝콘처럼 활짝 핀 '윤중로' 벚꽃 길을 따라 동여의도 쪽으로 천천히 걸었다. 벚꽃을 배경으로 인증 샷도 날리고 손녀 재롱도 구경했다. 끝없이 펼쳐진 벚꽃 터널에서 여유를 부리며 느릿느릿 걸었다. 향긋한 봄기운이 절정을 이룬 3월의 끝자락, 날이 저물어 사위에 어둠이 내리고 꽃구경 나온 시민들이 벚꽃에 취해 저마다 무척 행복한 표정들이다.

아직 두 돌도 안 된 손녀 '지안知按'이도 꽃구경을 나온 줄을 아는지, 유모차에서 내리겠다고 떼를 부린다. 아장아장 몇 발짝을 걷더니 바로 제 어미한테 달려가 매달린다. 하긴 15개월밖에 안 된 그 어린 게 몇 발짝이나 걸을 수 있을까, 눈여겨보던 참이었다. 나는 얼른 손녀를 낚아채듯 끌어안았다. 녀석이 할아버지를 아는지 낯가림 없이 찰싹 내 품에 안긴다. 사랑하는 가족들과 함께 벚꽃 구경을 할 수 있다는 것만으로도 이런 게 행복이지 싶었다. 손녀를 품에 안고 꽃길을 걷다 보니 오래전 내 자식들과 함께했던 '창경원 벚꽃놀이'가 떠올랐다.

그때만 해도 서울엔 창경원만 한 벚꽃놀이 명소가 없었다. 창경궁으로 이름이 바뀌기 전까지만 해도 봄놀이를 갈 만한 놀이공간이 없었다. 그렇다 보니 창경원은 벚꽃을 즐길 수 있는 서울 시내 최고의 벚꽃 명소 역할을 했다.

나는 그 무렵 창경원이 내려다보이는 낙산자락의 한 시민 아파트에 살았다. 한달음에 뛰어갈 수 있는 가까운 거리이다 보니 가끔 아이들을 데리고 창경원을 찾았다. 아이들에겐 동물원과 식물원이 있어서 더욱 좋아한 것 같다. 창경원은 벚꽃 축제 때가 되면 전국에서 밀려드는 상춘객들로 인산인해를 이루었다.

창경원 벚꽃의 백미는 야간 벚꽃놀이였다. 대낮같이 휘영청 밝은 벚나무 아래에 연인이나 가족 단위로 삼삼오오 모여 앉아 음식을 나눠 먹고 이야기꽃을 피우는 등 소풍 기분을 즐겼다. 창경원은 데이트를 하러 가든, 자식들 손에 이끌려서 가든 일 년에 한두 번쯤은 찾았다. 서울에서 그만한 나들이 명소는 없었다. 그래서인지 그 시절을 경험한 사람들에겐 궁궐로서의 창경궁보다는 유원지로서의 창경원이 더 익숙했다.

벚꽃은 봄을 상징하는 대표적인 꽃 중 하나다. 개나리 진달래처럼 어디서나 볼 수 있는 친숙한 봄꽃이다. 매화처럼 진한 향기도 없고 장미처럼 곱고 화려하지는 않지만 순백의 수더분한 꽃이라서 더욱 사랑을 받는다. 흐드러지게 핀 하얀 벚꽃을 보면 정신까지 맑아지는 느낌이다. 겨우내 칙칙하고 삭막했던 분위기를 말끔하게 지워 주는 표백제 같은 역할을 해준다. 뭇사람들이 하얀 벚꽃을 더 좋아하는 것은 우리 몸에 백의민족의 유전자가 흐르고 있기 때문일지도 모른다.

나이가 들수록 꽃이 더 좋아 보인다. 왜 그럴까, 돌이켜 생각해 보니 내가 어렸을 적에야 배고픔에 쫓겨 꽃보다는 먹는 게 우선이었고, 젊어서는 처자식과 먹고 살기 바빠서 꽃구경 다닐 정서적인 여유가 없었다. 고운 꽃을 보아도 무덤덤하게 그냥 지나쳤다. 몸도 마음도 여유롭지 못했기 때문일 것이다. 그렇게 감정이 무뎠던 내 마음에도 언제부턴가 꽃이 눈에 들어오기 시작했다. 돌아보니 나이 탓인 것 같다. 앞으로 몇 번이나 더 봄을 맞게 될지를 생각하니 벚꽃이 더 애틋하고 예뻐 보인다.

벚꽃은 도심에서도 흔하게 볼 수 있는 봄꽃이다. 순백의 하얀 꽃 때문에 가로수나 조경수로 사랑 받는 나무다. 겨우내 죽은 듯 앙상한 나뭇가지 끝에서 어쩜 저리도 곱디고운 꽃을 피울 수 있는지. 이게 바로 자연의 신비다. 어느새 내 마음 한구석에도 한 촉의 파란 새싹이 파릇파릇 돋아나는 것만 같다. 활짝 핀 벚꽃은 혹독한 겨울을 이겨 낸 사람들에게 선사하는 최고의 볼거리인 것이다.

(2014. 4. 4)

황금돼지의 해

기해년己亥年 새해가 밝았다. 내 평생에 여섯 번째로 맞는 돼지해이다. 금년은 돼지도 그냥 돼지가 아닌 '황금돼지의 해'라고 한다. 예로부터 돼지는 복과 재물을 상징하는 상서로운 동물이다. 내가 돼지띠라서 그런지 어느 해보다도 좋은 일이 많을 것 같은 예감이 든다. 내심 기대하는 바가 크다.

나는 돼지에게 각별한 연민의식을 느낀다. 돼지는 우리 가계家系와 떼려야 뗄 수 없는 각별한 인연이 있다. 내가 돼지띠인 것도 그렇지만 나의 아버지부터 내 아들, 손자까지 '맏아들 4대'가 돼지띠를 타고났으니 얼마나 기이한 인연인가. 그냥 웃어넘기긴 아까운 일이다. 실로 우리 가문의 자랑거리이자 길조가 아닌가 싶다. 설령 내 생전에 부富를 이루지 못하더라도 후대에 반드시 큰 부자가 나타날 것 같은 예사롭지 않은 생각마저 하게 된다. 그런 인연 때문일까, 내가 돼지를 생각하는 것도 별나지만 마음속엔 항상 '돼지띠'에 대한 자부

심과 무거운 사명감이 꿈틀거리고 있다.

　세상에 돈[錢]을 싫어할 사람이 어디 있을까. 나도 돈을 좋아하긴 마찬가지. 허나 내가 좋아하는 건 그 돈[錢]이 아니고 다른 돈, 바로 '돼지' 이다. 돼지를 한자로 쓰면 '돈豚' 인데 이는 화폐를 의미하는 돈과 음音이 같아서 돼지 하면 돈 또는 재물을 연상하게 된다. 예로부터 돼지는 이런 이미지 때문에 많은 사람들에게 호감을 받아왔다.

　돼지는 다산과 풍요를 상징하는 유익한 동물이다. 집에서 기르는 짐승이라도 소[牛]는 부잣집에서나 기를 정도로 귀한 대접을 받았지만, 돼지는 어느 집이나 흔하게 키우던 우리에게는 매우 친숙한 동물이다. 돼지는 임신 기간이 비교적 짧아 1년에 2~3회 번식이 가능하고 새끼도 한 배에 십여 마리가량을 낳기 때문에 다산과 풍요를 상징하는 대표적인 가축으로 알려졌다.

　돼지는 더럽고 욕심 많고 어리석은 동물이라고 하나 이는 전혀 사실이 아니다. 결코 더럽지도 않고, 욕심도 없이 의외로 영리하고 청결한 동물이다. 돼지는 생후 몇 시간이면 스스로 볼일을 보고 잠자리와 배설하는 장소를 구분할 만큼 분별력도 있다. 먹을 때에 좀 게걸스럽게 먹어서 그렇지 웬만큼 배가 부르면 절제할 줄도 아는 영리한 동물이다. 서열이 엄격해서 먹는 것도, 깨끗한 자리를 차지하는 것도, 서열대로라는 것이다. 알려진 것처럼 멍청하지도 않다. 개[犬] 못지않은 인지 능력을 가졌다. 조련사에게 훈련 받은 돼지가 묘기를 부리는 것만 봐도 지능이 제법 높은 동물임을 알 수 있다.

　돼지해에 자식을 낳으면 복을 타고난다는 속설이 있다. 그런 이유로 돼지해가 되면 유난히 결혼하는 청춘들이 많고 출산율도 높아진다. 저출산 고령화에 허덕이는 요즘 같아선 돼지해가 계속되었으면 하는 생뚱맞은 생각을 해본다.

돼지는 문화권에 따라 호불호好不好가 극명하게 엇갈린다. 한자 문화권에서는 돼지를 상서로운 동물로 생각하는 반면, 이슬람 문화권에선 돼지를 혐오스러운 동물로 취급한다. 당연히 그 고기도 먹지 않는다. 왜 그토록 혐오하는 것일까. 문화적인 차이 때문이다. 넓은 초원에서 떠돌이 생활을 하는 유목민의 입장에서 보면 소, 양, 말, 염소는 특별히 먹이를 챙겨 주지 않고 방목만 해도 충분히 살아갈 수 있으나 돼지는 잡식성이라 풀만 먹고는 못 산다. 땀샘이 없어 더위에도 약하고 더구나 다리가 짧아 멀리 이동하기도 어렵다. 하여튼 돼지는 이런저런 이유 때문에 유목하기 어려운 동물로 낙인이 찍혀 무슬림들에겐 혐오의 대상이 된 것 같다.

몇 해 전 봉준호 감독의 '옥자'란 영화를 관람했다. 물론 내가 돼지 따라서 관심 있게 보아서인지 그 잔상이 아직도 뇌리에 남아 있다. 영화의 줄거리는 가족이나 다름없는 옥자를 되찾기 위해 다국적 식품업체인 미란도에 맞서는 산골 소녀 '미자'의 모험을 그린 판타지 영화이다. 주인공인 옥자는 고기를 많이 생산하기 위하여 돼지와 하마의 유전자를 변형시켜서 만든 이른바 '슈퍼 돼지'의 일종이다. 칸 국제 영화제에도 초대받은 화제작이다. 돌이켜 보니 옥자야말로 진정한 황금돼지가 아니었나 싶다.

영화 속 옥자가 우리 식탁에 오를 날도 머지않았다. 최근 국내 연구진이 중국과 공동으로 슈퍼 돼지 개발에 성공하여 특허 등록까지 마쳤다고 한다. 뿐만 아니라 사료를 적게 먹고 배설을 적게 하는 친환경 돼지도 이미 개발에 성공하였고 돼지의 장기를 인체에 이식하기 위한 연구도 활발히 진행되고 있다.

돼지의 장기는 기능이나 형태가 인간과 매우 비슷하여 이종 장기 이식 연구 대상 1순위로 꼽힌다. 최근 미국 하버드대 연구팀이 유전자 가위로 바이러스를 제거한 '청정 돼지'를 개발했다고 한다. 이처럼 장기 이식용 돼지 연구가 급물살을 타면서 이식 수술을 못해 목숨을 잃는 안타까움이 곧 사라질 것으로 기대된다. 현재 돼지 몸에서 사람의 장기를 키우는 방법도 연구 중이고, 면역 거부가 덜한 각막이나 췌도膵道는 실제로 환자에게 이식하는 단계까지 와 있다고 한다.

돼지를 이용한 유전자 변형 기술 등 생명공학의 발전은 '신神의 영역'에 도전한다는 부정적인 시각도 있다. 하지만 인류의 식량난 해결과 질병 치료 등을 위해서 크게 기여하고 있음도 부인할 수 없는 사실이다. 이기적인 인간을 위하여 자신의 생명을 담보로 희생해 온 돼지의 또 다른 선물이 아닌가 싶다.

올해는 새해 인사로 유난히 "부자 되세요."라는 덕담을 많이 들었다. 황금돼지의 해다운 인사말이다. 그야말로 너나없이 모두가 부자 되기를 희구하고 갈망하기 때문일 것이다. 하지만 우리의 삶이 꼭 부자라고 더 행복하고 가난하다고 다 불행한 것은 아니잖은가. 가난한 달동네 판잣집에도 웃을 일이 많듯이 살면서 행복의 척도가 돈이 다가 아니라는 것을 느낄 때가 많다.

흔히 욕심 많고 지저분한 사람을 빗대어 '돼지 같은 놈'이라면서 손가락질을 한다. 마치 돼지가 탐욕의 상징인 양 말하지만, 돼지보다 더 탐욕스럽고 지저분한 건 인간들이다. 돈에 눈이 멀어 위선의 탈을 쓰고 정의와 공정을 부르짖으며 온갖 못된 짓을 하는 사람들을 보면 더더욱 그런 생각이 든다. 자신을 희생하며 죽어서까지 배부르게 먹잇감이 되어 주는 이타적인 삶을 사는 '돈공豚公'이야말로 오히려 인간이 본받아야 할 교훈적인 동물이지 싶다.

(2019. 3. 10)

제3부 빛바랜 한 장의 흑백 사진

- 칠갑산의 봄
- 고향 길 400리를 걷다
- 벌초 길 유감
- 시제 날 소회
- 달라진 명절 풍경
- 보릿고개
- 명절과 선물
- 보리밭 풍경
- 칡꽃
- 시산제
- 새벽밥
- 월사금의 추억
- 빛바랜 한 장의 흑백 사진
- 우리 동네 미아삼거리

칠갑산의 봄

어느새 봄이다. 꽃샘추위가 한창일 무렵 서울을 떠나 칠갑산을 찾았다. 칠갑산은 충남의 알프스라 일컫는 내 고향 청양에 있는 명산이다. 산 좋고 물 좋은 천혜의 자연환경을 옛 모습 그대로 고이 간직한, 인근에서 꽤 이름난 명산으로 충청남노를 대표하는 도립공원이기도 하다.

칠갑산은 나지막한 높이(560m)에 모나지 않고 부드러운 산세가 특징이다. 겉에서 풍기는 모습은 이곳 청양 사람들의 기상을 닮은 듯 어머니의 품속과 같이 포근하고 넉넉함이 느껴진다. 크고 작은 많은 봉우리와 깊은 계곡을 거느리고 있으며 험한 바위 지대가 없는 아주 전형적인 육산肉山이다. 동서남북 모든 방향에서 등산로가 잘 정비되어 있어 초보자는 물론 가족 단위 산행지로도 안성맞춤인 산이다. 어떤 사람들은 별스럽지 않은 산이라고 말하지만 전문 산악인들 사이에서도 꽤 이름난 명산 중의 하나이다.

이 산은 연중 등산객으로 넘쳐난다. 노래방에서 국민 가요로 애창되는 '칠갑산'이란 노래 때문에 더욱 유명해지기도 했지만 최근에는 이곳을 통과하는 서천-공주 간 고속도로가 개통되어 전국 각지에서 한다 하는 산악인들이 제법 많이 찾아온다. 또한 이 산은 천년고찰 장곡사를 품고 있으며 칠갑문화축제가 열리는 장승공원, 천연림으로 이루어진 자연휴양림, 천문대, 천장호 출렁다리 등 많은 볼거리가 있어 사계절 내내 전국에서 찾아온 등산객이 붐비고 있다.

칠갑산은 사계절의 변화가 뚜렷한 산이다. 봄에는 진달래, 철쭉, 벚꽃 등 수많은 봄꽃들이 고운 자태를 한껏 뽐내고 여름에는 울창한 숲에서 뿜어 나오는 풋풋한 향기와 깊은 계곡을 흐르는 맑은 물소리가 일상에 찌든 등산객들의 피로를 말끔하게 씻어 준다. 가을에는 울긋불긋한 단풍이 절경이며, 눈 내리는 겨울의 설경은 동화나라에 들어온 듯 이국적인 느낌이 일품인 색다른 묘미를 맛볼 수 있다.

칠갑산의 봄은 등산객의 배낭 속에 숨어서 찾아온다. 산꾼들은 해가 바뀌면 한 해의 건강과 안전 산행을 기원하는 시산제始山祭를 지낸다. 시산제는 봄기운이 일기 시작하는 입춘절을 전후하여 절정을 이룬다. 수도권에서 가깝기도 하지만 이 산의 이름에서도 시산제의 의미를 엿볼 수 있다. 칠갑산의 갑甲 자에는 '으뜸'이란 의미 이외에도 봄을 상징하는 '새싹' 또는 '처음'이란 뜻이 내포되어 있어 시산제와 결코 무관하지 않음을 읽을 수 있다. 특히 산 정상은 사방이 탁 트여 조망이 좋고 많은 사람들이 함께 즐길 수 있는 넓은 공간이 마련되어 있다. 또한 석재로 된 커다란 제단祭壇이 있어 시산제를 올리기에도 무척 좋은 조건을 두루 갖추고 있다.

시산제 명소로 이름난 전국 어느 산을 가 봐도 제단이 갖춰진 산은 흔하지 않다. 강화도 마니산에는 성화를 채취하는 참성단이 있지만 다른 산에서는 별로 본 적이 없다. 내가 칠갑산을 찾았던 날도 많은 사람들이 시산제를 준비하고 있었다. 우리 일행은 시산제를 마친 후 음복 술 한 잔 나눌 시간도 없이 빨리 자리를 비켜 줘야 할 정도로 여러 팀들이 기다리고 있었다.

칠갑산의 봄은 벚꽃 필 무렵이 절정이다. 장곡사 길을 따라 길게 늘어서 있는 벚나무에 팝콘처럼 탐스럽게 핀 벚꽃은 보기 무섭게 탄성이 절로 나온다. 계곡과 능선 여기저기 흐드러지게 핀 산벚꽃도 가로수 벚꽃나무 못지않게 장관이다. 슬쩍 보고 그냥 지나치기엔 너무 아쉬운 풍경들이다. '한티고개' 옛길을 따라 구불구불 이어진 벚꽃 길은 순백의 물감을 흩뿌린 듯 오가는 사람들의 시선을 유혹하기에 충분하다. 이 옛길은 '대치터널'이 뚫리기 전까지 청양을 오가던 고갯길이었으나, 지금은 젊은 연인들이 데이트하기에 딱 좋은 한적한 산책로로 바뀌었다. 산 정상 아래까지 이어진 임도나 장곡사 길 등 벚꽃 필 무렵의 칠갑산 주변은 어디를 가나 꽃이 지천에 널려 있다. 특히 장곡사 벚꽃 길은 '한국의 아름다운 길 100선'에 선정될 정도로 풍광이 아름다운 길이다.

천장호天庄湖를 가로질러 세워진 출렁다리에서 맞는 칠갑산의 춘경春景도 일품이다. 천장호는 칠갑산 자락 동쪽 마치고개 바로 밑에 있는 조그만 호수다. 주변 자연 경관과 호수에 비춰진 경치가 어우러져 한 폭의 산수화처럼 아름답다. 200여 미터가 넘는 긴 현수교 출렁다리가 물에 닿을 듯 말 듯 흔들릴 때마다 오금이 저리고 스릴 만점이다. 이 다리는 청양이 고추와 구기자의 명산지임을 자랑이나 하듯 빨간 고추와 구기자 형상의 큰 교각이 세워져 있다. 칠갑산을 오르는 등산객이 아니라도 '칠갑산 휴게소'에 잠시 쉬었다 가는 많은 사람들의 사진 촬영지로도 각광받고 있다.

추억이 깃든 고향의 봄은 생각만큼이나 느낌도 사뭇 다르다. 그래서인지 올해도 내 고향 칠갑산의 봄을 다시 찾을 수 있어 감사하는 마음이다. 두 팔을 벌려 온몸으로 칠갑산의 봄을 맞이해 본다. 사는 게 힘들고 어려워도 마음을 풀어헤치고 심호흡을 하다 보면 그래도 살아 있음이 행복하다는 걸 느낄 수 있다. 그렇게 봄은 우리에게 희망을 주는 계절이다. 유난히 춥고 변덕스런 요즘 날씨 탓에 칠갑산의 봄은 어느 해 봄보다 더 아름다움을 뽐낼 것이다.

시간에 쫓기듯 칠갑산에도 빠르게 봄이 밀려오고 있다. 머지않아 초여름이 올 것이다. 하지만 봄이 좀 오래 머물다 갔으면 하는 마음 간절하다. 그래야 가슴속 깊이 담아 온 칠갑산의 봄을 야금야금 조금씩 음미하면서 천천히 보낼 수 있을 것이 아닌가. 이렇게 알뜰하게 봄을 향유하며 즐길 수 있는 사람에겐 칠갑산의 봄이 영원할지도 모를 테니까…. 그것이 짧은 봄을 짧지 않게 오래오래 누리는 비결이 아닌가 싶다.

(2012. 5. 23)

고향 길 400리를 걷다

　요즘 들어 고향 생각에 잠을 설치는 날이 부쩍 늘었다. 언제부턴가 고향이란 말만 들어도 가슴이 설레고 뜨겁게 벅차오른다. 아마 나이 탓이지 싶다. 나에게 고향이란 늘 어머니 품속처럼 내 육신과 영혼이 편히 쉬고 싶은 영원한 안식처 같은 곳이다.

　고향이란 말이 요즘처럼 실감날 때가 별로 없었다. 무엇이 나를 그렇게 만들었을까. 바로 귀소본능의 '향수' 때문이리라. 하늘을 나는 새도 하루해가 저물면 둥지를 찾아가는데, 하물며 만물의 영장이라 일컫는 인간이 자신이 나고 자란 고향을 어찌 잊을 수 있단 말인가. 젊어서야 먹고살기 바빠서 고향을 잊고 살았다지만 나이를 더해 갈수록 고향 생각에 빠져 마음을 추스르기가 어렵다. 수구초심首丘初心이란 말처럼 하루해가 뉘엿뉘엿 서산에 기울 때쯤이면 향수가 밀물처럼 가슴을 파고든다. 아, 꿈속에서도 잊지 못할 그리운 내 고향 '청양靑陽'이여….

고향을 떠나 타관 객지를 떠돈 지 어언 50여 년, 무정한 게 세월이라더니 눈 깜짝할 사이에 참 많은 세월이 흘렀다. 살아온 세월의 무게만큼이나 이마엔 밭고랑처럼 주름이 깊게 파이고 백발만 늘어 가니 더더욱 그리운 건 고향 생각뿐이다.

살아오면서 고향이 어디냐는 말을 참 많이 들었다. 그럴 때마다 나는 조금도 망설이지 않고 "내 고향은 충청도 청양"이라고 힘주어 말한다. 뚜렷하게 자랑할 건 별로 없어도 고향이라는 사실 하나만으로도 자랑스럽고 뿌듯하기 때문이다. 내 고향 청양은 "콩밭 매는 아낙네야…"로 시작하는 칠갑산이란 노래 덕분에 널리 알려졌고 아주 오래전 폐광되었지만 1960년대 말까지 전국 최대의 금을 생산한 구봉광산이 있었다. 요즘엔 매운 고추의 대명사격인 '청양고추'가 있어 구차하게 청양이 어떤 곳인지 자세히 말하지 않아도 알 만한 사람들은 이미 다 알고 있다.

굳이 말하지 않아도 인간에겐 귀소본능이 있다. 하늘을 나는 철새나 태평양을 떠도는 연어가 그러하듯이 고향을 떠나 타관 객지를 헤매던 인간도 늙고 병들면 고향으로 돌아가고 싶어 한다. 그야말로 살아서 가지 못하면 죽어서라도 가고 싶은 게 고향이듯이 말이다. 도대체 고향이란 무엇일까. 꿈속에서도 잊지 못할 내 고향, 눈을 감아도 눈을 떠도, 유년 시절 동네 골목에서 뛰어놀던 그때 그 모습이 눈에 선하다.

걷기 열풍이 일면서 많은 사람들이 고향을 향해 걷는다. 이른바 '고향 길 걷기'는 내 생전에 꼭 하고 싶은 버킷리스트의 하나였다. 2002년 은퇴한 이후 '서울에서 청양까지' 꼭 한 번은 걸어야겠다고 마음을 먹었다. 금년 초 고향 길 걷기를 계획하던 중 동행하겠다는 친구들이 나섰다. 더욱이 고향 친구들과 함께라면 조금도 망설일 이유가 없었다. 무더운 여름이 오기 전에 끝내고 싶었다. 서울에서 청양까지 거리는 대략 160여km, 400여리 길이다. 차량 통행이 많은 도로를 걷게 되므로 매연과 안전이 제일 큰 걱정이었다. 청양까지 걷는 시간은 5일 정도로 계획했다. 구간별로 끊어서 당일 출발해서 당일 귀가를 원칙으로 정했다. 다만 서울에서 거리가 먼 마지막 구간은 현지에서 일박을 하고 종착지인 청양까지 걷기로 했다. 각자의 사정을 고려해 시간을 정하다 보니 연속해서 걸을 수 없는 어려움이 있었다.

  드디어 2013년 4월 30일 08:00 광화문광장 세종대왕 동상 앞에서 '출정식'을 가졌다. 참가자는 서주원, 심응조, 이강설, 이인영 등 4명이다. 첫날 최원봉, 전장수 두 친구의 환송을 받으며 청양을 향해 보무도 당당히 출발을 알렸다. 서울을 벗어나 국도 1호선인 시흥대로를 따라서 걸었다. 첫날은 안양을 지나 수원 지지대고개를 넘어 수원역까지 걸었다. 백여 리가 넘는 장거리였다. 둘째 날은 평택역까지, 셋째 날은 아산시 신창역까지, 넷째 날은 예산군 예당호수 인근 봉수산 휴양림까지 걸었다. 이제 마지막 한 구간이 남았다. 봉수산 휴양림에서 일박을 하고 한우 쇠고기 단지로 이름난 광시를 거쳐 6월 13일 10시 30분경 청양에 안착했다. 전날 봉수산 휴양림에서 합류한 전장수, 최원봉을 포함해서 6명이 동행했다. 최종 목적지인 청양군청 앞마당에 들어서자 군청 직원들의 뜨거운 환영을 받았다. 이 자리는 청양중학교 동창인 이석화 군수의 따뜻한 배려로 고향 길 걷기의 대미를 성대하게 장식했다.

  길을 걷다 보니 평소 무심하게 지나쳤던 것들이 눈에 들어왔다. 새소리 물소리 바람 소리 이름 모를 풀꽃조차 새롭고 반가웠다. 서울에 살면서 단 한 번도 걸어서 건너본 적이 없는 한강 인도교도 걸어서 통과했다. 그간 서울에 살면서 늘 차로 건넜지 걸어서 돌아본 곳은 그리 많지 않았다. 도로와 하천변엔 잘 가꾼 쌈지공원이나 체육시설이 눈에 띄었다. 특히 대방동에서 만난 '길거리도서관'은 매우 인상적이었다. 버스 승강장 옆에 있는 무인 도서관이라서 더 기억에 남을 것 같다. 우리가 살고 있는 이 땅이 얼마나 살기 좋은 곳인지를 새삼두 눈으로 확인할 수 있었다. 어디를 가나 동네마다 반듯한 마을회관과 경로당이 눈에 띄었고 산뜻하게 단장된 산책로와 간이 체육공원등 주민 편의시설들이 즐비하다. 정말 살기 좋은 자랑스러운 대한민국의 한 단면들이다.

고향 길을 걸으면서 많은 것을 보고 느낀 유익한 기회였다. 그간 무심코 지나쳤던 노량진 사육신묘역이 그런 곳 중의 하나였다. 언제나 차를 타고 묘역 앞을 지날 때면 사육신 혼령들에게 미안한 마음을 가졌던 곳인데 차제에 잠시 들러 늦게나마 불사이군不事二君의 충절을 직접 확인했다. 한강대교에 설치된 전망대에도 올라가 보았고, 도로가에 세워진 마을 표지석이나 유적지, 선현들의 묘역도 들렀다. 무심하게 지나쳤던 것이나 가벼이 생각했던 많은 것들을 볼 수 있었다. 승용차로 가깝게 느꼈던 곳도 실제 걸어 보니 생각보다 멀고도 힘든 거리였다.

세상에 공짜는 없다는 말처럼 노력하지 않고 얻을 수 있는 건 아무것도 없다. 고향 길을 걸으면서 천 리 길도 한 걸음부터라는 평범한 진리도 체감했다. 광화문을 출발해서 한발 한발 걷다 보니 어느새 4백여 리를 완주했다. 얼마나 대견한 일인가. 고통을 참고 견뎌 준 내 몸뚱이에도 칭찬을 하고 싶다. 이렇게 인간의 능력이 무한한 것이라는 사실도, 그리고 어떤 일이든 시작이 반이라는 것을 확인할 수 있는 좋은 기회였다.

고향 길 400리를 걸으면서 많은 것을 보고 배웠다. 완주가 끝난 뒤

퉁퉁 불어 터진 발가락을 보면서 인내심과 체력에 대한 자신감도 갖게 되었고 거기에 더해 '애향심'도 키울 수 있었다. 친구들과 동행하면서 "함께 가야 멀리 갈 수 있다."는 말처럼 노년의 행복한 동행을 위해 함께 노력할 것을 다짐하는 소중한 시간이었다. 역시 길을 걷는 그 자체가 건강이고 행복이란 의미도 몸으로 터득했다.

(2013. 6. 14)

벌초 길 유감

 지난주 고향에 벌초를 하러 갔다. 이른 새벽인데도 벌초하러 가는 차량들로 도로가 만원이다. 고속도로에서 속도를 내기는커녕 오히려 가다 서다를 반복한다. 늦으면 늦은 대로 마음을 느긋하게 고쳐먹고 자동차 핸들을 잡았다. 오늘이 벌초 피크인 것 같다. 해마다 벌초 철이면 겪는 진풍경들이다.
 벌초란 조상의 무덤을 단정하고 깨끗하게 손질하기 위한 후손들의 정성 어린 효행이다. 단순히 무덤에 난 풀과 잡목을 정리하는 것만이 아니라 봉분이나 잔디 상태를 살펴보는 성묘의 의미가 더욱 크다. 대개 백중百中 이후부터 추석 전에 벌초 행사가 이루어진다. 만약 추석 때까지 벌초를 하지 않고 방치된 분묘를 보면 그 후손들을 탓하기도 했다. 예로부터 우리는 자신의 잘못으로 조상을 욕 먹이는 일을 가장 큰 불효로 여겼기 때문에 벌초를 거르는 일은 상상할 수도 없다. 내가 벌초에 정성을 쏟는 이유 중 하나다.

우리 집안도 매년 일정한 날에 자손들이 모여서 벌초를 한다. 추석 2주 전 토요일이 벌초하기로 지정된 날이다. 이날은 객지에 나가 있는 후손들이 다 모여서 벌초 작업을 벌인다. 벌초 후 한자리에 모여 식사를 하면서 그간의 안부도 주고받으며 애틋한 친족의 정을 나눈다. 내 고향에는 조상대대로 13대째 집성촌을 이루고 살아왔다. 그렇다 보니 다른 집안에 비하여 벌초할 무덤이 유난히 많다. 도대체 명당이 무엇인지, 골짜기마다 여기저기 흩어져 있는 묘소들을 보면서 조상을 명당에 모시기 위하여 애쓴 선조들의 흔적을 보는 것 같아 짠한 생각마저 든다.

나는 오래전부터 벌초하러 갈 때 자식을 동행하고 간다. 다른 약속이 없도록 벌초 날을 미리 알려주고 같이 갈 것을 권유한다. 이런 기회가 아니면 조상님의 산소가 어디에 있고, 벌초는 어떻게 하는 것인지를 보고 배울 기회가 없다. 또한 자주 만날 수 없는 종친들과 얼굴도 익힐 수 있어 일석이조가 아닐 수 없다. 벌초란 이처럼 후손으로서 조상에 대한 효심도 높이고 친족 간에 정을 나눌 수 있는 유익한 시간이다. 이래서 벌초는 효孝의 산교육이라고 하는 것이 아닌가.

요즘엔 벌초할 때 거의 '예초기'를 사용한다. 예전처럼 낫으로 벌초를 하는 사람은 별로 없다. 예초기가 처음 나왔을 때만 해도 조상의 무덤에 '칼날'을 들이대는 것은 무례한 짓이라 여겨 예초기 사용을 망설였다. 나도 그런 생각을 했다. 하지만 지금은 예초기 사용을 너무 당연하게 받아들인다. 작업 능률이 뛰어난 예초기를 두고 굳이 낫을 고집할 이유는 없다. 낫질은 해본 사람이 아니면 위험해서 낫 사용을 강요하기 어렵다. 아무리 조상을 모시는 일도 중요하지만 생업을 내팽개친 채 며칠씩 고생하면서 벌초하기를 원하는 조상이 어디 있을까. 무례하지만 예초기를 사용해 일찌감치 벌초를 끝내고 각자 생업으로 돌아간다. 정말 편리한 세상이 아닌가.

조상을 모시는 효심도 많이 달라졌고 자손들의 마음도 예전 같지가 않다. 예전엔 며칠씩 걸려서라도 벌초를 우선했지만 요즘엔 벌초보다는 생업이 먼저다. 벌초를 제때에 하지 못해 묵는 무덤이 늘어가고 있다. 후손이 없어서가 아니라 부득이한 사정으로 방치되는 무덤도 흔하다. 해외로 이민을 갔거나 유학 또는 생업으로 벌초를 하지 못할 수도 있다. 하기야 살아 있는 부모도 모시지 않으려고 하는 판에 생전에 얼굴 한 번 보지 못한 조상님 묘소에 벌초하기를 바라는 것은 무리가 아닐까. 무덤 속 조상님들이 들으면 "이놈" 하고 불호령을 지르며 뛰어나올 것 같다.

언제부터인가 벌초 대행업이 고기가 물을 만난 듯 성업이다. 벌초를 남에게 맡기는 사람이 늘어간다는 반증이다. 단순히 무덤에 난 풀을 베는 정도로만 생각하면 벌초 대행 업자에게 맡기는 편이 훨씬 경제적일 것이다. 경제적인 면만 따지면 그렇다 쳐도 남에게 벌초를 맡기는 건 너무 무례하고 무성의한 것이 아닐까. 그러나 벌초를 다른 사람에게 맡기는 심정인들 오죽하겠는가. 세상이 변하는 걸 생각하면 이해하고도 남는다.

전통 장묘 문화에도 변화의 바람이 일고 있다. 우리나라는 '묘지공화국'이란 말이 무색할 정도로 좁은 국토에 많은 묘지가 무질서하게 늘어 간다. 한마디로 매장의 폐해가 너무 크다. 공원 묘지는 이미 포화 상태가 된 지 오래고 행여나 빈자리가 있다 해도 땅값이 만만치 않다. 이제는 대부분이 화장 후 납골당에 안치하거나, 유골을 나무 밑에 묻는 친환경적인 수목장을 선호하고 있다. 장묘 문화가 이런 추세로 바뀌어 간다면 벌초에 따른 문제는 자연스럽게 해소될 수 있을 것이다. 그리고 보니 우리가 벌초를 하는 마지막 세대가 되는 건 아닐는지.

　벌초를 마치고 돌아오는 기분이 홀가분하진 않다. 묘지 관리 걱정에 마음이 무겁다. 내가 살아 있는 동안은 그럭저럭 넘어간다 해도 자식 세대 이후가 더 큰 문제이다. 나도 잘하는 건 없지만 이만큼이라도 조상님 모시는 일에 관심을 가져 주었으면 하는 마음이 굴뚝같다. 사람이 다닐 수도 없는 험한 산속에 흩어져 있는 산소를 생각할 때마다 눈앞이 캄캄하다. 벌초뿐만이 아니다. 봉분이 허물어지고 잔디도 없는 무덤들을 앞으로 어떻게 해야 할지, 어떤 형태로든 정리해야 될 것만 같다. 이것이 내가 눈을 감기 전에 해야 할 마지막 소임이라 생각하니 어깨가 더 무거워진다.

　이제는 벌초의 수고로움에서 벗어나고 싶다. 최근 들어 저출산과 비혼으로 대代가 끊기는 가정이 늘어 간다. 자식이 없으면 '무연고' 무덤이 되는 것은 불을 보듯 뻔한 일, 벌초를 못해 조상님께 불효를 짓고 싶지는 않다. 사후에 매장만이 최선은 아니듯 가족이 머리를 맞대고 함께 고민해 볼 일이다. 화장을 해서 납골당에 가거나 수목장, 해양장, 산골散骨 등 여러 대안이 있다. 벌초의 부담에서 해방되고 싶다. 나부터라도 건강할 때 자식들에게 '장례 의향'을 밝혀 내가 원하는 대로 장사를 치러 줄 것을 부탁해야겠다.

(2013. 8. 31)

시제 날 소회

지난주 시제時祭를 지내러 고향에 다녀왔다. 내가 어렸을 때만 해도 시제는 우리 집안의 가장 큰 행사였다. 허나 지금은 옛날처럼 성대한 시제는 구경하기도 어렵고 기대할 수도 없게 되었다. 지금은 형식을 갖춰 제대로 시제를 지낼 형편이 안 되기 때문이다. 겨우 시제 흉내만 내는 것 같아 조상님께는 부끄럽지만, 어찌 생각해 보면 격식대로 잘 모시진 못해도 이렇게나마 시제를 지낸다는 게 얼마나 대견스러운지 하는 생각이 들 때도 있다.

내 위 세대 어른들은 시제를 매우 중하게 여겼다. 하기야 그 시절엔 '효孝를 백행의 근본'으로 생각하던 시절이었으니 조상님께 정성껏 제祭를 올리는 건 너무나 당연한 일이었다. 시제 날이면 문중 어른들이 종갓집에 일제히 모여들었다. 먼데서 오신 분들은 하루 이틀 묵어가는 건 예사였다. 제수 준비도 어지간한 기제사에 비할 바가 아니었다. 먹고살기 어려웠던 시절이지만 이날만은 음식을 아끼지 않고 풍족하게 마련했다. 술과 떡을 빚고 전을 부치고 고기를 굽고 나물을 삶느라 집안의 부녀자들은 모두 동원되었다. 하루하루가 고단한 일상이었지만 명절 못지않게 한자리에 모여 이런저런 얘기로 시간 가는 줄 몰랐을 것이다. 이렇게 시제는 왕래가 뜸했던 일가친척들을 만나 안부를 묻고 종친 간의 교류와 우애를 다지는 문중의 중요한 행사였다.

　세월이 더해 갈수록 시제가 사라져 간다. 세월이 그렇게 만든 것 같아 안타까운 마음이다. 요즘엔 먹고살기에 바쁘다는 이유로 시제 따위엔 관심이 없다. 그저 참석을 해도 그만 안 해도 그만인 형식적인 행사로 전락되었다. 겨우 명맥만 이어 가는 것 같아 나이를 먹어 가는 사람으로서 어깨가 무겁다. 조상에 대한 효심도 예전 같지가 않고 종사에 좌장 노릇을 하는 집안의 큰 어른도 없다. 시제에 무심하긴 나도 마찬가지, 종손은 아니지만 나이를 먹은 어른으로 차마 나 몰라라 할 수가 없어 억지 춘양 노릇을 한다. 우리 집안에 위로는 육촌형님 한 분만 계시니 내가 나서지 않을 수 없게 되었다.

　우리 집안은 입향조入鄕祖로부터 13대를 살아왔기 때문에 산소가 꽤 많은 편이다. 한때 집성촌을 이루고 살았던 일가친척들은 거의 고향을 떠났다. 물론 종손도 객지로 나간 지 이미 오래다. 사정이 그렇다 보니 시제에 참석하는 사람이 적은 건 당연한 일이다. 젊은이들은 생계를 핑계로 다 빠지고 기껏해야 열 손가락에 꼽을 정도로, 결국 나이 먹은 사람들만 몇몇이 모인다. 벌초 행사에는 반 강제적(?)으로 동원하다시피 하지만 시제 참석은 각자 자율에 맡기다 보니 이렇게 된 것 같아 매우 안타깝다.

　금년 시제에도 달라진 게 별로 없다. 시골에 계신 육촌형님과 객지에 나가 있는 동생들과 조카들 모두 예닐곱 명이 산소를 찾아간다. 준비해 간 주과포酒果脯로 제를 올리고 산신제도 지냈다. 불경스러워서 조상님을 대하는 마음이 편치가 않다. 산소 대부분이 한 해가 다르게 볼품없이 변해 가는 모습도 가슴 아프긴 마찬가지다. 벌초는 매년 거르지 않지만 잔디는 거의 다 죽었고 잡초와 잡목만이 그 자리를 차지했다. 봉분과 묘지 주변의 흙이 쓸어내려서 보기에도 민망하다. 당장이라도 사초를 해야 좋을 것만 같다. 흙을 퍼다 무너진 봉분에 가토加土를 하고, 잔디를 새로 입히고 잡초와 잡목을 뽑아내는 게 우선 해결책이다. 그러나 사초와 관련된 일은 혼자 독단적으로 결정할 수 없으니 어찌해야 좋을지 답답한 심정이다.

그렇잖아도 여러 곳에 흩어져 있는 산소를 한 곳에 모으려고 몇 년 전 토지를 마련해 두었다. 생각 같아선 당장에라도 이장을 하고 싶지만 그게 그렇게 간단하지만은 않다. 비용도 비용이지만 간단한 가토 작업 하나도 집안에 찬반 시비가 생길 수 있어 여간 조심스러운 게 아니다. 어차피 산소가 여기저기 흩어져 있는 상태로는 장기적인 대책이 될 수가 없다. 벌초나 시제를 위해서도 그렇고 후손들의 부담을 덜어 주기 위해서라도 산소를 한곳에 모으는 작업이 시급한 것 같다.

시제에서 가장 큰 어려움은 제수를 준비하고 시제꾼을 모으는 일이다. 예전에는 종중 땅을 소작하는 집에서 시제 차림을 해줬으나 지금은 그런 일을 대신해 줄 사람이 없다. 선뜻 어느 누구도 그런 일을 하지 않으려고 한다. 그렇다고 조상님을 굶길 수는 없지 않은가, 궁여지책으로 가까운 후손들이 돌아가면서 유사有司를 맡아 제수를 준비하고 있다. 조상님께는 매우 부끄러운 일이다. 떡 한 조각을 얻어먹기 위해서 시제를 따라다녔던 철부지가 어느덧 집안의 대소사를 걱정해야 하는 처지가 되었으니 이런 게 세월 무상이 아니고 무엇이란 말인가.

시제가 일상의 주요 관심사에서 밀려나고 있다. 시대 변화에 따라

가족 제도의 해체 등 여러 요인이 있을 수 있고 조상을 모시고자 하는 후손들의 효심도 예전 같지가 않다. 시제가 사라질 것은 불을 보듯 뻔한 일이다. 물론 명문 종가 집안은 예외로 치더라도 어쩌면 내가 시제를 모시는 마지막 세대가 될 것 같은 기분이다. 하기야 자신을 낳아 준 부모님 제사조차 지내든 말든 별관심이 없는 세상인데 얼굴도 모르는 까마득히 먼 조상을 추앙한다는 게 쉽지만은 않은 일이다.

시제를 어떻게 하는 것이 최선일까. 걱정만 되지 정답이 없는 것 같다. 조상대대로 모시던 시제를 없앨 수도 없고…. 뾰족한 대안이 떠오르지 않는다. 분명 조상을 기리는 것은 당연한 일이지만, 현실은 녹록하지 않으니 이것이 문제다. 뿌리 없는 나무가 없듯이, 조상 없는 후손이 어디에 있을까. 시제 날 하루만이라도 숭조崇祖의 예를 갖추는 것은 후손으로서의 당연한 도리인 것을. 하지만 효심도 세월에 떠밀려 사라져 가는 것 같아 마음이 씁쓸하다. 어느 때보다 먹고사는 건 풍족하지만 떡 한 조각을 얻어먹으러 시제를 따라다니던 어린 시절이 그리워지는 건 무슨 심사일까. 비단 나 혼자만의 느낌은 아닐 것이다. 앞으로 몇 년이나 더 시제를 모실 수 있을지, 생각할수록 가슴이 먹먹하다.

(2014. 12. 5)

달라진 명절 풍경

추석 명절이 성큼 다가왔다. 언제 터질지 모르는 북핵北核 위기 속에도 어김없이 찾아온 팔월 한가위다. 요즘 불안한 안보 정세를 반영하듯 '생존 배낭'이란 추석 선물이 등장했다는 뉴스가 단연 화제다. 해외 토픽에 나올 만한 특종거리다. 웬 생존 배낭이라니, 핵을 머리에 이고 살아가야 하는 우리의 슬픈 자화상이다. 그만큼 한반도의 안보 상황이 매우 엄중하고 위급하다는 반증이 아닐까.

올해는 유례없이 긴 추석 연휴를 맞았다. 연휴 기간 중 100만여 명이 해외여행에 나설 것이라고 한다. 북핵 위기는 안중에도 없는 듯 태평성대가 아닌가 싶다. 열흘이나 되는 긴 연휴 기간 중 하루에 10만여 명씩 인천공항을 빠져나갈 것이다. 외국인의 눈에 '코리아 엑소더스'로 잘못 비춰지는 건 아닌지, 여러 가지로 대단한 대한민국이다.

예전처럼 가슴 설레던 명절은 더 이상 기대할 수 없다. 지금은 명절 특유의 고유한 맛이 사라졌고 애틋함도 없다. 그나마 TV를 통해서 명절 분위기를 느낄 수 있는 것만 해도 다행스러운 일이다. 갈수록 명절 본래의 의미는 퇴색되어 마지못해 명절 시늉만 내는 사람들이 늘어 간다. 정작 명절이 조금도 반갑지 않은 것이다. 차례 음식을 만들어야 하는 주부들은 명절이 싫은 정도가 아니고 오히려 두렵다고 아우성이다. 오죽하면 '명절증후군' 이란 말까지 생겼을까. 모두가 즐거워야 할 명절이 어쩌다 이렇게 천덕꾸러기 신세가 되었는지, 한번쯤 곱씹어 볼 일이다.

명절 분위기가 달라졌다. 휴식과 재충전을 위하여 여행을 떠나는 사람들이 있는가 하면, 직장에 출근하느라 고향에 가지 못하는 사람들, 학원가에 남아서 '연휴 특강' 을 들어야 하는 취준생들도 있다. 그런가 하면 말 못할 고민에 가족을 만나러 가지 못하고 명절을 숨어서 보내야 하는 사람들도 있다. 이런 사연 때문에 귀성객은 줄어들고 오히려 부모가 자식을 찾아가는 역귀성이 늘고 있다. 예전 같으면 한창 귀성 전쟁을 치를 법한데, 이제는 그런 풍경은 생각조차 할 수 없다. 갈수록 명절의 순수한 맛이 퇴색되는 것 같아 안타까움이 더하다.

도대체 명질에 여행을 떠나는 그들은 누구일까. 차례 준비를 해야 하는 나로선 선뜻 이해할 수가 없다. 한때는 전통과 옛것을 고집했던 나도 이젠 생각이 바뀌었다. 솔직히 그들이 부럽다. 하기야 잔심부름 할 자식도 없이 아내와 단둘이서 차례를 준비하기란 쉽지가 않다. 자식들과 같이 살 때에는 "이거 해라, 저거 해라." 하고 지시만 하다 지금은 사소하고 하찮은 것까지 모두 내 손으로 해야 하니 어찌 칠순의 노구가 고단하지 않겠는가.

명절이 즐겁고 행복했던 건 부모님이 살아 계실 때까지였던 것 같다. 철부지 때야 말할 것도 없고, 나이를 먹어서도 부모님과 함께 보냈던 명절이 기억에 남아 있다. 배곯던 시절엔 배불리 먹을 수 있어 마냥 좋았고…. 이젠 추억이 되었지만 명절에 부모님을 찾아가던 즐거움은 쉽게 잊을 수 없다. 기차를 타고, 버스를 타고, 한 손엔 선물을 싼 보따리, 다른 한 손엔 아이들 손을 잡고 고개를 넘느라 죽을 고생을 했어도, 정작 그땐 힘든 줄을 몰랐다. 그런 게 다 사람 사는 즐거움이고 행복이라 생각했다.

명절 문화가 빠르게 변해 가고 있다. 시대가 변하고 세대世代가 달라지면서 전통과 관습도 바뀌기 마련이다. 대가족 중심의 명절 문화가 핵가족 시대에 맞게 바뀌는 건 당연한 현상이다. 혼자 사는 1인 가구와 다문화 가정이 급증하고, 제례를 숭상하는 유교 문화의 쇠퇴와 전통 제례를 거부하는 종교의 확산 등으로 갈수록 명절이 위축되어 가고 있다.

격식이나 형식에 구애 받지 않고 저 하고 싶은 대로 명절을 즐기는 사람들이 늘어 간다. 음식을 준비해서 성묘를 다녀오는 것으로 차례를 대신하는 사람도 있고, 심지어 차례를 전문 대행 업체에 맡기기도 한다. 주로 사찰이나 성당에서 명절 때 올리는 '합동 차례'나 미사에 참여하는 방식이다. 10여 년 전만 해도 여행지에서 차례를 지내는 게 뉴스가 되기도 했으나 이제 그런 건 화젯거리도 안 되는 세상이 되었다.

명절 음식도 형식을 떠나 간소하고 단출해졌다. 명절이 끝난 뒤에는 먹고 남은 음식물 처리가 골칫거리다. 버리자니 아깝고 먹던 걸 남에게 줄 수도 없으니 하는 말이다. 차례 음식을 준비하면서 생기는 문제점이다. 그러나 차례에 참석하는 사람들이 원하는 음식 위주로 준비하면 그런 고민을 덜 수 있다. 풍수 전문가인 김두규 교수는 오래전부터 차례에 참석하는 가족들의 추천을 받아 차례 음식을 준비한다고 한다. 아이들이 좋아하는 초콜릿, 과자, 피자, 치킨을 올리며 술은 자신이 좋아하는 와인을 제주祭酒로 쓴다고 한다. 각자 먹고 싶은 음식만 준비하니 탕湯이나 전煎 등 잘 먹지 않는 음식은 하지 않게 되니까 아내의 일손도 줄이고 남는 음식도 없어 장점이 많다고 한다. 참 재미있는 생각이다.

해마다 차례 음식 준비로 아내와 말씨름을 벌인다. 내 아내는 손이 큰 편이다. 일단 음식은 먹고 남아야 한다는 게 그의 지론이다. 내 생각과는 영 딴판이다. 음식의 양이나 가짓수를 줄이고 손이 많이 가는 전이나 부침 등은 시장에서 사다 쓰자고 해도 들은 척을 않는다. 오히려 명절 음식은 푸짐해야 하고, 전을 붙이며 기름 냄새를 풍겨야 조상님의 혼령이 찾아올 수 있다고 너스레를 떤다. 남의 손을 빌린 음식을 올리는 것 또한 조상님에 대한 예의가 아니라고 힘주어 말한다. 힘들어도 내 손으로 정성껏 준비하겠다는데 이를 누가 말리겠는가. 고마운 일이다. 어찌 이런 아내가 미울 수 있을까.

내가 얼마나 더 차례를 지낼 수 있을지 걱정이다. 건강이 따라 줄 때까지 차례를 모시는 것이야 당연하지만 문제는 아내가 제수 음식을 준비할 수 있어야 가능한 일이다. 조금만 더 있으면 조상의 묘소에 술 한 잔 붓고 성묘하는 것으로 차례를 대신할 날이 턱밑까지 온 기분이다. 조상을 모시는 정성과 효심이 문제다.

가족이 모여 정을 나누고 자신의 뿌리를 생각해 보는 것이 명절의 본질이다. 고루한 형식에 매몰돼 가족끼리 얼굴을 붉히고 따뜻한 밥 한 그릇조차 나누지 못한다면 그 본질에서 한참 벗어난 것이다. 이왕 준비하는 명절, 스트레스 받지 말고 정성껏 준비해야 할 것 아닌가. 더도 말고 덜도 말고 한가위만 같아라는 말처럼 모두가 행복하고 즐거운 명절이 되었으면 하는 마음 간절하다.

(2017. 10. 2)

보릿고개

　며칠 전 기막힌 TV 뉴스를 보았다. 정부가 관리하고 있는 쌀이 남아돌아서 걱정이라는 내용이다. 쌀이 부족하면 몰라도 오히려 남아서 걱정이라니, 이게 무슨 해괴한 뉴스인지, 내 상식으로는 도저히 이해가 안 된다. 끼니 걱정을 안 한 지 얼마나 됐다고 이리들 입방정을 떠는지. 불현듯 까맣게 잊고 있었던 '보릿고개' 란 말이 떠올랐다. 이제는 웃으면서 말할 수 있지만 보릿고개란 말은 결코 잊을 수도 없고 잊어서도 안 되는, 우리 기억에 꼭 새겨 둬야 할 슬픈 역사이다.
　보릿고개라! 보릿고개를 겪어본 사람들에겐 다시는 기억하고 싶지 않은 말이다. 먹고 사는 게 얼마나 힘들었으면 태산을 넘는 것보다 보릿고개를 넘는 것이 더 어렵다고 했을까. 그런 시절을 보낸 게 얼마나 됐다고 쌀이 남아서 걱정이라니 그야말로 격세지감을 느낀다. 그렇다 보니 요즘 젊은 세대들은 보릿고개가 뭔지도 모르고 심지어 어디에 있는 고개(?)냐고 묻는 해프닝도 벌어진다고 한다.

보릿고개란 말 속에는 먹을 게 없어 굶주린 세월의 한恨이 숨어 있다. 해마다 음력 4~5월경이면 곳간에 먹을 양식이 떨어져 갔다. 여북하면 춘궁기春窮期라 불렀을까. 햇곡식을 먹으려면 아직도 멀었는데, 밥을 달라고 보채는 어린 자식들을 보면서 얼마나 애가 탔을까. 해방 전후 세대들은 그 지긋지긋한 보릿고개의 현실을 온몸으로 겪었다. 그 세월을 살아보지 않은 사람들은 지금도 까마득히 먼 남의 일로만 기억하고 있다. "밥이 없으면 라면을 끓여 먹지 왜 굶느냐."는 장난기 서린 말에 그저 쓴웃음만 나온다.

내 어린 시절엔 배불리 밥을 먹어 본 기억이 별로 없다. 춘궁기가 닥치면 한 끼 정도는 아예 굶거나 밥 대신에 죽을 먹는 것쯤은 예사로웠다. 그래도 그걸 부끄럽거나 창피하게 여기진 않았다. 먹고사는 게 다 고만고만했으니 결코 가난이 흉도 아니고 부끄럽지도 않았다. 하기야 혼란스러운 해방 정국과 6·25 전쟁통에 죽지 않고 살아남은 것만으로도 감지덕지했으니까… 여기에 무슨 할 말이 더 필요할까.

그때는 왜 그렇게 배가 고팠을까. 눈만 뜨면 먹을 것을 찾았다. 배불리 먹어도 돌아서면 또 배가 고팠나. 워낙 먹는 것이 부실했으니 그랬겠지만, 요즘처럼 간식거리가 흔한 것도 아니고 먹을 거라곤 밥 밖에 없으니 그럴 수밖에. 어쩌다 제사나 명절이 다가오면 그렇게 좋을 수가 없었다. 왜냐하면 평소에 배불리 먹지 못한 하얀 쌀밥에 고깃국을 먹을 수 있기 때문이다. 오죽하면 어린 마음에도 쌀밥에 고깃국을 배불리 먹는 게 소원이었을까. 제사나 명절뿐만이 아니고 결혼이나 회갑 등 동네잔치가 벌어지면 더없이 행복한 날이었다. 엄마나 할머니 뒤를 졸졸 따라가 잔치 음식을 얻어먹을 수 있었기 때문이다.

그땐 햇곡식이 나오기도 전에 거의가 양식이 떨어졌다. 이른바 절량농가絕糧農家가 속출했다. 먹고사는 게 힘들다 보니 집집마다 '먹는 입'을 줄이려는 노력도 눈물겨웠다. 식구를 하나라도 줄이기 위하여 아들은 남의 집 머슴으로, 딸은 혼기가 차기도 전에 빨리 시집을 보내려고 서두르는 일이 속출했다.

보릿고개를 겪기는 어느 집이나 마찬가지였다. 농한기엔 품을 팔아 양식을 사거나, 장리長利쌀을 얻어서 끼니를 해결했다. 우리 집도 그랬다. 지금 생각해 보면 손바닥만 한 논밭뙈기에 많은 식구가 매달려 먹고살아야 했으니 오죽 곤궁했을까. 그래도 다행인 것은 인근에 품을 팔 수 있는 '광산'이 있어 살림에 큰 보탬이 되었다. 거기가 바로 국내 최대의 금광인 구봉광산이다.

지금도 그 시절을 생각하면 가슴이 아프다. 채 익지도 않은 풋보리 이삭을 따서 보리죽을 쑤시던 어머니의 모습이 눈에 선하다. 소쿠리를 옆에 끼고 잘 익은 보리이삭을 따서 꺼칠한 보리수염에 손바닥이 찔리는 아픔도 참아 가며 손바닥으로 썩썩 비비시던 어머니의 애잔한 모습이 철없는 내 마음을 아프게 했다.

죽粥은 보릿고개를 상징하는 대표적인 음식이었다. 부족한 쌀 대신에 멀건 죽으로 한 끼를 때워야 했다. 그러던 죽이 지금은 배부른 사람들의 별식이 되었으니 격세지감을 느낀다. 나는 죽이 싫었다. 왜 그렇게 싫었는지. 밥을 달라고 떼를 쓰다가 지청구도 많이 먹었다. 죽은 뜨거워서 빨리 먹을 수도 없고, 배불리 먹어도 돌아서면 금방 허기가 졌다. 죽이 정말 싫었다. 멀건 죽이었건만 그마저도 어린 자식들에게 다 퍼 주고 나면 정작 어머니는 먹을 게 없었다. 그런 모습을 가족들에게 보이기 싫어 어머니는 돌아앉아서 빈 입맛만 다실 뿐이었다.

세상이 변해도 너무 많이 달라졌다. 보릿고개가 사라진 건 말할 것도 없고 심지어 쌀이 남아서 걱정이라니, 야속하게도 잡곡은 모자라고 쌀은 남아돈다. 그러니 정부는 쌀이 남아서 걱정이고 농민은 쌀값이 떨어져서 불만이다. 쌀을 보관하는 창고가 부족해 한쪽에선 묵은 쌀은 가축 사료로 쓰자는 말도 나온다. 아무리 쌀이 남아돈다 해도 쌀을 가축 사료로 쓰자는 건 농민에 대한 예의가 아니다. 쌀밥 한 번 배불리 먹지 못하고 돌아가신 조상님들이 무덤에서 일어나 통곡할 일이다.

"밥심으로 산다"는 것도 이젠 옛말이다. 원체 밥을 적게 먹으니 쌀이 남아도는 건 당연한 일이다. 보릿고개를 생각하면 한 톨의 쌀 앞에서도 마음이 숙연해진다 어린 시절 벼이삭을 줍기 위해서 추수가 끝난 텅 빈 들판을 헤매던 그때가 눈에 아른거린다. 그런데 쌀이 남아서 걱정이라니, 아무리 세상이 바뀌었어도 보릿고개를 겪어 본 사람들은 지금도 쌀의 소중함을 결코 잊지 못할 것이다.

쌀이 얼마나 남아돌기에 저리들 야단일까. 개구리가 올챙이 적 생각을 못하는 것처럼 보릿고개 시절을 너무 빨리 잊은 것 같아 매우 안타깝다. 내 배가 부르니 남의 배고픈 사정을 어찌 알겠나. 먹을 게 없어 끼니를 거르는 가난한 이웃이나 한 톨의 쌀을 만들기 위해 뙤약볕에서 땀 흘리는 농부들을 생각한다면 밥풀 한 알이라도 함부로 버릴 수가 없다. 쌀은 우리의 생명이고 농민들의 자존심임을 잊지 않았으면 좋겠다.

(2010. 9. 30)

명절과 선물

　추석 명절이 채 한 달도 안 남았다. 이맘때쯤이면 한 해 동안 신세 졌던 이들에게 감사의 마음을 전할 선물 걱정에 머리가 복잡할 때다. 살다 보면 비단 명절뿐만 아니라 생일 입학 졸업 취직 결혼 등 축하와 감사의 마음을 주고받아야 할 날들이 무수히 많다. 그럴 때마다 관습적으로 선물을 하게 되지만, 무엇으로, 얼마나 해야 할지 여전히 선물을 고르는 건 어렵고도 힘들다.

　선물처럼 기분을 좋게 만드는 것도 흔치 않다. 선물이란 받는 사람의 마음에 들어야 하고 받아도 부담스럽지 않은 것일수록 좋다. 거기다 또 내 주머니 사정까지도 고려해야 하니 선물을 고른다는 것이 만만한 일은 아니다. 무릇 선물은 말로 하는 인사치레보다는 양말 한 짝, 스카프 한 장이라도 손에 물건을 쥐어 줘야 좋아하는 것이 인지상정이다. 하긴 이런 게 세상 사는 이치다.

　선물에는 주는 사람의 정성까지 배가되면 더욱 감동적이다. 의례적으로 주고받는 것보다는 선물에서 보낸 사람의 정성을 느낄 수 있으면 금상첨화가 아닐까. 막상 주면 주는 대로 받는 사람의 기분이야 좋겠지만 더 많이, 더 좋은 것을 주고 싶어도 내 주머니 사정 때문에 망설여질 때가 한두 번이 아니다. 솔직히 선물은 받는 것보다는 주는 마음이 훨씬 편하고 떳떳하다.

  우리 일상에서 명절처럼 즐거운 날도 별로 없다. 철부지 어린 시절엔 명절이 돌아오기만을 손꼽아 기다렸다. 흰쌀밥에 고깃국을 배불리 먹고 선물까지 받을 수 있었기 때문이다. 내 유년 시절의 명절 선물은 새 신발과 새 옷이 전부였다. 평소엔 집에서 만든 '엄마표' 옷만 입다가 명절빔으로 새 양복이라도 한 벌 얻어 입는 날이면 어찌나 기분이 좋았던지 세상을 다 얻은 듯 기뻤다. 어느 해인가는 대목장에서 사온 누런색 양은 단추가 달린 검정 양복이 얼마나 멋지고 좋았던지, 그때를 생각하면 지금도 웃음이 절로 나온다. 검정색 양복은 그 시절 내 또래들에겐 최고의 선물이었다. 얼마나 좋았으면 그 옷을 머리맡에 놓고 잠을 설치기까지 하였을까.

  명절이면 가장 먼저 떠오르는 게 있다. 부모 형제에 대한 사랑과 그리움이다. 나는 부모님이 살아 계실 때까지는 명절엔 무조건 고향을 찾았다. 내 고향은 서울에서 차를 몇 번씩 갈아타고서도 종국엔 십여 리 고갯길을 걸어야 했다. 그러니 즐거워야 할 고향 길이 되레 '고생길'이 되기도 했지만 그래도 나를 반갑게 맞아주는 부모 형제가 있었기 때문에 즐겁고 행복했다. 가정을 꾸린 이후엔 어린 자식들과 함께 선물 보따리를 들고 끙끙거리며 고갯길을 넘던 그때가 눈에 선하다. 선물이라야 별스럽지도 않았다. 그 시절 귀한 선물로는, 양철통에 담긴 설탕 가루, 조미료, 바삭바삭하고 달콤한 과자와 사탕 등이 들어 있는 '종합 선물 세트', 치약과 비누, 정종 한 병, 고기 두어 근 등이 기억에 남는다. 값이 싼 소박한 선물일지라도 그걸 받아들고 기뻐하는 가족들 생각에 어지간한 고생쯤은 참고 견딜 수 있었다. 비록 고향을 찾아가는 길이 고생길이었지만 오랜만에 부모 형제를 만난다는 생각에 마냥 즐겁고 행복했다. 아마도 그것이 명절의 진짜 즐거움이 아니었나 싶다. 지금도 여전히 명절만 되면 그 시절 그때가 그립다.

나이를 먹어 갈수록 즐거워야 할 명절이 부담스럽게 느껴진다. 명절의 의미가 예전 같지 못한 이유도 있겠지만 사는데 여유가 없기 때문인 것 같다. 넉넉하지 못한 살림에 선물을 준비하자니 주머니가 걱정이고 안 하자니 알량한 체면 때문에 그냥 지나칠 수도 없다. 예전처럼 과일이나 식품 등으로 가볍게 주고받는 거야 뭐라 말할 것이 없지만 분수에 넘치는 과분한 선물이 문제다. 지금은 크게 주고받는 선물이라야 기껏 과일이나 건강식품 정도인데 그것도 가격에 따라 부담이 될 때가 있기는 하다. 허나 내가 할 걱정은 아니지만 명절 선물을 빌미로 부정한 청탁이 오가는 지나친 선물은 지양해야 마땅하다. 오죽했으면 소위 '김영란법'이란 것까지 등장했을까. 돌아보니 계란 한 줄, 고기 한두 근을 주고받았던 그 시절 명절이 그립다.

세월 따라 주고받는 명절 선물도 변해 간다. 먹고살기 어려웠던 시절엔 양말 한 짝 계란 한두 꾸러미도 명절 선물로 더할 수 없이 귀하고 훌륭했다. 선물의 내용물보다는 오가는 정성이 문제겠지만 요즘은 상자떼기로 선물을 해도 뭔가 부족하다는 느낌을 지울 수 없다. 웬만해선 성에 차지 않아 보인다. 풍족해진 생활 수준만큼이나 선물에 대한 '기대치'가 높아진 때문이리라. 역시 선물은 주는 사람의 정성과 사랑이 깃들어 있을 때 선물 본래의 가치도 높아진다.

선물에 대한 의미가 예전 같지가 않다. 사람들 마음에 때가 끼고 순박함을 잃었기 때문이다. 가난했던 그 시절엔 비록 보잘것없는 것을 주고받았지만 사람들 모두가 티 없이 맑고 순수했다. 선물이라고 해봐야 기껏 집에서 기르고 가꾼 것이 대부분이었다. 생각해 보면 값싸고 하찮은 것이었지만, 그 나름 정성이 담긴 기막힌 선물들이었다. 계란 한 줄의 가치도 대단했다. 집에서 기른 달걀을 먹지 않고 아꼈다가 정성껏 지푸라기로 예쁘게 싸서 전하고자 하는, 마음 그 자체가 선물이었다. 어떤 대가를 바라고 주는 게 아니라, 정에 이끌려서 그냥 주고 싶어서 주는 것이 진짜 선물이다.

어려운 이웃을 생각하는 온정이 필요한 때가 바로 명절 즈음이다. 즐거워야 할 명절이 자칫 소외된 이웃을 더 힘들고 아프게 하는 것은 아닌지. 돈 몇 푼, 알량한 물건보다는 따뜻한 위로의 말 한마디가 큰 힘이 될 수 있다. 상부상조의 따뜻한 마음으로 든든한 이웃이 되어 준다면 더없이 훈훈하고 정겨운 명절이 되지 않겠나 하는 생각을 해 본다.

어느새 추석 명절이 코앞이다. 저마다 애틋한 사연이 담긴 선물 꾸러미를 안고 고마움을 전할 누군가를 찾아갈 것이다. 선물의 본질은 감사의 마음을 전하는 데 있다. 주는 사람의 마음이 따뜻할수록 선물에서도 진한 정성을 느낄 수 있다. 정이 가득 담긴 선물만큼이나 따뜻하고 행복한 추석 명절이 되기를 소원해 본다.

(2023. 9. 5)

보리밭 풍경

 이게 얼마만인가. 오랜만에 보는 보리밭 풍경이다. 무너져 내린 토담집 텃밭에 훌쩍 웃자란 풋보리가 5월의 싱그러운 봄바람에 덩실덩실 한바탕 춤을 춘다. 남녘을 향해 달리는 버스 차창에 바람이 스칠 때마다 풋풋한 보리 내음이 코끝을 간지럽힌다. 남도 등산길에서 만난 보리밭 풍경이다.
 보리밭이 내 시야에서 멀어질 때까지 한참 넋을 잃고 바라보았다. 문득 어린 시절의 내 고향 보리밭 풍경이 떠올랐다. 어떤 사람들은 보리밭 풍경에서 낭만을 느낀다고 말하지만 나에겐 그런 여유가 없었다. 나의 유년 시절은 워낙 배고팠던 시절이라서 '낭만' 같은 말은 잊고 살았다. 낭만이 무엇인지, 어쩌면 배부른 사람들이 하는 소리라 여겼다. 너나없이 먹고살기에 바빠서 마음의 여유라곤 조금도 찾아보기 어렵던 아주 오래전 이야기다.
 보리밭 하면 가장 먼저 떠오르는 단어가 있다. '보리밭 밟기'다.

어릴 적 찬바람을 맞으며 보리밭을 밟던 별로 유쾌하지 못한 추억이 있다. 추위가 채 가시기도 전인 이른 봄 동생들과 함께 한 줄로 서서 보리밭을 밟았다. 그땐 이른 봄에 흔하게 볼 수 있는 연례행사였다. 한창 뛰어놀 나이에 보리밭을 밟는 게 뭐가 그리 좋았겠나. 사실은 아버지의 불호령이 무서워 억지로 끌려다녔다. 봄에 보리를 꾹꾹 밟아 주는 건 추위에 보리 뿌리가 들떠서 말라죽는 걸 예방하기 위함이란다. 아무리 보리 생육을 위해서 밟아 줘야 좋다고는 하나 어린 보리 싹을 질겅질겅 밟는 건 좀 아니다 싶었다. 사람의 발에 밟히니 얼마나 아팠을까, 그렇지만 꾹꾹 밟아 줄수록 더 좋다고 하니 어린 마음에 별생각 없이 질겅질겅 밟을 수밖에. 아마도 젊어서 고생을 많이 한 사람일수록 어려운 일을 당해서도 지혜롭게 위기를 극복할 수 있는 내공을 쌓아 가는 그런 이치가 아닐까.

바람결에 출렁이는 보리밭 풍경은 한 편의 예술이다. 도대체 풋풋한 저 보리밭에 무슨 일이 벌어진 것일까. 바람이 불 때마다 일렁거리는 것이 마치 편을 갈라 줄다리기를 하면서 이기려고 애쓰는 모습과 흡사하다. 매우 저연한 모습이다. 바람결에 응원의 함성이 귓전에 들려오는 듯 넘어질 듯 쓰러졌다 다시 일어나는 모습이나 엄동설한에 얼어 죽지 않고 모질게 살아가는 끈질긴 생명력이 어쩌면 우리 인생살이와 비슷하다. 인고의 시간 속에 생명력을 유지하는 보리밭을 보면서 지금까지 어떻게 살아왔는지 나 자신을 돌아보게 한다.

내가 어린 그때만 해도 보리밭은 어디서나 흔하게 볼 수 있는 풍경이었다. 밭작물 중 으뜸일 정도로 전국적으로 보리를 많이 심었다. 언제부터인가 보리농사가 슬슬 사라지기 시작했다. 대표적인 먹거리에서 밀려나고 있기 때문이다. 그래도 한때는 쌀 다음의 주곡이었는데 저렇게 홀대해도 되나 싶을 정도다. 경제성이 떨어져서 그렇다지만 안타까운 일이다. 하기야 두메산골인 내 고향에서도 보리농사를 헌 신짝 버리듯 포기한 지 오래전이라 더 할 말이 없다.

　보리밭은 이삭이 나오기 전 초록일 때가 가장 보기가 좋다. 누렇게 익어 반짝이는 은빛 보리밭도 좋지만 그래도 이맘때의 초록 물결만은 못한 것 같다. 초록은 사람의 눈을 가장 편안하게 해주는 색깔이라고 한다. 푸른 초원을 오가는 사람들의 표정이 밝은 것도 다 그런 까닭이다. 요즘엔 보리밭이 귀해서 사람을 불러 모으는 관광 자원이 되었다. 청보리밭 농장엔 많은 구경꾼들이 몰려든다. 5월의 화창한 봄날, 두어 조각의 흰 구름과 어우러진 보리밭 풍경은 한 폭의 실경산수화를 보는 듯한 봄날의 진귀한 풍경이다.

　한때 보리는 가난을 상징했던 대표적인 작물이었다. 그러나 지금은 건강을 상징하는 웰빙 먹거리로서의 가치가 더 커졌다. 단순히 주린 배를 채우기 위한 예전의 구황 작물이 아니다. 요즘엔 쌀보다 더 귀한 대접을 받고 있다. 이제는 추억이 되었지만 보릿고개를 겪으면서 쌓였던 아픈 기억이 되살아나는 것 같다.

　보릿고개 시절 겪었던 일이다. 나는 보리밥이 무지 싫었다. 너나없이 먹을 게 없어 꽁보리밥이라도 배불리 먹을 수만 있으면 행복해하던 시절, 왜 그렇게 배부른 투정을 부렸는지 철부지가 따로 없었다. 보리밥은 깔깔해서 잘 씹히지도 않고 미끈거려서 먹기 싫었다. 먹고 싶어 먹는 것도 아니고 배가 고파서 마지못해 억지로 먹었다. 배불리 먹어도 소화가 잘 돼서 돌아서면 금세 허기가 졌다. 왜 그렇게 방귀는 자주 나오던지, 어린 마음에도 오죽하면 빨리 어른이 되어서 하얀 쌀밥을 실컷 먹어 보는 게 소원이었다.

　종달새가 날던 내 고향의 보리밭은 다 어디로 갔을까. 간식 삼아 즐겨 먹었던 보릿가루와 보리개떡은 이젠 추억의 먹거리가 되었고 보리밥은 성인병에 좋다 하여 웰빙 식단으로 다시 태어났다. 예전에 내가 밟기 싫어했던 그 보리밭은 관광객을 부르는 귀한 구경거리로 변신했다. 전북 고창군의 청보리밭 축제가 대표적이다. 새삼 보릿가루를 만들기 위하여 힘겹게 맷돌을 돌리시던 우리 엄마의 따뜻한 손길이 사무치게 그립다. 오늘 저녁엔 보리밥이 먹고 싶다.

(2013. 5. 20)

칡꽃

달콤한 향기가 코끝을 스친다. 무슨 꽃향기인가 싶어 가던 발걸음을 멈추고 주변을 두리번거렸다. 바람결을 따라 꽃향기가 끊어졌다 이어지기를 반복한다. 추억의 칡꽃 향기다. 가시덤불을 에워싼 칡넝쿨 더미에 흐드러지게 핀 보라색 칡꽃이 살며시 고개를 내밀고 수줍은 듯 반갑게 인사를 한다. "그래 너 참 오래만이다." 하고 고개를 끄덕였다. 며칠 전 등산을 마치고 돌아오는 하산 길에 만난 칡꽃 이야기다.

늦여름에서 가을로 가는 징검다리의 계절 초가을이다. 이맘때 산과 들에는 갖가지 가을꽃이 절정을 이룬다. 봄에 피는 꽃 못지않게 종류도 다양하고 예쁘게 치장한 꽃들이 수없이 많다. 대개 보라색, 파란색, 붉은색 순으로 피어 서서히 짙은 색을 띠기 시작한다. 특히 보라색 들꽃은 가을 분위기와 어쩌면 그렇게 잘 어울리는지, 그런 보라색 꽃 가운데에서도 빼놓을 수 없는 초가을 이때쯤 야산에서 흔하게 마주칠 수 있는 꽃이 바로 칡꽃이다.

칡꽃은 산골에서 자란 나 같은 촌놈들에겐 매우 친숙한 꽃이다. 어린 시절 고향 산과 들에서 흔하게 보고 자랐다. 지천에 널린 게 칡넝쿨이다. 칡은 늦여름부터 보라색 꽃을 피운다. 꽃봉오리가 이파리만큼이나 크고 향기도 진하다. 얼핏 느끼기엔 아카시아 꽃향기와 비슷하다. 향이 진해서 사랑을 받기도 하지만 그 꽃잎은 잘 말려서 차로 끓여 마시면 주독酒毒을 풀어 주는 해독 효과가 크다고 한다. 이렇게 칡꽃은 차나 약재로서도 효능이 좋을 뿐만 아니라 그윽한 꽃향기는 스트레스에 지친 현대인들의 마음을 상큼하게 씻어 주는 보약 같은 꽃이다.

잠시 넋을 잃고 칡넝쿨을 물끄러미 바라본다. 불현듯 고단하게 살았던 내 유년 시절의 한 장면이 머릿속을 스쳐 간다. 이른 봄이면 칡뿌리를 캐러 곡괭이를 둘러메고 친구들과 마을 근처의 야산을 헤맸다. 칡뿌리는 땅속 깊이 파고드는 성질이 있어서 어린이들이 캐기엔 좀 힘에 부친다. 칡이란 녀석은 산비탈이나 돌이 많은 척박한 땅에서도 매우 잘 자란다. 어쩌다 재수 좋게 알이 동동하게 박힌 실하고 굵은 뿌리를 캐는 날이면 노다지를 캔 만큼이나 횡재한 기분이다. 세상을 다 얻은 듯 칡뿌리를 둘러메고 발걸음도 가볍게 집으로 향했다.

칡뿌리는 잘게 토막을 내야 입으로 씹을 수 있다. 톱이나 도끼 작두 등 날카로운 도구로 잘게 조각을 내야 한다. 그렇게 자른 칡뿌리 조각을 주머니에 넣고 다니며 질겅질겅 씹어 단물을 빼먹던 기억이 또렷하다. 어느 날인가 친구들과 함께 칡뿌리를 자른다고 여물을 써는 작두에 손을 댔다가 아버지에게 된통 혼난 일이 있다. 원래 작두는 위험하기 때문에 애들은 절대로 손을 대지 못하게 한다. 그런 작두를 겁도 없이 건드렸으니 혼날 수밖에. 그 시절엔 작두에 손가락이 잘리는 안전사고가 종종 일어났다. 시퍼런 작두날은 생각만 해도 등골이 서늘하다. 지금도 작두란 단어를 생각하면 그때 같이 놀던 동무들 모습이 눈에 선하다.

칡넝쿨은 다른 물체를 감아 타고 길게 뻗어 간다. 타고 올라갈 물체가 없으면 땅바닥을 기기도 하는데 이때 땅에 닿은 마디마다 뿌리가 돋아 번식을 돕는다. 잎이나 줄기는 소나 염소 토끼가 잘 먹는 가축의 사료로 요긴하게 쓰인다. 늦가을의 여문 칡넝쿨 줄기는 농작물이나 나뭇단을 묶는 끈을 대신한다. 껍데기를 벗겨서 말린 줄기는 물에 불려서 어렝이, 꼴망태, 바지게 등 농기구나 생활용품을 만드는 재료로도 사용한다. 요즘처럼 비닐이나 화학섬유로 만든 끈이 귀하던 시절이라서 없어서는 안 될 중요한 생필품이었다. 칡의 속껍질은 질겨서 잘 끊어지지 않는다. 방석이나 돗자리를 맬 때 쓰는 노끈의 재료인 '청올치'가 칡넝쿨의 속껍질이라는 것을 아는 사람은 그리 흔하지 않을 것이다.

칡은 생명력이 대단히 강한 넝쿨식물이다. 성장 속도도 무척 빠르다. 한 해에 10여 미터 이상씩 자란다. 번식력이 워낙 뛰어나다 보니 다른 식물의 성장을 방해하고 넝쿨을 감아 고사시키기도 한다. 그래서 지금은 산림을 해치는 유해 식물 취급을 받고 있다. 참 안타까운 일이다. 예전처럼 칡뿌리를 캐거나 잎이나 줄기를 채취하는 사람들이 없기 때문에 괄시 받는 것 같다. 하긴 먹거리가 차고 넘치는 세상에 누가 칡뿌리를 캐고 줄기나 꽃을 채취하겠나 싶다. 세월 무상이다. 심지어는 칡이 뭔지도 잘 모르는 요즈음 세태인데 여기다 무슨 말을 더하겠나.

칡과 등나무가 얽히고설킨 현상을 '갈등'이라고 한다. 갈은 '칡 갈葛 자'를 쓰며 등은 '등나무 등藤 자'를 쓴다. 이렇듯 갈등의 원초적 의미 즉 어원은 칡넝쿨과 등나무이다. 재미있는 건 칡과 등나무가 자라는 방향이 서로 정반대인 것이다. 칡은 왼쪽으로 감아 올라가고, 등나무는 오른쪽 방향으로 자라다 보니 서로 뒤엉켜서 얽히고설키게 된다. 한번 얽히고 나면 풀기가 쉽지 않다. 그래서 생긴 말이 갈등이다. 갈수록 복잡한 세상, 사는 게 힘들고 어렵다 보니 서로 갈등을 빚는 일이 많아지고 더욱 골이 깊어진다. 어쩌면 서로의 입장이 달라서 일어나는 자연적인 현상이기도 하다.

허나 갈등이 꼭 나쁜 것만은 아니다. 갈등을 해결하기 위한 노력이 사회 발전의 밑거름이 될 수도 있다. 갈등의 원인은 여러 가지가 있겠지만 가장 큰 요인은 서로가 다름을 '인정' 하지 못하는 데 있다. 오로지 제 밥그릇을 지키려는 집단 이기주의가 만연되어 자신의 주장만 고집하다 보니 갈등의 골이 더 깊어진다. 어디까지가 참이고 거짓인지를 구별할 수 없을 정도로 꼬이고 뒤틀려 있다. 이런 문제 해결을 위해선 무엇보다도 정치권과 사회 지도층부터 역지사지하는 노력이 중요하다. 칡꽃을 보면서 갈등이 없는 평화롭고 행복한 세상을 상상해 본다.

(2014. 9. 5)

시산제

요즘 시산제始山祭가 한창이다. 나는 해마다 시산제 철이 되면 내 고향 칠갑산을 찾아간다. 언제나 시산제에는 재경 청양중학교 16회·고등학교 14회 동문들로 구성된 '일육산우회원'들과 동행한다. 아직도 지난해 시산제에서 고告한 독축 소리가 환청이 되어 귓가에 맴돈다.

시산제 산행의 들머리는 칠갑산 동쪽 '천장호'에서부터 시작한다. 올해에도 고추와 구기자를 형상화한 초대형 조형물이 설치되어 있는 출렁다리를 건너 데크 계단을 오르던 중 불현듯 한 친구가 생각났다. 불과 이태 전까지만 해도 우리들과 등산을 함께하던 친구 L이다. 그는 지난해 6월 지병으로 갑자기 세상을 떠났다. 월남전에도 참전한 귀신도 잡는 해병대 출신이라서 건강하게 오래 살 줄 알았는데, 너무 허망하게 우리 곁을 떠났다. 소탈한 성격에 붙임성도 좋아 친구들과 잘 어울리는 막역한 죽마고우였는데, 뭐가 급해서 그리 빨리 갔는지 안타깝기 짝이 없다. 병석에 눕기 몇 달 전까지도 숨을 헐떡거리며 산행을 하던 친구의 마지막 모습이 눈에 선하다.

고향에서 지내는 시산제 행사는 올해로 8년째이다. 내 고향 청양에는 '금북정맥錦北正脈'이 서북 방향으로 길게 걸쳐 있다. 말이 산맥이지 산세가 순하고 부드러워서 뒷동산 같은 친숙한 느낌이다. 고향 친구들과 등산을 하면서 한 번쯤은 금북정맥 구간을 종주해야겠다는 의무감이 들었다. 시산제 첫해인 2008년 1월 4일은 청양에서 제일 높은 성태산(631m)에서 시산제를 지냈고, 그 이듬해부터 금북정맥 줄기인 백월산, 구봉산, 문박산, 국사봉을 찾아 시산제 행사를 가졌다.

금북정맥 청양 구간 산행이 끝난 뒤로는 칠갑산에서 시산제를 지내고 있다. 올해도 우리 일행은 강남고속버스터미널에서 7시 20분에 출발하는 청양행 첫차에 몸을 실었다. 나이를 먹었어도 고향 길은 언제나 즐겁고 마음이 설렌다. 소풍 가는 학생들처럼 재잘거리다 운전기사에게 주의를 받기도 했다. 머쓱해서 차 안을 둘러보니 다른 승객 모두들 '취침 모드'에 젖었다. 나잇값도 못하는 꼰대로 찍힌 것 같아 몸 둘 바를 몰랐다. 어차피 몸의 나이와 마음의 나이는 따로 간다 하지 않던가. 남녀노소를 막론하고 언제나 여행은 즐거운 것, 더구나 어머니 품속을 찾아가는 고향 길인데, 그 어찌 즐겁지 아니한가.

요즘은 교통이 좋아 서울에서 칠갑산까지 2시간 정도밖에 안 걸린다. 예전엔 꼬박 하루가 걸리던 먼 길이었는데 세상 좋아진 게 실감난다. 공주-서천 간 고속도로에서 청양 톨게이트를 빠져나오면 칠갑산 동쪽인 정산면 소재지가 나온다. 거기서 군내 버스로 갈아타고 10분이면 '칠갑산 휴게소'에 도착한다. 이미 대전에서 온 친구들 몇이 반갑게 손을 흔든다. 칠갑산 휴게소 광장에서 합류하여 칠갑산의 동쪽 능선 들머리인 '천장호天庄湖' 입구에 들어섰다. 우리 일행은 출렁다리 앞에서 인증 샷을 날리고 제단祭壇이 있는 산 정상을 향해서 걸음을 재촉했다.

칠갑산은 시산제를 지내기 좋은 명산 중 하나이다. 소문만큼이나 전국 각지에서 많은 산꾼들이 시산제를 지내러 찾아온다. 워낙 '칠갑산'이란 노래 때문에 이름난 것도 있지만 산 이름에서도 시산제의 의미를 찾을 수 있다. 칠갑산의 '갑甲' 자에는 차례나 등급에서 '첫째' 또는 '첫 출발'을 뜻하는 의미가 담겨 있다. 또한 산 정상에는 화강석으로 만든 제단까지 설치되어 있어 시산제를 지내기엔 딱 안성맞춤이다.

도란도란 얘기꽃을 피우며 한 걸음 한 걸음을 걷다 보니 어느새 '칠갑산七甲山' 정상을 알리는 표지석이 눈에 들어온다. 시산제를 마친 한 무리의 등산객들이 음복술과 음식을 나누느라 왁자지껄하다. 헉헉거리며 올라온 우리에게도 술과 떡을 권한다. 아마 이런 게 산꾼들의 따뜻한 인정이지 싶다.

기다리다 보니 우리 차례가 돌아왔다. 제단을 깨끗이 닦은 뒤 제물을 진설하면서 '조율시이'로 하자거니, 아니면 '홍동백서'로 하자거니 진설 순서를 놓고 말씨름을 벌였다. 제례는 '가가례례家家禮禮'라 하지 않던가. 제상祭床 꾸미는 건 지역이나 가문에 따라 서로 다를 뿐 정답은 없다. 모두들 한바탕 웃고 지나갔다. 회원들이 정성껏 한마음 한뜻으로 산신령님께 술잔을 올리고 고축告祝도 했다. 부족함이 없이 성심을 다해 정성껏 모셨다. 찬조금을 꽂을 돼지머리가 없는 게 좀 아쉽긴 했지만, 그래도 제상 위엔 퍼런 '배춧잎'도 누런 '신사임당'도 행차하셨다.

하산 길에 작은 해프닝이 있었다. 산신령님께 안전 산행을 고한지 얼마나 됐다고 웬 날벼락인가 싶었다. 시산제 짐을 정리하고 백여 미터를 내려왔을까 말까 한 지점에서 사달이 났다. 눈 깜짝할 사이에 친구 C가 미끄러져 발목을 삐끗했다. 일순간 너무 기분이 좋아 방심했던 것 같다. 모두가 당황했다. 넘어진 친구를 앞세우고 천천히 하산을 했다. 크게 염려할 상황은 아닌 것 같으나 며칠 뒤 칠순 기념 해외여행이 예정되어 있어서 조금은 걱정스러웠다. 그나마 일주일 정도의 시간 여유가 있으니 다행이었다. 며칠간 집에서 쉬고 나면 여행에 큰 지장은 없을 듯하다. 모두들 미안한 마음으로 조속한 쾌유를 빌었다.

등산할 때 못지않게 조심해야 할 것이 하산 길이다. 언제나 사고는 하산 길에서 발생한다. 오늘처럼 말이다. 등산에 오르막이 있으면 내리막이 있듯이 우리 인생길도 마찬가지, 돌아보니 내 인생도 어느새 반환점을 돌고 돌아 하산 코스에 접어들었다. 좋은 세월 다 보내고 내려갈 일만 남았다. 남은 시간 지족상락知足常樂의 자세로 매사에 만족하고 감사해야 할 일만 남았다. 이 시점에서 '유종의 미'란 말이 새삼 가슴에 와 닿는 것도 결코 우연한 일이 아닌 듯하다.

시산제란 이른바 산꾼들의 '시무식 행사'나 마찬가지다. 새해 무사고 안전 산행을 기원하고 회원들의 건강과 평안을 비는 일종의 의식이다. 누구나 다 그러하듯 산에서의 가장 큰 바람은 무사하게 집에 돌아가는 것이다. 집에서 나올 때의 기분 그 이상으로 좋은 기氣를 받고 가야 한다. 금년 한 해도 내 고향 칠갑산의 영험한 기를 듬뿍 받아 안전 산행은 물론 건강과 행운이 함께하는 즐거운 한 해가 되기를 간절히 소원해 본다.

(2015. 3. 10)

새벽밥

어느 봄날 오후였다. 소파에 기대어 까무룩 잠이 들었다가 눈을 떴다. 무료함을 달래기 위하여 TV 리모컨을 돌리다 다큐멘터리에 시선이 멈추었다. 엄마와 아들이 식탁에 마주 앉아 갓 지은 하얀 쌀밥에 나물을 넣고 참기름으로 쓱쓱 비벼 먹으며 정담을 나누는 장면이다. 오랜만에 만난 듯 엄마는 아들에게 "요새 밥은 잘 챙겨먹고 다니느냐, 끼니를 건너뛰지는 않았느냐." 하고 몇 번을 반복해서 되묻는다. 자식을 향한 모성애가 뚝뚝 떨어진다. 내남없이 어느 부모나 자식을 사랑하는 마음은 다 마찬가지다. 엄마는 다 큰 자식을 보고도 대뜸 던지는 첫마디가 오로지 밥걱정이다. 돌이켜 보니 나도 어머니 생전에 가장 많이 들었던 말이 '밥'이었던 것 같다. '그놈의 밥' 오늘따라 별안간 어머니가 사무치게 그리워진다.

이어지는 대화 속에 '새벽밥'이란 말이 들린다. 순간 귀를 쫑긋 세우고 반사적으로 정신을 집중했다. 모자간의 대화가 귀에 쏙쏙 들어온다. 새벽밥을 챙겨먹고 출근해야 하는 자식을 안쓰러워하는 엄마의 표정이 사뭇 진지해 보인다. 밥맛이 없더라도 끼니를 반드시 먹고 다니라는 엄마의 잔소리에 자식은 되레 내 걱정은 말고 엄마나 잘 챙기시라면서 오히려 더 안타까워한다. 엄마와 아들간의 정이 가득 넘치는 흐뭇한 '인간극장'의 한 장면이다.

새벽밥이라면 나도 참 할 말이 많은 사람이다. 여북하면 지금도 새벽밥을 먹고 학교에 가는 꿈을 꾸고 있을까. 새벽밥이란 단어가 귀에 익숙한 이유다. 나는 중·고등학교 6년 동안 새벽밥을 먹고 학교에 다녔다. 캄캄한 새벽 희미한 등잔불에 의지해 아궁이에 나무를 때서 새벽밥을 지어 주시던 어머니의 지극한 정성, 밥상을 차려놓고 "아들, 학교 가야지." 하고 깨우시던 어머니의 따뜻한 목소리, 잠에 취해 간신히 일어나 겨우 눈곱을 떼고 새벽밥을 먹던 푸시시한 내 모습, 비가 오나 눈이 오나 밥숟가락을 놓기 무섭게 책가방을 들고 허둥지둥 뛰어가던 등굣길 등등…. 반세기가 훨씬 더 지난 일이지만 아직도 기억이 생생하다. 무슨 정신으로 그 먼 길을 걸었는지, 그때 다들 그렇게 살았으니 조금도 힘든 줄을 몰랐다.

그때만 해도 라디오나 시계가 귀하던 시절이라 정확한 시간을 모르고 살았다. 새벽밥을 짓는 것도, 학교에 가는 것도 새벽닭 우는 소리나 하늘에 뜬 달이나 별을 보고 대충 육감으로 예측할 수밖에 없었다. 요새 같으면 시계 없이 단 하루도 못 살 것 같은데 그때 어떻게 살았는지, 그렇다고 밥이 늦어 학교에 지각하는 일도 별로 없었다. 지나고 보니 힘들고 고생스러웠지만 그래도 마음만은 그때가 행복했던 것 같다.

나는 내 고향 청양에서 중·고등학교를 졸업했다. 꼬박 6년을 걸어서 통학했다. 자그마치 편도 30리 길, 하루에 24km 정도를 걸었다.

학교가 있는 읍내까지 걸어서 왕복을 했으니 어린 나이에 어떻게 그 먼 길을 걸었을까. 그건 오로지 배우고 싶은 간절함 때문이었다. 요즘엔 담배 한 갑을 사러 가도 승용차를 타고 간다는 우스개처럼 편하고 쉬운 걸 좇는 세상인데, 생각할수록 도저히 상상이 안 되는 먼 통학길이다.

내가 나고 자란 우리 고장은 사방이 산으로 꽉 막힌 군내郡內에서도 유별난 산골이다. 고개를 넘지 않고는 바깥세상으로 나갈 수 없는 하늘만 뻔한 오지 중 오지였다. 유일한 교통수단은 오직 걷는 것뿐이었다. 월사금 내기도 빠듯한 형편이라 하숙은 언감생심, 그러니 새벽밥을 먹고 걷지 않고는 학교에 다닐 수가 없었다. 그렇게라도 학교에 갈 수 있다는 게 얼마나 큰 축복이었는지, 돌이켜 보니 참 기막힌 현실이었다.

나는 가난한 농사꾼의 맏아들로 태어났다. 그땐 하루 세 끼 밥 먹고 살기도 힘든 시절이라 중학교 진학은 여간해선 꿈도 못 꾸었다. 부모의 교육열이 없으면 자식의 진학은 불가능했다. 그렇다 보니 한 동네에서 중학교에 다니는 학생이라곤 보통은 한두 명, 많아야 서넛이었다. 나는 그런 환경에서도 중학교를 갔으니 분명 선택 받은 행운아였다. 그건 부모님을 잘 만난 덕분이라 생각한다. 오로지 자식 잘 되기만을 바라는 부모의 마음이 어떤 것인지, 내가 자식을 낳아 기르면서 겨우 깨달았다. 당신들이 먹고 싶은 것 안 먹고, 입고 싶고 쓰고 싶은 것 안 입고 근검절약해서 학교를 보내 주신 부모님에게 거듭 머리 숙여 감사드린다. 그러니 내가 누리고 있는 오늘의 이 행복은 나 혼자만의 것이 아닌, 우리 부모님께서 만들어 주신 것이라 생각한다.

내가 중학교에 입학한 건 4·19가 나던 그해였다. 그땐 춘궁기가 되면 굶기를 밥 먹듯 하고 꽁보리밥도 없어서 못 먹던 매우 궁핍한 시절이다. 우리 집도 곤궁하기는 마찬가지, 허나 어머니는 내 새벽밥만은 꼭 하얀 쌀밥을 지어 주셨다. 그건 오직 자식을 생각하는 엄마의 극진한 사랑이었다. 한 줌의 쌀이라도 덜 먹고 아껴서 내 밥에만 넣어 주시는 걸 그땐 당연하게 여겼다. 어느 해인가는 쌀이 떨어져 이웃 집에서 장리長利쌀을 얻어오는 걸 두 눈으로 직접 목격했다. 순간 가슴이 울컥 눈시울이 뜨거웠다.

나에게 새벽밥은 단순한 한 끼의 밥 그 이상이었다. 나는 먼동이 트기 전 학교에 갔다가 어둠이 깔린 한밤중이 돼서야 집에 돌아왔다. 늘 귀가 시간이 늦다 보니 공부는커녕 저녁밥을 먹고 겨우 숙제하고 자기도 바빴다. 언제나 몸은 천근만근 피곤에 젖어 있었다. 이처럼 학교 생활이 힘들고 고단했지만 땀 흘리며 고생하시는 부모님 생각에 내색도 못하고, 참고 견딜 수밖에 없었다. 그래서인지 나는 비교적 일찍 철이 들었던 것 같다. 항상 부모님을 먼저 생각하게 되고 감사하는 마음 하나로 그렇게 6년을 보냈다. 지나고 보니 새벽밥은 나에게 튼튼한 체력과 온갖 고난을 참고 견딜 수 있는 강인한 정신력을 길러 주었다. 하루 24km를 걸으면서도 지치지 않는 자신감과 '난 할 수 있다'는 긍정의 정신을 배웠다. 이렇듯 새벽밥은 삶이 지치고 힘들 때 나 자신을 돌아보고 성찰하게 하는 내 삶의 원천이 되었다.

나는 새벽밥이란 단어를 잊을 수가 없다. 딱히 뭐라 형용할 수 없는 그 새벽밥 맛, 다른 때는 보리밥을 먹다가도 새벽밥만은 꼭 쌀밥을 먹었으니 오죽이나 달콤했을까. 반찬 따위는 별로 중요하지 않았다. 고기 반찬이 아니라도 술술 잘 넘어갔다. 그때 반찬이라야 김치 짠지에 된장국 정도였을 것이다. 밥맛이 없으면 입맛으로 먹는다는 말처럼 난 예나 지금이나 무엇이든 다 잘 먹는 편이어서 밥투정이란 걸 모르고 산다. 흰쌀밥은 물에 말아서도, 고추장에 쓱쓱 비벼서 입에 넣기가 무섭게 잘 넘어간다. 밥 한 그릇 정도는 게 눈 감추듯 뚝딱 때려 치웠다. 헐벗고 굶주리던 그 시절 새벽 쌀밥은 먹어 본 사람만이 아는 특별함이 있다. 요즘같이 풍요로운 세상에서는 전혀 느낄 수 없는 아련한 그 무엇 말이다.

(2023. 10. 16)

월사금의 추억

나는 6·25 총성이 멎은 그다음 해인 1954년도에 초등학교에 들어갔다. 한학년이라야 겨우 한 반밖에 안 되는 산골의 아주 작은, 초미니 학교였다. 내가 입학하던 해 여덟 살이었으니 나는 정상적인 학령學齡에 학교에 들어간 셈이다. 그것만으로도 나는 선택 받은 행운아였다. 입학생들 중엔 나보다 서너 살이 많은 형이나 누나들이 꽤 있었다. 심지어 형과 동생이 한학년이거나 동생이 형보다 고학년인 경우도 있었다. 전쟁의 상처가 채 아물기 전이라서 배움보다는 먹고 사는 게 더 시급했던 시절이었다. 그땐 너나없이 보릿고개가 닥치면 굶기를 밥 먹듯 했다. 먹을 것이 부족하여 하루 한 끼만 먹는 집도 수두룩했다. 두 끼를 먹는 집은 괜찮게 사는 집이고 세 끼를 다 먹으면 부잣집이었다.

입에 풀칠하기도 힘든 시절이었으니 자식을 가르치는 건 그 다음 일 수밖에 없었다. 우리 마을엔 초등학교도 못 가는 애들이 많았다.

그때는 초등학교에도 '월사금'이라고 하는 수업료가 있었다. 땅을 파서 먹고사는 농사꾼들에겐 학교에 내는 월사금이 여간 부담스러운 게 아니었다. 월사금 외에도 학기가 바뀔 땐 책값도 내야 했고 연필이나 공책 등 학용품을 사주는 것조차 부담스러웠다. 전쟁이 끝난 뒤라 명색만 의무 교육이지 학생들에겐 전혀 도움이 안 되었다. 물론 정부가 의무 교육을 감당할 만한 재정적인 여유가 없었기 때문이다. 예나 지금이나 돈이 없으면 학교에 다닐 수 없다. 그때 전쟁통에 병이나 굶주림으로 어른 아이 가리지 않고 죽어 나가는 판이었으니 학교는 안중에도 없었다. 우선 먹고 사는 게 중하지 배움은 그다음이었다. 한마디로 '학교'는 사치였다. 그런 까닭에 이름 석 자도 쓸 줄 모르는 문맹자가 넘쳐났다. 하지만 까막눈을 가진 게 흉도 아니었고 부끄러운 줄도 몰랐다. 내가 초등학교 5학년 무렵으로 기억하는데 이웃집에 군대 간 아들로부터 온 편지를 읽어 주고 답장을 써 준 게 생각난다.

나는 월사금을 제때에 내본 적이 별로 없다. 비록 나만 그런 것도 아니고 학생들 거의가 다 그랬다. 월사금이 한두 달쯤 밀리는 건 예사였고, 오히려 밀리지 않고 또박또박 내는 애들이 이상할 정도였다. 그런 학생은 손가락으로 꼽을 정도로 귀했다. 나는 월사금을 내지 못해 집으로 쫓겨 가 본 추억이 있다. 집으로 쫓겨 가면서 얼마나 서러웠던지, 어린 마음에도 월사금을 제때에 주지 않는 부모님이 원망스러웠고 가난이 싫었다. 월사금 때문에 입은 상처를 생각하면 지금도 가슴속 깊이 쌓였던 설움이 복받쳐 오른다.

심지어 어떤 날은 학교 가기가 싫었다. 차라리 구멍 난 고무신을 신고 찢어진 옷을 입고 다니는 건 참을 수 있어도, 월사금 때문에 내 이름이 불리는 건 정말 견딜 수 없었다. 학교에 가고 싶지도 않았고 선생님도 보기 싫었다. 어린 마음에 얼마나 창피했으면 그랬을까. 선생님은 하루 이틀도 아니고 거의 매일 같이 월사금을 내지 못한 학생들의 이름을 하나하나 부르면서 언제까지 돈을 가져올 것이냐고 꼬치꼬치 캐물었다. 마침내 내 이름이 불리는 순간 나는 쥐구멍이라도 들어가고 싶었다. 언제까지 내겠다는 말도 못하고, 묵묵부답이었다. 하긴 선생님도 오죽했으면 그렇게까지 하셨을까, 세월이 흐른 지금에서야 그 마음을 이해할 수 있게 되었다.

아무리 월사금을 독촉해도 효과는 별로였다. 돈을 쌓아 놓고 월사금을 내지 않는 것이 아니기 때문이다. 선생님은 하다 하다 안 되면 마지막 남은 최후 수단을 발동했다. 이른바 선생님의 '수업 거부'였다. 돈이 없어 그런 줄 뻔히 알면서도 집에 가서 돈을 가져오라니 어린 마음에도 기가 막혔다. 쫓아내는 선생님이나 쫓겨 가는 학생들의 마음이 답답하긴 매한가지였다. 그렇게 수업 시간 중에 집으로 쫓아 버려도 왜 쫓아내느냐고 항의하는 학부모나 학생은 하나도 없었다. 으레 그러려니 했다. 그저 월사금을 제때에 내지 못한 게 죄송스러울 뿐이지, 그런 선생님을 당연하게 받아들였다. 아무리 혼을 내도 가난이 원망스러웠지, 그렇다고 선생님이나 학교를 탓하지는 않았다. 요즘 같으면 '학생 인권'을 들먹이면서 난리를 쳤을 법한 일이지만, 그때만 해도 내 자식을 가르치는 선생님이라면 '하늘 같은 존재'였고 자식을 위한 일이라면 불구덩이에 뛰어드는 일도 마다하지 않던 정말 티 없이 맑고 순박하게 살던 시절이었다.

초등학교 다니는 것도 이렇게 어렵다 보니 중학교에 진학하는 것은 딴 세상 이야기 같았다. 돈 때문에 어쩔 수 없었다. 말이 '중학교'이지 그야말로 부잣집 자식이 아니고는 꿈도 꿀 수 없었다. 가난한 집 자식들은 눈물을 머금고 초등학교 졸업으로 만족해야 했다. 다랑이논 몇 마지기에 비탈진 밭뙈기, 낡은 초가집 한 채가 살림의 전부였던 농사꾼의 자식인 나도 별수 없었다. 누구누구는 중학교에 간다고 좋아서 들떠 있는데 나는 말도 꺼내지 못했다. 언감생심 아버지의 눈치만 볼 뿐이었다. 줄줄이 학교에 다니는 동생들의 월사금을 감당하기도 벅찬 것을 뻔히 알면서 차마 내 입으로 중학교에 가고 싶다고 부모님을 조를 수가 없었다.

그러던 어느 날이었다. 우연한 기회에 막냇삼촌이 나의 중학교 진학을 놓고 아버지와 상의하시는 걸 엿듣게 되었다. "쟤는 공부는 웬만큼 하는 것 같으니 형님이 어렵더라도 중학교에 보내는 게 어떻겠느냐."는 삼촌의 말씀이었다. 결국 내 진학 문제는 막냇삼촌이 총대를 멘 것이다. 그렇고 그런 우여곡절 끝에 어렵게 중학교 입학원서를 쓰게 되었다. 그 이후 막냇삼촌은 당신의 재산 목록 1호인 송아지를 팔아서 선뜻 내 중학교 입학금을 내주셨다. 물론 내가 학교에 다니는 동안에도 용돈은 물론 물심양면으로 많은 도움을 주셨다. 이처럼 어려운 가운데서도 내가 중학교에 진학할 수 있었던 것은 막냇삼촌의 큰 사랑이 있었기에 가능했다. 그때 막냇삼촌은 내가 다니는 초등학교의 서무 직원이었다. 나는 내 인생의 갈림길에서 디딤돌 역할을 해주신 막냇삼촌의 은공을 한순간도 잊은 적이 없다. 오늘 다시 한 번 엎드려 감사드린다.

요즘엔 중등 교육까지는 완전한 무상 교육이다. 월사금은 물론 점심도 공짜로 준다. 대한민국의 자랑스러운 오늘의 현실이다. 격세지감을 느낀다. 교육은 한 나라의 미래를 가르는 막중한 일이다. 예나 지금이나 월사금 때문에 학업을 계속하지 못한다면 개인도 국가도 희망이 없다. 가난 때문에 월사금의 아픔을 겪어 보지 않은 사람들은 그 설움을 잘 모를 것이다.

(2024. 10. 14)

빛바랜 한 장의 흑백 사진

　벌초 길에 고향에 들렀다. 한때는 마을 어귀만 들어서도 아이들 떠드는 소리로 시끌벅적한 제법 큰 동네였는데, 지금은 눈을 씻고도 그런 흔적은 찾아볼 수가 없다. 마치 한 장의 빛바랜 흑백 사진을 들여다보는 듯 낯설고 어색한 풍경이다. 내가 기억하는 예전의 활기찬 모습은 다 어디로 가고 적막강산이 되었는지, 심산유곡의 절간에 들어선 기분이다. 그야말로 급속한 도시화에 떠밀려서 사그라져 가는 우리 농촌의 한 단면을 보는 것 같아서 몹시 마음이 아프다.
　내 고향은 충남의 알프스라 일컫는 '청양靑陽'이다. 한때 국민 가요로 이름을 날린 칠갑산이 솟아 있고 고추와 구기자의 특산지로 이름난 고장이다. 지금도 산비탈 여기저기엔 손바닥만 한 밭뙈기와 다랑이논이 곡식을 한 포기라도 더 심어 먹으려고 발버둥 치던 보릿고개 시절의 눈물겨운 흔적으로 곳곳에 남아 있다.
　내가 나고 자란 남양면 온암리(돌보매기)는 내 뿌리인 신평 이씨

입향조入鄕祖로부터 13대째 살아온 잊지 못할 영원한 내 고향이다. 지금은 낙후되어 초라한 마을로 변했지만 내가 어렸을 때만 해도 노다지[金]를 캐던 광산촌이었다. 하지만 1950년대 말까지 융성했던 금광이 문을 닫았고 10여 년 뒤엔 근처에 있는 국내 최대인 '구봉광산' 마저 폐광되었다. 더욱이 1970년대 중반 들어 내가 다닌 '온암국민학교'가 폐교되면서 마을은 급속히 쇠락의 길을 걸었다.

지금은 고향에 가도 예전의 감흥은 느낄 수가 없다. 나를 반갑게 맞아 주던 어른들도 거의 다 세상을 떠났고, 유년 시절 내 추억이 서린 풍경들도 하나둘 사라져 가고 있어 안타까움만 더하고 있다. 무너져 내린 고샅 돌담, 주저앉은 울타리, 흔적도 없이 사라져 버린 우물터와 물레방앗간, 폐가의 찌그러진 함석 대문, 폐허로 방치된 빈 집터들 어느 것 하나 내 마음을 아프지 않게 하는 것이 없다.

동네 가운데를 흐르는 개천은 물이 말라 잡초만 무성하다. 내가 살던 집 앞 도랑에서도 멱을 감고 붕어, 가재, 미꾸라지를 잡으며 뛰어놀았다. 목이 마를 땐 손바닥으로 물을 떠 마셔도 좋을 만큼 맑고 깨끗한 물이 넘쳐흘렀는데, 지금은 그 많던 물이 다 어디로 간 것일까, 우려하던 물 부족 사태가 현실로 다가온 것 같은 불길한 생각을 떨칠 수 없다.

내가 뛰어놀던 우리 동네 고샅 풍경도 많이 변했다. 골목길 토담과 나무 울타리는 마치 미로처럼 구불구불 길기도 했는데 지금은 경운기나 손수레 등 농기구가 다닐 수 있도록 길을 넓혀 고샅다운 멋과 운치가 사라졌다. 골목 양쪽으로 다닥다닥 붙어 있던 초가집들은 이가 빠진 듯 흉물스럽게 남아 있다. 골목에 접어들자 놀이터 삼아 종일 술래잡기를 하며 뛰어놀던 동무들의 모습이 눈에 아른거린다.

소를 모는 농부들의 고함 소리가 사라졌다. 이따금 탈탈거리는 경운기 소리만 요란할 뿐 언제부턴가 소가 논을 갈고 모를 심는 것도, 벼를 베고 탈곡하는 것 등 모든 걸 기계가 대신해 준다. 한때는 이른바 '농우農牛'가 없으면 농사짓기가 어려웠던 시절이 있었다. 당연히 워낭 소리도 사라진 지 오래고, 여기저기 널따랗게 새로 지은 축사에는 오수를 즐기는 비육우들만이 한가롭게 졸고 있다. 농사철이면 '이랴, 낄낄' 하시며 소를 몰던 아버지의 고함 소리가 아직도 귓전에 들려오는 듯하다.

요즘엔 논밭에 엎드려 일하는 농부들을 찾아보기 어렵다. 논을 매는 일은 아예 사라졌고, 밭작물의 대부분은 '비닐'을 씌우고, 제초제를 뿌려 김매기를 대신한다. 제초제와 비닐은 무더위 속에서 김을 매는 고통에서 농부들을 해방시켰다. 그러나 농약 중독과 환경 오염이라는 무서운 형벌이 인간을 괴롭히고 있다.

그래도 변하지 않은 고향 풍경 하나가 있다. 가을이면 높푸른 하늘에 고추잠자리가 날고 곡식이 무르익어 황금들판으로 변하는 것만은 예전의 모습 그대로다. 뒷동산에는 뚝뚝 알밤 떨어지는 소리가 들리는 듯하고, 감나무엔 붉은 홍시가 오가는 사람들을 기다리고 있다. 도시에선 볼 수 없는 정겨운 풍경이다. 머지않아 일손이 바빠질 것이다. 추수철이 다가올 테니까. 그러나 예전처럼 낫으로 벼를 베어 볏가리를 세우고, 지게로 볏단을 져 나르며 앞마당에서 헹가래질을 하며 바심하는 모습이 사라진 지 오래다. 이제 그런 모습은 내 머릿속에 숨어 버렸다.

나도 한때는 귀향을 꿈꾼 적이 있었다. 은퇴를 앞두고 고민을 거듭했다. 그러나 생각처럼 고향에 간다는 게 쉽지 않음을 깨달았다. 아내의 동의를 얻는 것도 그렇고 막상 내려간다 생각하니 내가 동경해 오던 예전의 고향 풍경은 오간 데 없이 사라졌다. 여기저기 쌓인 농사 폐기물, 축산 오폐수가 흐르는 골목 등이 낯설어 보였다. 더욱 실망스러운 건 수해 복구 공사를 하면서 개천을 시멘트로 도배질한 모습이 무척 눈에 거슬렸다. 예전에 흔했던 미꾸라지 다슬기 가재 등 생물이 살 수 없는 환경이 되었다.

고향이라는 말은 언제 들어도 가슴이 설렌다. 유년기를 오롯이 시골에서 보낸 사람들일수록 고향에 대한 그리움이 더 짙게 배어 있다. 내가 생각하는 고향은 육신과 영혼이 편히 잠들고 싶은 운명적인 공간, 그게 진정한 고향이 아닐까. 비록 동화책 속에 나오는 '꽃 대궐'은 아닐지라도, 지금도 내가 고향을 그리워하는 건 나를 기억하는 사람들과의 애틋한 추억 때문이다. 산업화 이후 태어난 세대들일수록 고향에 대한 생각이 별로 없는 것 같다. 실제로 도시에서 나고 자란 그들은 '고향'이란 말에 별 느낌도 애착도 없는 것 같다. 서울에서 나고 자란 내 자식들만 봐도 그런 것 같다.

나는 한시도 고향을 잊어 본 적이 없다. 눈을 감아도, 눈을 떠도 고향이 눈에 선하다. 요즘 들어 고향 생각이 더욱 간절하다. 그곳엔 아직도 나를 기억해 주는 사람들이 살아 있기 때문이 아닐까. 만약에 그들이 다 세상을 떠난다 해도 내 기억 속의 고향 산천은 옛 모습 그대로이겠지만, 그래도 나를 기억해 주는 사람들이 살아 있어야 고향다운 맛이 더 날 것이 아닌가. 이젠 시간이 얼마 남지 않았다. 고향을 지켜 주는 그분들을 생각할 때마다 인생의 낙엽을 보는 것 같아 마음이 짠하다. 나이를 더해 갈수록 고향 가는 길이 더 애틋하게 느껴지는 건 무슨 이유일까. 마치 빛바랜 한 장의 흑백 사진을 들여다보는 것 같은 안타까움 때문이 아닌지 싶다.

(2015. 9. 10)

우리 동네 미아삼거리

서울에는 25개 자치구區와 426개 행정동洞이 있다. 그중에 내가 사는 동네는 '강북구 송중동'이다. 송중동이라 하면 잘 몰라도 미아삼거리 하면 "아, 거기." 하고 알 만한 사람들은 거의 다 안다. 언뜻 낙후된 지역이라 사는데 좀 불편할 것 같지만 그건 잘못된 편견이다. 지하철이나 백화점, 대형마트, 병원, 영화관 등 웬만한 편의시설이 코앞에 있는 소위 '역세권'이라 살기에는 아주 무던하다. 처음엔 낯설고 어색하지만 정붙이고 살다 보면 그런 대로 살 만한 동네임이 틀림없다.

솔직히 동네 이미지가 썩 좋은 곳은 아니다. 6·25의 아픔이 서린 '미아리고개'와 성매매업소가 밀집해 있던 속칭 '미아리 텍사스'의 부정적인 이미지 때문이리라. 텍사스촌이 한창 성업 중인 그 시절엔 택시를 타고 미아리 가자고 하면 눈치가 보여 괜히 민망하고 쑥스러웠다.

여기서 분명히 밝히고 싶은 건 텍사스촌의 소재지가 미아리가 아니라는 것이다. 정확히는 성북구 하월곡동이다. 그런데 왜 '하월곡 텍사스촌'이라 하지 않고 미아리 텍사스촌이라 했을까. 아마도 미아리고개 너머에 있었기 때문에 막연히 그렇게 부른 것이 아닌가 싶다. 당시 청량리 588과 함께 유명세를 탔던 미아리 텍사스촌도 서울의 도시 정비 사업에 따라 역사의 뒤안길로 사라져 가고 있다. 지금은 대부분 재개발 되어 아파트촌으로 말끔하게 다시 태어났다.

미아삼거리의 행정동 명칭은 2008년 강북구 미아4동에서 송중동으로 바뀌었다. 하지만 법정 동명은 여전히 '미아동'이다. 미아동이란 이름은 1949년 8월 경기도 고양군 숭인면 미아리가 서울로 편입되면서 비롯되었다. 그때 미아동으로 지명이 바뀌었지만 사람들은 여전히 미아리라고 부른다. 마치 수유동이나 청량리동을 수유리 청량리라 부르는 것과 마찬가지다. 지금도 미아사거리역 바로 옆엔 숭인면에서 유래한 '숭인시장'이 존재하고 있으나 이곳에 사는 사람들조차 이런 사실을 아는 사람은 별로 없다.

그런데 이곳을 왜 '미아삼거리'라고 불렀을까. 나름 그럴 만한 이유가 있다. 예전 미아리고개를 넘어 의정부 방면으로 가다 보면 종암동에서 올라오는 도봉로와 만나게 된다. 이 일대를 미아삼거리라 불렀다. 그 이후 장위동 동방고개 방면으로 새로운 도로가 뚫리면서 삼거리가 사거리로 바뀌었다. 그래도 사람들은 여전히 미아삼거리라고 불렀다. 도로가 교차되는 이 사거리 우측 도로변에 V호텔이 있다. 그 호텔 뒤편이 내가 사는 우리 동네다.

내가 이곳에 둥지를 튼 건 1984년 이른 봄이었다. 그때만 해도 이곳은 종로 북촌이 부럽지 않은 한옥이 무리 지어 있었다. 당시 우리 집 골목에 들어서면 양쪽으로 늘어진 한옥 처마선이 꽤나 운치 있게 보였다. 한때는 이름만 대면 금방 알 수 있는 유명 연예인들도 살았다고 전한다. 그때 우리 집의 외양은 여느 한옥과 비슷해 보였어도 내부는 기름보일러에 입식주방과 욕실을 갖춘 현대식 한옥이었다. 앞마당 화단엔 제법 큰 라일락, 백목련, 향나무가 있었고 뒤뜰엔 감나무 한 그루와 고추 등 채소를 가꿀 수 있는 코딱지만 한 텃밭도 딸려 있었다.

1990년대 들어서면서 부동산 열풍이 전국을 강타했다. 그 무렵 우리 동네에도 한옥을 헐고 건물을 신축하는 '재건축 붐'이 거세게 불었다. 앞집도, 뒷집도 4~5층으로 올렸다. 졸지에 우리 집은 샌드위치 신세가 되었다. 가운데에 푹 박혀 숨이 막혔다. 도저히 이대로는 살 수가 없었다. 견디다 못해 나도 신축을 결심했다. 막상 공사를 시작하고 보니 집을 짓는다는 게 말처럼 쉽지는 않았다. 이웃 주민들과의 크고 작은 마찰과 분쟁을 겪으며 마음고생이 심했다. 그렇게 힘들게 지은 그 집도 다시 재개발 바람에 밀려 앞날을 예측할 수 없는 지경에 이르렀다.

우리 동네의 주거 환경은 별수 없어도 정작 골목에 들어서면 사람 냄새가 물씬 났다. 골목마다 아이들 재잘거리는 소리, 과일 채소 장사꾼들의 고함 소리, 고물장수의 "고물 삽니다, 텔레비나 냉장고~." 하는 소리 등등 그야말로 사람 사는 정감이 느껴졌다. 도시 계획에 맞춰 초고층으로 높이 올린 아파트촌 같이 깨끗하고 조용한 맛은 없어도 시끌벅적한 모습이 사람 사는 동네다웠다. 나는 강산이 네 번 바뀔 만한 오랜 세월을 이곳에서 살고 있다. 그간 학군이나 부동산 열풍에도 한눈팔지 않고 강북을 고집했다. 그 결정이 잘한 건지, 못한 건지 알 수는 없지만, 어쨌든 이 동네를 벗어나지 못한 것에 대한 아쉬움은 별로 없으니 이만하면 족한 것이 아닐까.

나는 이 동네로 이사한 그 무렵이 내 인생에서 가장 행복했던 시기로 기억한다. 금융기관으로 전직을 하고 마당이 딸린 한옥을 장만해 이사를 했으니 더 부러울 것이 없었다. 제법 두툼해진 월급 봉투 덕에 살림살이도 나아졌고 아이들도 건강하게 잘 자라 주었다. 나 또한 새로운 직장에서 나름 인정받으며 행복한 시간을 보냈다. 돌아보니 내 평생에 이렇게 '사는 재미'를 느껴 보긴 그때가 처음이었던 것 같다.

우리 동네는 산을 좋아하는 산꾼들이 살기에 딱 좋은 동네이다. 소위 '불수사도북'이라 불리는 서울의 명산인 불암산, 수락산, 사패산, 도봉산, 북한산이 손에 잡힐 듯 가까이 있어 얼마나 좋은지, 마음만 먹으면 30분 이내 등산로 입구에 닿을 수 있고 몇 개의 산을 묶어 '연결 산행'을 할 수 있어 등산 마니아들이 살기에 안성맞춤이다. 나는 여기에 살면서 산과 매우 친숙해졌다. 은퇴한 이후 힘들고 헛헛한 마음을 잡아 준 것도, 내 건강을 이만큼 지켜 준 것도 산이었다. 만약 산이 없었더라면 무엇으로 위로받았을지. 내가 백두대간을 종주하고 전국의 어지간한 명산을 순례하다시피 즐길 수 있었던 것도 내가 여기 살면서 누린 행운이라 생각한다.

누가 뭐래도 서울은 강남이 대세인 것은 맞다. 학군하면 강남 8학군, 부동산도 강남 3구, 교통 문화 등 모든 면에서 강북에 비할 바가 아니다. 그럼에도 난 미련스럽게 강북을 고집했다. 미아삼거리에 터를 잡고 산 지 어언 38년, 크게 내놓고 자랑할 만한 것은 별로 없지만 그렇다고 손해 본 것도 별로 없이 우리 가족 모두 무탈하게 잘 살았으니까. 이 정도면 됐지, 무얼 더 바라겠나. 나를 포근하게 감싸 준 우리 동네 미아삼거리, 예로부터 타향도 정이 들면 고향이라 했건만 이만하면 나의 '제2의 고향'이 되고도 남는 것 같다.

(2022. 9. 17)

제4부 이런 게 소확행이지

- 나이 들어간다는 것
- 나잇값은 해야지
- 새해에도 '중꺾마'
- 행복은 내 마음속에
- 이런 게 소확행이지
- 혼자 사는 연습
- 백수와 명함
- 여름휴가
- 나홀로 등산
- 새해 첫 해맞이 산행
- 지공 인생
- 백세 시대
- 이별 연습
- 유종의 미를 생각해야 할 시간
- 내가 부른 119

나이 들어간다는 것

2020년 새해가 밝았다. 기다리지는 않았는데 어김없이 또 나이 한 살을 받았다. 올해도 반갑기는커녕 오히려 '또 나이 한 살을 더 먹는구나.' 하는 안타까움에 한숨이 절로 나온다.

나이 먹는 걸 좋아할 사람이 어디 있을까. 물론 한 사람도 없을 것이다. 요즘 들어 세월 앞에 장사 없다 하시던 어른들의 말씀이 실감 난다. 나도 이젠 나이 먹은 티가 확연하다. 얼굴엔 주름이 지글지글 머리는 희끗희끗, 이마는 넓어지고 근력이 예전만 못하다. 세월 참 잠깐인 것 같다. 젊었을 때야 '잘 생겼다'는 말이 최고의 칭찬인 줄 알았는데 이제는 '젊어 보인다'는 말이 그렇게 반가울 수가 없다. 세월이 원망스러워도 거스를 수 없는 숙명적인 우리의 삶, 그게 '나이 들어가는 현상'이 아닌가 싶다.

나이가 몇이 되었든 '나'는 여전히 나일 뿐이다. 달라지는 건 외모뿐이다. 나이가 들면 노화로 인해 외모는 변해도 정체성만은 그대로

다. 그러나 나 말고는 아무도 그렇게 생각해 주는 사람이 없다. 나이 들어갈수록 그 간극은 더욱 크게 느껴진다.

나는 항상 젊을 줄만 알았지 내가 늙는다는 건 생각하지도 못했다. 그때는 솔직히 남의 일만 같았다. 그랬던 내가 요새는 부쩍 나이 타령을 하고 다닌다. 나름 그럴 만한 이유가 있다. 나이가 들어도 마음은 언제나 이팔청춘 같지만 갈수록 순발력은 떨어지고 아픈 데만 늘어 간다. 어느덧 내 인생도 8부 능선을 향하고 있다. 노인은 늙어 가는 게 아니라 익어 가는 것이라 했거늘, 어떻게 살아야 곱게 잘 익어 갈 수 있을는지, 새해 벽두부터 만감이 교차한다. 지금 이 나이까지 살아 있는 것만으로도 감사해야 할 일이 차고 넘친다. 내가 살아 있다는 그 자체가 큰 축복이고 행운이다.

건강하게 오래 사는 건 인간의 오랜 꿈이고 희망이다. 그래선지 우리는 '장수'를 가장 큰 복福으로 여겼다. 오죽하면 수壽를 오복의 하나로 꼽았을까. 환갑까지만 살아도 근사하게 잔치를 하던 시절이 불과 이삼십 년 전인데, 격세지감이 든다. 그동안 우리의 삶이 풍요로워졌다고는 해도 누구나 다 오래 사는 건 아니다. 예기치 못한 병마와 안전사고 등으로 환갑도 못 넘기고 구천을 떠도는 사람들이 얼마나 많은데, 그러나 다행히도 생명과학의 눈부신 발전으로 장수를 향한 인간의 꿈이 현실로 다가왔다. 이른바 '백세 시대'가 코앞에 왔다. 한때 "인생은 60부터"라고 노래했지만 요즘엔 한술 더 떠서 "팔십이 청춘"이라고 떠들어 댄다. 얼굴에 보톡스를 맞고 머리는 검게 염색하고 지팡이도 없이 거리를 활보하는 노익장들을 보면 그 말이 더욱 실감난다. 이제 회갑연은 물론 고희연도 사라졌고 '산수연傘壽宴, 구순연九旬宴'이란 말이 귀에 더 익숙해졌다.

오래 사는 것을 축복이라고 하지만, 현실은 녹록하지가 않다. 이른바 삶의 질, 즉 어떻게 사느냐의 문제가 더 중요해졌다. 세상엔 가난과 질병으로 고통스럽게 사는 사람들이 많이 있다. 인간의 존엄과 자존감을 상실한 채 마지못해 시간을 붙들고 사는 인생들이다. 이들에게는 오래 사는 게 축복이 아니고 재앙일 수 있다. 건강하게 오래 살고 싶지만 마음먹은 대로 안 되는 게 우리의 삶이 아니던가.

내 나이도 어느덧 칠십 중반, 그러나 평균 수명까지 살기엔 아직도 몇 년이 더 남았다. 이것도 나이라고 건강에 경고음이 자주 울린다. 육십 대에선 전혀 경험해 보지 못한 증상들이다. 멀쩡했던 몸뚱이가 갑자기 쑤시고 아프며 이유 없이 팔다리가 삐거덕거리고 잊을 만하면 내 몸에서 가장 취약한 허리가 말썽을 부린다. 모든 게 '평균 수명'을 넘어서기 위한 통과의례라고 생각하니 그럭저럭 참고 견딜 만하다. 하지만 이렇게 빨리 황혼의 그림자가 내 주변에 어른거릴 줄은 미처 몰랐다.

사람이 늙어 가는 건 전혀 흉이 아니다. 생로병사의 자연스러운 한 과정일 뿐, 조금도 부끄럽거나 비난 받을 일이 아니다. 그렇다고 나이가 무슨 벼슬이나 자격증은 더더욱 아니다. 자칫 나이가 많다고 상대를 무시하거나 이기려 들다간 자칫 '꼰대'로 오해받기 십상이다. 시쳇말로 '라떼는 말이야'도 잘 써야지 함부로 쓰다가는 본전도 못 찾는다. 그러니 상대가 어리다고 내 생각, 내 입장만 고집할 일은 결코 아니다. 상식과 사리에 어긋난 거친 말이나 행동을 보인다고 무조건 꼰대라고 손가락질하는 젊은이들도 좋아 보이진 않지만, 그들도 언젠가는 노인이 될 테니 말이다. 지금부터라도 나만은 절대로 나이를 벼슬로 여기지 않겠다고 다시 한번 다짐해 본다.

최근엔 '나일리지'란 신조어도 등장했다. 나이와 마일리지mileage의 합성어로 대우받기를 원하는 어른들을 비꼬는 말이다. 노인으로 살아가기도 참 어려운 세상이다. 노년을 어떻게 살아야 어른답고 당당하게 사는 것인지 고민될 때가 한두 번이 아니다. 자신을 낮추고 겸손해서 손해 보진 않는다. 가을 햇살에 누렇게 익어 가는 벼이삭처럼 먼저 고개 숙이는 모습을 보일 때 오히려 존경과 사랑을 받지 않을까. 노인을 조롱하고 폄하하는 젊은이들을 보면서 자신밖에 모르는 젊은 세태의 민낯을 보는 것 같아 영 뒷맛이 씁쓸하다.

비록 몸은 늙었어도 마음은 여전히 청춘이다. 하지만 몸과 마음의 나이는 기분에 따라 변하는 것, 나도 때로는 뒷방 늙은이가 된 것 같은 기분이 들 때도 있고, 경우에 따라선 젊은이들 못지않게 가슴이 뛸 때도 있다. 나이 들어간다는 게 이렇게 혼란스러운 과정인데, 남의 눈에 비친 내 모습은 얼마나 무기력하고 추하게 보일지, 정말 나이 들어가는 게 불안하고 두렵기만 하다.

누구나 그렇듯이 나도 곱고 반듯하게 늙어 가고 싶다. 그러기 위해서 가장 중요한 것은 자신의 건강과 자존감을 높이는 일이다. 남의 눈에 어긋나는 행동을 삼가고 어지간하면 혼자 외출할 수 있을 정도의 건강은 유지해야 한다. 그래야 아프면 병원에도 가고 친구를 만나 시간도 보내고 가족들의 짐을 덜어 줄 수 있다.

장수를 연구하는 학자들에 의하면 노화의 속도는 의지에 따라 어느 정도는 조절이 가능하다고 한다. 세상엔 건강에 관한 좋은 정보가 차고 넘친다. TV만 틀면 시도 때도 없이 건강 프로를 만날 수 있고 인터넷이나 SNS에도 많은 건강 정보가 유통된다. 하지만 본인의 실천 의지가 문제다. 대체로 규칙적인 식사와 적당한 운동, 긍정적인 생활 습관 등을 조화롭게 유지한다면 나이가 들어서도 행복한 노후를 보낼 수 있음을 명심해야겠다.

(2020. 1. 15)

나잇값은 해야지

　세밑 어느 날이다. 새해를 며칠 앞두고 이런저런 상념에 빠져 있다가 문득 '나잇값'이란 말에 정신이 꽂혔다. 한동안 나잇값이란 말이 뇌리에서 떠나질 않았다. 도대체 나잇값이란 무엇이고, 어떻게 살아야 나잇값을 하는 것인지, 그렇다면 과연 나는 나잇값을 하고 사는 사람인가 등등 생각할수록 깊은 사고의 늪에 빠져들었다.

　설날은 어른들한테도 즐거운 날이지만 어린아이들에겐 여전히 큰 명절이다. 설날 아침 차례상을 물리고 어른들 틈에 끼어 떡국을 받아든 어린 손녀 지아至峨가 "아빠 오늘 떡국을 먹으면 내가 몇 살이 되는 거야." 하고 제 애비에게 묻는다. 나는 그 말을 듣는 순간 잠시 잊고 있었던 나잇값이란 말이 다시 상기되었다. 떡국 한 그릇이 던져 준 나잇값이란 말이 다시 내 가슴을 파고들었다.

　나도 어렸을 땐 떡국 한 그릇을 먹어야만 나이 한 살을 더 먹는 줄 알았다. 그래서 먹기 싫은 떡국을 억지로 먹었던 아련한 추억이 있다. 설날 아침 떡국 한 그릇을 먹고 나면 어른들이 무심코 던져 주던 덕담 한마디, "야, 인영아 이제 나이 한 살 더 먹었으니 말 잘 듣고 공부도 잘해야지." 하는 말이 떠올랐다. 지금 생각하니 아, 이런 게 바로 나잇값을 하라는 뜻이 아닌가 싶었다.

과연 나잇값이란 무엇일까. 곰곰이 씹어 보니 나잇값이란 말은 함부로 쓰는 말이 아닌 것 같다. 흔히 남의 잘못을 들먹이며 훈계할 때 '나잇값이나 하라' 고 충고하기도 하고 '나잇값도 못 하는 인간' 이라고 비아냥거리기도 한다. 어쩌면 나잇값이란 말 속에는 나이에 걸맞은 책임과 의무를 강제하는 깊은 뜻이 담겨 있음을 알 수 있다.

어느 때는 '그럼, 나잇값은 하고 살아야지' 하고 자신의 잘못을 뉘우치거나 원망하기도 한다. 그래선지 나잇값이란 말을 들으면 괜스레 대못에 가슴이 찔린 것처럼 마음이 움츠러들고 속이 편하지 않다. 그럴 때마다 나는 과연 나잇값을 하는 사람인가 하고 나 자신을 돌아보게 된다.

그럼 내 나잇값은 얼마나 될까? 어느새 내 나이 이순을 지나 종심의 지경에 가까워졌다. 적은 나이도 아니지만 그렇다고 아주 많지도 않다. 어쨌거나 어른 대접을 받을 만한 나이는 된 것이 아닐까. 그렇다고 하는 것 없이 어른 대접만 받아서야 되겠는가. 나이에 걸맞은, 즉 어른답게 행동할 때 비로소 어른답다 할 것이다. 나이만 따지면 그렇지만 내가 살아온 삶의 궤적은 어땠는지, 과연 먹은 나이가 부끄럽진 않은지도 돌아볼 일이다.

세월을 돌아보니 크게 자랑할 건 없어도 별 탈 없이 무던하게 살아온 것 같다. 이제 남은 세월 존경까진 아니라도 나잇값을 하는 당당한 어른으로 살아가고 싶다. 하긴 손주를 넷이나 둔 할아버지가 돼서 남의 눈총을 받거나 손가락질을 받아서야 되겠는가. 아마 그런 생각을 하는 것만으로도 조금은 나잇값을 하게 되는 것은 아닐는지.

나이는 거저먹는 게 아니다. 나이에는 그 사람이 살아온 연륜과 지혜가 숨어 있다. 나무를 자르면 나이테가 보이듯 말이다. 열대우림에서 자란 나무는 나이테가 없다지만, 대부분의 나무는 한 해 한 해 커 가면서 나이테를 만들어 간다. 인간도 마찬가지다. 그렇지만 우리 주변엔 나이를 먹었어도 나이테가 없는, 즉 나잇값을 못하고 사는 사람들이 많은 게 현실이다.

나잇값을 하며 살기란 결코 쉽지 않은 일이다. 나이 들어갈수록 어른 노릇하기가 어렵게 느껴진다. 우선 늙으면 말이 많아진다. 필요한 말보다는 불필요한 말, 즉 잔소리만 늘어 간다. 오죽하면 "나이 들수록 입은 다물고 지갑은 열라."고 했을까. 물론 우스개로 들리겠지만 반드시 귀담아들어야 할 말이다. 가급적이면 필요한 말만 가려서 하고 나이에 맞게 돈도 좀 쓰라는 뜻이다. 선부른 경험이나 짧은 지식으로 상대방을 가르치러 들었다간 자칫 나잇값도 못하는 꼰대로 눈총 받는 세상이다. 젊은이들의 말에도 귀 기울이고 모르면 솔직히 잘못을 인정하는 자세가 필요하다.

요즘 지하철이나 음식점 등 다중이 모이는 곳에 가보면 노인들이 큰소리로 떠드는 건 예사고 술 한 잔 들어가면 더더욱 꼴불견이다. 흔히 나이는 숫자에 불과하다고들 말한다. 그래선지 나잇값을 못하는 몸 나이 다르고 마음 나이 다른 사람들이 너무나 많다.

나잇값을 못하고 살긴 나도 마찬가지다. 오래전 '통행금지'가 있던 시절이지만, 나는 술버릇 때문에 고생을 좀 많이 했다. 그게 어디 한두 번이었던가. 지금은 웃으면서 말할 수 있지만, 허구한 날 아내한테 "나잇값도 못 한다."는 말을 수없이 들었다. 술에 취해 필름이 끊기는 것은 다반사이고, 졸다가 버스 정류장을 지나쳐 남의 동네에 가서 헤매던 일 등 "나잇값이나 하라."는 아내의 잔소리에 유구무언이었다. 그 시절을 생각하면 여간 민망하고 부끄러운 게 아니다. 나도 잘못 하면서 남에게는 걸핏하면 '나잇값도 못 하는 사람'이라고 손가락질을 해댔으니 누가 누구를 탓하고 욕하는 건지, 길 가던 소가 웃을 일이다. 남의 눈에 티는 보면서 정작 내 눈의 들보는 생각하지 못하는 어리석음을 반복했다. 요즘엔 술자리가 예전처럼 달갑지도 않고 취하게 마시지도 못한다. 이제야 제정신이 돌아온 것만 같아 천만다행이란 생각이다.

　과연 나잇값을 한다는 게 어떤 의미일까. 우리가 살아가면서 가장 어려운 것 중에 하나가 나잇값을 하며 사는 것이란 말이 있다. 새해를 맞아 부끄럽지 않은 삶, 즉 나잇값을 하고 살겠다는 각오를 다짐해 본다. 한집안의 가장으로서, 아버지이며 할아버지로서, 남편으로서, 또한 평범한 이웃으로서의 책임과 의무를 다할 때 비로소 나잇값을 다하는 것은 아닐는지.

(2014. 2. 7)

새해에도 '중꺾마'

또 한 해가 저물어 간다. 이맘때쯤이면 여기저기서 송구영신을 되새기며 친목과 단합을 다지지는 송년 행사가 벌어진다. 동창회, 향우회, 동우회 등 각종 행사에서 빼놓을 수 없는 의식이 하나 있다. 바로 건배사乾杯辭다. 때와 장소에 어울리는 창의적인 건배사는 분위기를 한껏 고조시키기에 충분하다. 우리 귀에 익은 건배사로 해당화(해가 갈수록 당당하고 화려하게), 오바마(오직 바라고 마음먹은 대로), 마당발(마주 앉은 당신의 발전을 위하여), 청바지(청춘은 바로 지금부터) 등 수없이 많다. 허나 듣기 좋은 건배사는 바로 잊어버리지만 가슴이 찡한 건배사는 오래 기억에 남는다. 카타르 월드컵 이후 올해 송년 모임에서 유행하는 최고의 건배사는 '중꺾마'라고 한다.

중꺾마! "중요한 것은 꺾이지 않는 마음"의 줄임 말이다. 12월 3일 카타르 월드컵 한국 대표팀이 우승 후보 중 하나인 포르투칼과의 조별 예선 마지막 경기에서 선제골을 내주고도 역전에 성공, 16강에 진출하는 또 한 번의 기적을 만들어 냈다. 한국의 16강 진출을 예상한 이는 거의 없었다. 하지만 우리 대표팀은 늘 그래 왔던 것처럼 끝까지 포기하지 않았고 후반 추가 시간에 2 대 1로 역전하는 '각본 없는 드라마'를 썼다. 12년 만의 쾌거였다. 역전승을 거둔 선수들이 펼쳐든 태극기에 "중요한 것은 꺾이지 않는 마음"이라고 적혀 있었다. 기억에 남을 매우 감동적인 일이다.

며칠 뒤 16강전 브라질과의 경기에 '중꺾마'란 구호가 다시 등장했다. 세계 최강 브라질의 높은 벽을 넘지 못한 채 4 대 1로 석패했지만 광화문광장에 모인 축구 팬들은 입을 모아 중꺾마를 외쳤다. 중꺾마는 일상에 지친 젊은이들의 상실감을 보듬어 주고 이태원 참사로 슬픔에 빠진 우리 국민들에게 보내는 위로의 메시지였다.

중꺾마는 실패는 해도 꺾이지는 않는 선수들의 '값진 투혼' 그 자체였다. 2002년 한·일 월드컵에 "꿈은 이루어진다"가 있었다면 2022년 카타르 월드컵에는 중꺾마란 슬로건이 등장했다. 2002년 당시 꿈은 이루어진다는 슬로건은 용기와 희망을 전하는 최고의 메시지였고 지금도 축구 국가대표팀이 뛰는 곳이면 으레 등장하는 우리에게 매우 익숙한 응원 문구다. 어쨌든 중꺾마는 기적과 불굴의 의지, 희망을 뜻하는 올 한 해 최고의 유행어로 등장했다.

세상에 '공짜'는 없다. 사소한 일도 포기하지 않고 끝까지 최선을 다해야 얻을 수 있다는 의미일 것이다. 후회 없는 삶이 어디 있을까만, 난 살아오면서 말로만 최선을 다했던 것 같다. 죽을힘을 다해서 노력해도 살아남기 어려운 치열한 경쟁에서 변변한 것 하나 없는 촌놈이 그래도 여기까지 왔으니 얼마나 대견한 일인가. 월드컵 대표선수들처럼 꺾이지 않는 마음으로 죽을힘을 다했더라면 지금보다는 좀 더 나아지지 않았을까 하는 후회와 아쉬움이 남는다.

나는 한때 담배를 물고 살았다. 눈만 뜨면 담배부터 찾았다. 골초도 그런 골초가 없었다. 30여 년 전 나의 못난 모습이다. 하루 두세 갑을 피우던 골초가 금연을 결심했다. 어느 새해 첫날 아침, 나는 어린 자식들 앞에서 담배를 끊겠다고 호기를 부렸다. 그날의 결심을 꺾지 않으려고 모질게 참았다. 흡연 욕구를 꾹 참고 또 참았다. 그렇지 않았으면 작심삼일이 되고 말았을 터, 어디서 그런 오기가 생겼는지, 결국은 금연에 성공했다. 돌이켜 보니 금연의 기적은 꺾이지 않는 독한 결심이 쌓이고 쌓인 나 자신과의 치열한 싸움이었다. 이처럼 우리 삶에서 가장 중요한 것은 중꺾마의 자세가 아닌가 싶다.

지난해는 힘든 한 해였다. 어느 해보다도 유별났다. 이제는 코로나에서 벗어나나 싶었는데 경제 위기가 닥쳤다. 엎친 데 덮친 격이었다. 러시아의 우크라이나 침공, 고물가 고금리 고환율이 불러온 경기 둔화, 최악의 산불과 집중 폭우, 이태원 참사, 북한의 미사일 발사로 인한 안보 불안 등으로 힘겨운 한 해를 보냈다. 그래도 사회 곳곳에서 포기하지 않고 끝까지 노력한 사람들이 있어 견딜 만했다. 카타르 월드컵 축구 대표팀의 16강 진출이 그랬고, 우주 시대의 문을 연 한국형 발사체 '누리호'의 성공, 그리고 지하 190m 갱도에 갇혀 사고 발생 9일 만에 가족의 품으로 살아서 돌아온 경북 봉화의 아연광산 매몰자 박정하 씨 등 온갖 역경과 실패에도 꺾이지 않는 마음을 보여준 감동적인 사례들이다.

한국인의 유전자엔 꺾이지 않는 '불굴의 정신'이 흐르고 있다. 6·25 전란의 폐허를 딛고 한강의 기적을 이루기까지 흘린 피와 땀과 눈물을 생각하면 긴 설명이 필요 없다. 원조를 받는 나라에서 원조를 주는 세계 유일의 국가로, 국민소득 80달러의 최빈국에서 3만 달러의 10대 경제 대국으로 우뚝 선 나라, IMF 위기 극복을 위하여 온 국민이 보여 준 '금 모으기 운동' 등 단시간에 초고속 압축 성장을 이룬 세계가 부러워하는 대한민국이다. 반세기 만에 산업화와 민주화를 동시에 이룰 수 있었던 건 한국인들의 뼛속에 중꺾마의 DNA가 내재되어 있기 때문이 아닐까. 참으로 자랑스러운 대한민국이다.

우리는 새마을운동에서 '하면 된다' 는 자신감을 터득했다. 새마을운동이 준 교훈처럼 단 1%의 가능성에 목숨을 걸고 최선을 다하는 게 한국인들의 근성이다. 카타르 월드컵에서도 끝까지 포기하지 않고 최선을 다한 결과가 16강 진출이라는 기적을 만들었듯이 우리의 삶도 마찬가지다. 톱니바퀴 돌아가듯 바쁘게 살아가는 현대인들의 마음 한 구석엔 목표만 세워 놓고 지레 불가능하다고 시작조차 않는 나약함이 숨어 있다. 계묘년 새해부터 생각을 바꿔 보자. 목표한 것을 이루기 위해 끝까지 노력해 보자. 작심삼일이 될지언정 일단 시작하고 노력하면 안 될 것이 없다. 누군들 포기하고 싶은 순간이 왜 없겠는가, 새해엔 아무리 힘들어도 중꺾마의 결연한 의지로 힘차게 뛰어 보자. 중꺾마야말로 오늘을 살아가는 우리들에게 꼭 필요한 마음자세가 아닌가 생각된다.

2023년 계묘년 새해가 밝아 온다. 해마다 새해 새 아침이 되면 이런저런 결심을 하게 된다. 단골 레퍼토리로 운동을 새로 시작하거나 술 또는 담배를 끊고 다이어트를 하겠다고 다짐을 한다. 허나 야심차게 세운 계획도 얼마 못 가서 작심삼일이 되기 일쑤다. 결심을 하고 허물기를 반복한 게 어디 한두 번이던가. 작심삼일이 되지 않기 위해선 꺾이지 않는 마음이 중요하다는 건 다들 경험했을 것이다. 2023년은 IMF 위기 때보다 더한 최악의 경제 한파가 예상된다. 모두들 굳은 의지와 중꺾마의 자세로 의연하게 헤쳐 나가길 소망한다.

(2022. 12. 26)

행복은 내 마음속에

요즘 TV 보기가 겁난다. 눈을 씻고 봐도 뭐 하나 희망적인 뉴스가 없다. 이러고도 정말 '나라가 괜찮을까' 싶은 위기감마저 든다. 오죽하면 TV를 걷어차고 싶을까. 유사 이래 가장 풍요롭고 살기 좋은 시대라고 말하면서도 행복은커녕 힘들어서 못 살겠나는 볼멘소리뿐이니, 분명 무엇이 잘못되어도 한참 잘못된 것 같다.

심지어 '헬조선'이라고 자조自嘲하기도 한다. 지금 이 나라가 어때서, 정말 지옥이 어떤 곳인지 몰라서 하는 말인지, 뭐가 그렇게 불만스럽고 못마땅한 것일까. 하루에도 수십 수백 건씩 벌어지는 시위와 파업, 살인, 폭력 등 수많은 사건 사고들이 애꿎은 국민들 가슴을 짓누른다. 목소리를 높이고 떼를 쓰면 무엇이든 다 되는 세상이란 말인가. 먹을 게 없어 멀건 죽 한 그릇으로 끼니를 때우던 보릿고개도 겪었지만 지금보다는 그때가 더 마음이 편하고 행복했다는 사람들도 꽤나 있다.

정녕 행복은 어디에 있는 것일까. 오늘 우리가 누리고 있는 풍요롭고 번영된 이 나라를 다음 세대에게 물려주기 위해서라도 우리 스스로 마음가짐을 새롭게 가져야 할 때가 아닌가 싶다. 지금은 우리 역사에서 가장 살기 좋고, 가장 자유롭고 가장 민주적인 세상임을 그냥 간과해서는 안 될 것이다.

행복이란 무엇일까? 며칠 전 프랑스 작가 프랑수아 롤로르가 쓴 『꾸뻬 씨의 행복 여행』이란 책을 읽었다. 작가는 "행복은 먼 훗날 이루어야 할 목표가 아니라 지금 당장 이 순간에 느껴야 하는 것"이라고 강조한다. 많은 사람들이 행복을 갈구하면서도 지금 행복해야 한다는 사실을 까맣게 잊고 사는 것 같다. 거듭 강조하지만 작가는 진정한 행복은 먼 미래가 아닌 바로 지금 느낄 수 있어야 진짜 행복이라고 말한다.

작가의 주장대로 지금 행복을 느낄 수 있는 사람이 과연 얼마나 될까. 우리 주변에 있는 사람들에게 "지금 행복하십니까."라고 물으면 선뜻 "예" 하고 대답하는 사람이 그렇게 많지 않을 것이다. 대부분은 "지금 불행한 것도 아니지만, 그렇다고 또 행복한 것도 아니다."라고 어정쩡하게 말할 것이다. 그럼 "언제쯤 행복해질 수 있을까."라고 되묻지 않을 수 없다. 물론 이유야 있겠지만, 자신이 목표한 것들이 다 이루어지고 나면 행복할 것이라고 답할 것이다. 집을 장만하고, 승진을 하고, 결혼을 한다든지, 자식이 원하는 대학에 들어가고, 취업에 성공하면 행복할 것이라는 등 나름대로 현재가 아닌, 원하는 것이 이루어지는 그때가 되면 행복할 것이라고 말할 것이다.

인간에게는 영원히 해결할 수 없는 두 가지 숙제가 있다. 하나는 행복이고, 또 한 가지는 고통이다. 행복은 갈구하지만 고통은 피하고 싶은 게 인지상정이다. 행복과 고통은 동전의 양면과 같다. 행복하면 고통은 줄어들지만, 고통스러우면 행복을 느낄 수 없다. 그래서 행복을 추구하는 것보다는 고통을 피하는 노력이 필요하다. 행복과 고통의 또 다른 차이는 처음에 불행하다가 행복해지면 세상을 다 얻은 듯 기뻐하지만, 시간이 지나면 행복한 느낌이 감소하면서 다시 고통이 찾아온다는 것이다. 행복은 저축이 되지 않기 때문이다. 안타까운 일이다.

인간은 행복해지기 위해서 산다고 해도 과언이 아니다. 우리가 그토록 갈구하는 그 행복은 도대체 어디에 있는 것일까. 결코 저 높은 산꼭대기에 있는 것도 아니고, 망망대해 깊은 바닷속에 숨어 있는 것도 아니다. 바로 한 치도 안 되는 내 마음속에 있다는 걸 요즘에서야 깨달았다. 자신을 스스로 불행하다고 생각하는 사람들은 많은 것을 손에 쥐고도 그걸 느끼지 못한다. 더 많이 갖고 싶은 욕심 때문이다.

행복과 불행은 마음먹기에 달렸다. 인간의 삶은 혼자가 아닌 이웃과 더불어 살아갈 때 행복을 느낀다. 욕심에서 조금만 비켜서 보면 옆 사람의 얼굴이, 그리고 이웃과 친구의 얼굴도 보인다. 내가 손해 본다는 마음이면 어떤 어려운 일도 만사 오케이다. 내 것이 아까우면 남의 것도 아까운 법이고, 당장은 손해 보는 것 같지만 길게 보면 그것이 남는 장사라는 걸 깨닫게 된다. 하물며 어린 손주들도 지갑을 열어야 할아버지를 좋아하듯, 친구도 술 한 잔이라도 자주 사줘야 나를 좋아하고 따른다. 이것이 삶의 지혜이자 세상 사는 이치라는 것을 요즘 들어서 뼈저리게 느낀다.

행복의 기준은 사람마다 다르다. 돈 많고 명예가 높다고 모두 행복하진 않듯이, 가난한 사람들에게도 행복은 있다. 가진 게 없다고 행복하지 말란 법은 없으니까. 행복은 먼 미래나 거창한 뭔가에 달려 있는 게 아니라, 전혀 생각하지도 않은 곳에 행복은 깃든다. 두 다리로 걸을 수 있을 만큼 건강하고, 쓴 소주 한 잔 같이 마실 수 있는 친구가 있다면 이런 게 행복이지 싶다.

우리가 찾고 있는 행복이란 참 묘한 데가 있다. 돈으로는 살 수 없지만, 가진 건 없어도 행복하게 사는 사람들이 의외로 많다. 우리의 삶은 각양각색이다. 만약 돈이 있어야만 행복할 수 있다면, 하루 벌어 하루 사는 사람들은 모두 불행해야 할 것이다. 그러나 세상은 그렇지가 않다. 똑같은 것을 먹고 마시고 즐겨도 서로 느끼는 행복은 확연히 다르다. 더 많이 배우고 더 많이 가진 사회 지도층이나 돈푼이나 있는 부자들의 삶을 보라. 모두 행복해 보이진 않는다. 더 많이 갖고 더 높이 오르기 위해서 남을 찍어 내리고 끊임없이 싸우며, 약자를 짓밟는 막말 갑질 등 온갖 부정과 비리로 이름이 오르내리는 등 행복과는 영 거리가 먼 듯하다.

행복이란 내가 소망하던 것이 이루어질 때 느끼는 감정이다. 꿈속의 허황된 무지개가 아니다. 결코 멀리 있는 것이 아니고 바로 내 마음속에 있다. 그런데 왜 행복에 목말라 하는 것일까. 지나친 욕심이 문제다. 행복은 모든 것에 감사하는 마음을 가질 때 비로소 느끼는 내 안의 또 다른 마음인 것이다.

잠시 나 자신을 돌아보자. 쫓기듯 바쁘게 살아왔지만 이젠 사유와 성찰이 필요한 시간이다. 인생은 우리가 생각하는 것처럼 결코 길지 않다. 길어 봐야 백년, 돌아가고 싶다고 다시 되돌릴 수도 없는 게 인생이다. 행복은 매우 주관적인 판단이다. 나만의 느낌이기 때문이다. 최면을 걸듯이 마음속으로 '나는 행복합니다.' 라고 생각하다 보면 행복한 감정이 솔솔 일어날 수 있다. 이런 노력이 없으면 행복을 느끼지 못한다. 매순간 부족함에서 만족을 찾고 모자람에서 고마움을 느끼듯, 행복과 불행은 나 자신의 마음먹기에 달려 있다.

(2016. 7. 15)

이런 게 소확행이지

어느 날 갑자기 무릎이 고장 났다. 친구들과 점심을 먹고 집에 돌아오던 길이었다. 아침나절까지만 해도 멀쩡했던 무릎이 말썽을 일으켰다. 심한 건 아니지만 걸을 때마다 시큰거리는 게 꽤나 신경이 쓰였다. 아내에겐 걱정할까 봐 말도 못하고 혼자서 낑낑거렸다. 까짓것 '하룻밤 자고 나면 좋아지겠지.' 하는 자신감에 나름 여유를 부렸지만 이튿날도 아프긴 마찬가지였다.

하는 수 없이 다음 날 집 근처 정형외과로 달려갔다. 병원 문을 연 지 30분 정도밖에 지나지 않았는데도 환자들로 만원이다. 대부분 노인들이다. 한참을 기다렸다. 드디어 내 차례가 왔다. 아픈 왼쪽 무릎 부위 사진을 찍고 걱정스런 마음으로 원장님과 마주했다. X-레이 영상을 살펴보면서 조심스럽게 '퇴행성 관절염'이라고 설명한다. 그래 결국은 올 것이 왔다는 생각이 든다.

강철도 오래 쓰면 마모되기 마련이다. 하물며 70여 년을 써먹은 관절이 고장 한 번 안 나고 멀쩡하다면 오히려 그게 더 이상한 것 아니냐며 시무룩해 있는 나를 위로해 준다. 원장님 왈, "다행히 초기 증상이라서 크게 염려할 것은 아니니 앞으론 그러려니 하면서 살아야 한다."고 했다. 대개 퇴행성 증상이란 나이 들어 나타나는 노화 현상의 일종이지만 나는 그 말을 믿고 싶지 않았다. 왠지 퇴행성이란 말이 귀에 거슬렸다. 하기야 지금껏 숱하게 걷고 뛰었지만 무릎이 고장 난 건 이번이 처음이다. 전날까지만 해도 멀쩡했던 무릎이 왜 고장이 났을까. 도저히 이해할 수 없다는 듯 혼자 중얼거리면서 병원을 빠져나왔다.

시간이 지날수록 별생각이 다 들었다. 만에 하나 무릎이 아파서 걷지 못하면 어떡하나 하고, 그야 스틱 아니면 휠체어 신세를 질 수밖에… 아직은 그럴 때는 아니다. 생각할수록 정말 '내용연수'가 다 되어서 그런 것인지 덜컥 겁이 났다. 어쨌든 내 몸뚱이를 내 마음대로 움직이지 못하면 그건 살아 있어도 죽은 목숨이나 다를 바 없다. 불안하고 두려운 생각이 쓰나미처럼 밀려온다.

불현듯 등산을 같이 다니는 한 지인의 얼굴이 떠올랐다. 지난해 무릎 관절 수술을 받고 몇 달째 후유증으로 고생하고 있는 분이다. 물론 나이는 나보다 몇 살 위이지만 한때는 다람쥐 소리를 들을 정도로 산을 잘 타는, 아주 단단한 분이었는데 결국은 무릎 때문에 고생하는 걸 보니 남의 일 같지 않다는 생각에 절로 쓴웃음이 나온다. 역시 세월 앞에 장사가 없다는 말이 실감난다.

그동안 억눌려 있던 몸뚱이 여기저기서 신음 소리가 들려온다. 무릎이 아프기 전에는 전혀 느껴 보지 못한 현상들이다. 더 이상 참을 수 없고, 더는 못 견디겠으니 제발 조심하라는 경고의 메시지다. 주인 잘못 만나 개고생을 한다며 원망으로 가득하다. 하기야 몸 관리에 얼마나 무심했으면 이 지경이 되었을까. 늦었지만 반성의 기회로 삼았다. 여하튼 무릎을 너무 혹사시키지 말고 아껴서 잘 쓰라는 '옐로카드'를 받았으니 조심할 수밖에.

이제는 무릎을 생각해서라도 산에 가는 횟수나 운동량을 확 줄여야겠다. 하긴 은퇴한 이후 몸을 아끼기는커녕 일부러 혹사시키기 위해 사는 사람처럼 거칠게 몸을 굴렸다. 한때는 마라톤에 빠져 죽기 살기로 뛰어 봤고, 그것도 모자라 산악회를 따라서 백두대간을 종주하고 전국 산천을 유랑하던 게 엊그제 같은데, 은퇴 이후 걷고 뛰는 재미에 푹 빠져 시간을 보냈다고 해도 별로 틀린 말이 아니다.

돌이켜 보니 무릎이 고장 날 만한 짓을 골라서 한 것 같다. 무모할 만큼 뛰고 달렸음에도 이만큼 버텨 준 몸뚱이가 오히려 고맙다. 사실은 그간 수차에 걸쳐 조심하라는 경고를 받았는데도 내가 알아차리지 못한 것이다. 누구를 원망하겠는가. 결국은 '네 죄는 네가 알렸다.'고 모든 게 다 내 잘못이고 내 탓인 것을.

솔직히 건강 관리에 소홀했음을 자인한다. 그간 허리가 아파 고생한 것 말고는 거의 병원을 모르고 살았다. 자랑은 아니지만 현재 특별히 복용하는 약도 없으니 기본 체력은 웬만큼 타고난 것이 아닌가. 하긴 중·고등학교 6년 동안 30리 길을 걸어서 통학한 덕에 걷는 것 하나는 자신을 가졌다. 알량한 그 자신감이 문제일 수 있지만. 아마 겉은 멀쩡해 보여도 속은 골병이 들었을지도 모른다. 그러니 지금은 허리도 아프고, 어깨도 아프고, 발목도 손목도, 눈과 귀 등 온몸에서 힘들었노라고 아우성이다. 앞으론 절대 무리하지 않고 조심하겠노라고 다짐해 본다.

살다 보면 하찮은 몸놀림 하나도 대단하게 생각될 때가 있다. 무의식적으로 움직이는 가벼운 몸짓 하나도 유난히 어려울 때가 있다. 일례로 허리가 아프면 얼굴에 물 한 방울 찍어 바르는 것도 고역이다. 아파 본 사람만이 그 고통을 안다. 허리가 숙여지질 않아서 빳빳이 선 채로 '고양이 세수'를 하고, 신발을 신고 벗는 것, 앉았다 일어서는 것 등 별스럽지 않은 동작 하나하나가 얼마나 힘이 드는지, 경험하지 않은 사람들은 잘 모른다. 제 마음대로 몸을 움직일 수 있다는 게 얼마나 큰 행복인지를 망각하고 산다. 겪어 보지 않으면 상상할 수도 없는 아주 사소한 것들, 그야말로 매순간마다 감사해야 할 것들이 너무너무 많은데 이를 간과하고 사는 것 같다.

건강은 행복의 필수 조건이다. 몸이 아프면 만사가 귀찮고 눈에 보이는 것도 없다. 부귀영화도 아무 소용이 없다. 한마디로 사는 게 귀찮고 우울하다. 건강할 때는 잘 모른다. 몸이 아파 봐야 건강의 소중함을 알 수 있듯이 지금의 내 처지가 딱 그 모양이다. 평소에 관리를 좀 잘했으면 이렇게 고통스럽지 않으련만, 인간의 마음이란 바람에 날리는 가랑잎만큼 가볍고 간사한 것이란 것도 절실하게 통감했다.

이제 아프던 무릎이 거의 회복되었다. 말끔하게 낫은 건 아니지만 그래도 내가 좋아하는 산에 갈 수 있을 정도는 되었다. 이만하면 대만족이다. 내 발로 걸을 수 있다는 게 얼마나 소중하고 감사한 일인지 새삼 깨달았고 무릎이 아프기 전과 후의 세상이 완전히 다르다는 걸 온몸으로 느꼈다. 비로소 딴 세상에 와 있는 듯 마치 하늘을 날 것 같은 기분이다. 이런 기분을 '소확행小確幸'이라고 하는 건 아닌지. 정말 오늘 하루가 즐겁고 행복하다.

(2017. 6. 15)

혼자 사는 연습

바야흐로 '나 홀로족' 전성시대다.

세상이 급변하는 만큼이나 가족 제도도 빠르게 변해 간다. 행정안전부에 따르면 지난해 전체 주민등록 인구 중 혼자 사는 1인 가구가 처음으로 전체의 40%를 넘어섰다고 한다. 이제 3대가 함께 사는 대가족은 찾아보기 어렵고 부모와 자식으로 구성된 4인 가구의 비율은 18.7%에 그쳤다. 전통적인 가족 개념이 사라지고 이른바 나 홀로족이 대세임을 확인해 주는 수치이다.

저출산, 고령화가 가속화되면서 1인 가구가 급증하고 있다. 몇 년 전만 해도 서너 집 건너 한 집이 1인 가구라 했는데 지난해엔 40%가 넘었다니 정말 놀라운 일이다. 이에 따른 라이프 스타일 변화도 빠르게 진행 중이다. 오래전엔 상상도 못한 원룸 오피스텔 고시원 등 소규모 주거 공간이 증가하고, 밥솥 냉장고 청소기 등 가전제품도 소형화 경량화되고, 식품을 비롯한 과일 채소 등 각종 먹거리가 소량

소품으로 포장되어 혼자 사는 사람들이 편하게 이용할 수 있도록 급변하고 있다. 그러나 슬림화된 일상의 장점만큼이나 혼자 사는 데서 오는 외로움이나 불안 등을 호소하는 사람들이 많아졌고 1인 가구를 노린 범죄와 고독사 같은 사회적 문제도 함께 불거지는 현상이 늘고 있다.

며칠 전 느지막이 저녁을 먹으러 동네 음식점에 갔다. 문을 열고 들어서니 여기저기 혼자 앉아 있는 사람들이 눈에 띄었다. 내가 회사에 다니던 시절만 해도 감히 혼자 밥 먹으러 갈 생각은 엄두도 내지 못했다. 멀쩡하게 생긴 사내가 혼자서 밥 먹는 꼴이라니, 상상만 해도 여간 머쓱한 일이 아니다. 딱히 뭐라 하는 사람은 없어도 괜히 남의 시선이 따갑게 느껴졌기 때문이다. 예전엔 그렇게 소심했던 나도 몇 차례의 주말부부 생활을 겪으면서 이제 '혼밥' 정도는 이골이 났다. 술은 혼자 마시러 못 가도 밥 먹는 것쯤은 혼자서도 잘 다닌다. 하기야 지금은 혼자 살고, 혼자 밥 먹고, 혼자 놀러 다니는, '혼자' 가 대세인 세상이니 조금도 남을 의식해 주눅들을 이유가 없다.

나는 몇 년 전에 주말부부 노릇을 한 적이 있다. 손주를 봐주러 간 아내 때문에 싱글 아닌 싱글 신세가 되었다. 혼자라고 해봤자 주말이면 아내가 집에 와서 반찬을 만들고 밀린 빨래나 집안 청소 등을 다 해 줬다. 겨우 밥을 해서 혼자 끼니를 때우는 정도였음에도 혼자라서 불편한 것이 꽤 많았다. 가장 견디기 어려운 건 외로움이다. 그거야 말상대가 없으니 외로운 게 당연하지만 더 큰 문제는 잠자리에 대한 공포였다. 자다가 무슨 일이 생기면 어떡하나 하는 두려움이 떠나지 않았다. 그래서 혼자 사는 사람들에겐 '밤새 안녕' 이란 말이 익숙할지도 모른다.

혼자 사는 사람이 왜 이렇게 늘어 가는 것일까. 전통적인 가족 개념이 빠르게 퇴색되고 있다. 예전에야 으레 자식이 부모님을 모시는 게 당연했으나 요즘은 부모 따로 자식 따로, 각자가 떨어져서 사는 걸 당연시 여긴다. 부모 자식 간에도 서로 간섭받기를 싫어하다 보니 자식은 자식대로 독립을 외치고 부모는 자식에게 얹혀살기 싫어서 조석을 끓여 먹을 능력만 있으면 혼자 살고 싶어 하는 게 요즘 대세다.

1인 가구의 증가는 20, 30 청년층과 60대 이상 고령층에서 동시에 나타나는 현상이다. 청년들의 경우 실업과 경제적 부담 등으로 결혼을 기피하고 독립을 하는 경우가 많아졌다. 불과 몇 년 전까지만 해도 나이가 차면 결혼해서 자식을 갖는 게 당연한 도리였거늘 요즘은 결혼이 필수가 아니고 선택인 세상이다. 그래서인지 혼기를 넘긴 처녀 총각으로 혼자서 사는, 이른바 '비혼족'이 넘쳐난다. 고령층에서는 가정 해체와 사별 등으로 혼자 사는 1인 가구, 소위 '독거노인'이 늘고 있다. 고령화로 인한 자연적인 현상으로 먼 훗날의 내 자화상을 보는 것 같아 입맛이 씁쓸하다. 머지않아 1인 가구가 보편적인 가족 형태가 될 것이란 말이 실감난다.

나는 은퇴하고 나면 무엇을 하고 어떻게 살 것인가를 깊이 고민했다. 더 이상의 경제 활동은 별개로 치고, 노후를 의미 있게 보내고 싶었다. 마라톤과 등산, 글 쓰는 것 등 내가 하고 싶은 것을 염두에 두고 차분히 준비했다. 결국 마라톤에 입문해서 42.195km의 풀코스까지 뛰어 봤고, 등산도 백두대간을 종주하는 등 전국의 명산대천을 찾아다니며 은퇴자의 여유를 마음껏 즐겼다. 한편으로 훌륭하신 글쓰기 선생님을 만나 수필가로 등단하는 기쁨도 맛보았다.

백년가약을 맺은 부부라고 해서 평생을 함께 사는 건 아니다. 누군가는 먼저 가고 누군가는 그 뒤를 따를 것이다. 가장 이상적인 것은 부부가 백년해로하다가 한날한시에 먼 길을 떠나면 좋겠지만, 그건 이루어질 수 없는 희망 사항일 뿐이다. 그렇다면 이승을 떠나는 날이 언제일지는 몰라도 누군가 한 사람은 혼자 남을 수밖에 없다. 이래서 '혼자 사는 연습'이 반드시 필요한 것이다.

　나는 먹고 마시는 일상적인 것조차도 혼자하기가 싫다. 아내의 도움이 없으면 불편한 것 투성이라서 아내가 옆에 있어야 마음이 놓인다. 반면에 아내는 내가 없어도 아무렇지도 않은 듯 전혀 불편한 기색이 없다. 하긴 어느 집이나 남자들이 문제이지 여자들은 별로 걱정을 안 하는 것 같다. 오죽했으면 옛말에 "과부는 깨가 서 말이고 홀아비는 이가 서 말"이라고 했을까. 솔직히 말하면 여자는 혼자 살기 쉬워도 남자는 혼자 살기 어렵다는 뜻이리라. 이래서 남편들은 혼자 사는 연습이 필요하다.

　혼자 사는 것도 반드시 연습이 필요하다. 아내가 있고 없고를 떠나 한 살이라도 젊었을 때 혼자 사는 연습을 해 둬야 노후가 행복할 수 있다. 언젠가 닥쳐올지도 모를 혼자만의 생활을 위하여 밥하고 빨래하고 요리하는 것 등 이른바 '살림 노하우'를 익혀 둬야 아내의 빈자리를 채울 수 있을 것이다. 어쩌면 이게 바로 100세 시대를 준비하는 남자들이 겪어야 하는 '서바이벌 훈련'이다.

(2022. 9. 2)

백수와 명함

은퇴한 지 벌써 20여 년, 처음엔 몹시 두렵고 상실감이 컸다. 하기야 실직하고 마음 편한 사람이 어디 있을까마는 막상 며칠을 놀다 보니 백수白手로 지내는 것도 그렇게 나쁘지만은 않았다. 뭐니 뭐니 해도 출근하지 않아서, 스트레스를 받을 일이 없어서 좋았고, 정장에 넥타이를 매지 않아서 편했다. 한 달 정도는 그럭저럭 참 좋았다. 소파에서 뒹굴며 세상을 다 가진 듯 편하게 지냈다. 하지만 거기까지였다. 몸이 근질근질하고 좀이 쑤시면서 깨닫게 되었다. 이것이 백수의 현실이라는 것을.

내가 회사를 그만둔 건 비자발적인 퇴직이었다. 요샛말로 '잘린' 것이다. IMF 이후 경영난으로 어려움을 겪던 우리 회사는 국내 굴지의 대기업인 H그룹의 일원이 되었다. 주인이 바뀐 이후 공격적인 경영에 힘입어 한때나마 회사엔 활력이 넘치고 훈풍이 불었다. 그러나 그것도 잠시, 따뜻한 봄날은 오래 가지 못했다. 주식시장의 장기 침체와 '대우채 사건'이 터지면서 구조 조정의 칼바람이 거세게 불었다. 워낙 경영난이 극심했기 때문에 인력 감축은 불가피한 수순이었다. 너나없이 불안에 떨었다. 일괄 사표 등 구조 조정 압박에 더 이상 버티지 못했다. 결국 퇴직 통보를 받았다. 실직의 순간이 예상보다 빨리 왔을 뿐, 그래도 큰 충격을 받진 않았다. 계속 이어진 위기를 넘기면서 내성이 생겼기 때문이리라. 하지만 젊음을 바쳐 열심히 일했던 회사에 대한 서운한 감정이 아주 없진 않았다. 막상 회사를 떠난다 하니 만감이 교차했다.

퇴직 통보를 받고 느낀 두려움은 보호막이 없어졌다는 사실이다. 당장 무슨 본부장, 무슨 이사로 불리던 직함이 날아가고 오롯이 자연인 '이 아무개'란 이름 석 자만 달랑 남았다. 이제는 발가벗은 나 혼자란 생각이 들었다. 따뜻한 잠자리에 별로 아쉬울 것 없이 편하게 지내온 터라 은근히 퇴직 이후가 걱정되었다. 비바람 막아 줄 보호막하나 없이 황량한 들판에 홀로 선 느낌이다. 그뿐만이 아니다. 명함으로 맺어진 소중한 인연들도 하나 둘 조용히 잊혀 갈 것이다. 그들이 날 부르고 내가 그들을 찾아갈 일도 이젠 없을 것이다. 세상에 영원한 것은 하나도 없듯이 퇴직은 누구나 거쳐야 하는 인생 여정의 한 구간일 뿐이다. 먹고사는 데 급급하여 앞만 보고 뛰었으니 이참에 쉬었다 가는 것도 나쁘진 않을 것 같았다. 인생 2막의 새 출발을 위하여 지금까지 겪어 보지 않은 또 다른 세상을 보는 마음의 창을 준비할 시점이지 싶다.

퇴직을 하고 나서 그동안 누리지 못한 자유를 만끽했다. 이런저런 사정으로 지금까지 하지 못했던 것이나 마음속에 벼르고 있던 일 등 이른바 버킷리스트를 만들어 나름 바쁘게 돌아쳤다. 그렇게 하는 것이 백수의 초라함을 잊을 수 있고 방전된 삶을 다시 재충전할 수 있을 것만 같았다.

 가장 먼저 은퇴 시점에 맞춰 '가족사진'을 찍었다. 바쁘다는 핑계로 살뜰하게 보살피지 못한 가족에 대한 미안함을 조금이라도 씻고 싶었다. 커다란 액자에 넣어 눈만 뜨면 볼 수 있는 거실 한가운데에 떡하니 걸었다. 비로소 가족의 소중함이 눈에 들어오는 느낌이다.

 다음엔 내가 좋아하는 것 위주로 행동에 옮겼다. 야생마처럼 마라톤도 하고 미친 듯 백두대간을 비롯한 명산대천을 찾았고 국내외 여행도 즐겼다. 또한 나 자신을 돌아보고 내가 살아온 흔적을 정리하고 싶어 글쓰기 공부에도 매달렸다. 이렇듯 자유로운 생활 속에도 가끔 모임에 나갈 기회가 있었다. 그런데 뜻하지 않은 걱정거리가 생겼다. 명함이 없어서 어색했다. 자고로 명함이란 서로 주고받는 게 상례이지만, 백수 처지에 명함이 없는 건 당연한 일이 아닌가. 솔직히 '난 명함이 없습니다.'라고 말하면 될 일인데 그것도 상대에 대한 예의가 아닌 것 같아 여간 조심스럽지 않았다. 백수라고 달랑 이름 석 자를 말하자니 뭔가 좀 부족한 듯 아쉬움이 컸다.

 결국 명함을 만들기로 했다. 그런데 고민이 생겼다. 이른바 '직함'을 쓰고 싶은데 뭐라고 하면 좋을까. 아무리 생각해도 마땅한 게 없다. 백수 외에는 쓸 말이 없다. 전직을 쓴다는 건 더욱 이상한 일, 그렇다고 거짓 직함을 쓸 수도 없고, 다른 방도가 없었다. 기껏 새 직함을 구해 봐야 전 직장에 관련된 투자 상담사 자문역, 아니면 경비원이나 알바생 정도인데, 설령 그렇게라도 할 수 있으면 좋으련만, 결국 고심 끝에 이름 석 자와 휴대폰 번호, 이메일 주소만 넣은 '백수명함'을 만들었다. 어느 날 그 명함을 내밀었더니 명함을 받은 상대의 눈초리가 이상했다. 신경이 쓰였다. 그런 일이 있은 며칠 뒤 가까운 친구에게 내 명함을 보여 줬더니 "이런 명함은 고위 공직자나 권력 기관에 근무하는 사람들이 사용하는 명함 같다."면서 탐탁하지 않게 여긴다. 나도 영업을 하면서 이런 명함을 받아 보았지만, 뭐가 문제란 말인가. 당최 이해가 되지 않았다. 직함이 없어 이름 석 자만 넣은 명함을 만들었는데 이마저도 쉽지 않았다. 명함이 이상하다는 말을 들을 바엔 차라리 없는 게 나을 것 같았다. 고심 끝에 그 명함은 쓰지 않기로 했다. 결국 백수 명함은 없었던 일이 되고 말았다.

나는 첫 명함에 대한 아련한 기억을 잊을 수가 없다. 내가 명함을 처음 갖게 된 건 금융 회사로 전직한 1983년 3월이다. 재무부를 퇴직하고 인의동에 있는 국민투자신탁으로 둥지를 옮기면서 명함이 생겼다. 내 인생의 첫 명함이었다. 출근 첫날 내 책상 위에는 명함과 명패가 가지런히 놓여 있었다. 그걸 본 순간 드디어 내가 국민투자신탁의 일원이 되었다는 소속감을 느꼈다. 특별할 것 하나 없는 내가 이 회사에서 과연 잘 적응할 수 있을까 하는 두려움이 밀려왔다. 자리에 앉아 한참 동안 명함을 응시했다. 명함에 새겨진 '영업부 차장 이인영'이란 글자를 뚫어지게 바라보면서 "그래 난 잘할 수 있다."는 각오를 가슴에 새기고 또 새겼다. 지금도 첫 명함을 대하던 그 순간이 파노라마처럼 스쳐 간다.

도대체 명함이란 무엇일까. 한마디로 '난 이런 사람'이란 것을 알리는 자신의 얼굴 같은 것이다. 얼핏 명함만 봐도 어디서 무엇을 하는 사람인지를 한눈에 알 수 있다. 예전에 직원이라곤 아내와 아들딸 등 가족이 운영하는 조그만 자영업체를 가진 분이 회장이라는 직함을 새긴 명함을 본 일이 있다. 거기다 금박을 두르기까지 했다. 요즘도 지역에서 힘깨나 쓰는 인사들의 명함을 보면 화려하기 짝이 없다. 명함 뒷면이 빽빽하게 무슨 직함이 그렇게 많은지, 하긴 과시욕이 많고 남에게 잘 보이고 싶은 사람일수록 그럴 수밖에…. 아무리 명함이 자신의 얼굴을 대신한다지만 그건 좀 과하지 않은가. 차라리 그럴 바엔 달랑 이름 석 자만 넣었던 내 백수 명함이 훨씬 더 진솔하고 의미 있는 것이 아닐까.

(2023. 9. 30)

여름휴가

"카톡 카카톡~" 이른 새벽부터 카톡 소리가 요란하다. 카톡창을 열어 보니 며칠 전 피서를 떠난 손주들이 왔다. 어쩌다 보니 아들 3형제가 동시에 여름휴가를 떠났다. 큰아들네는 서남해안 신안군 중도로, 둘째 아들네는 동해안 강릉으로, 셋째 며느리는 부산 친정집에서 피서 겸 산후조리 중이다. 손주들 노는 모습이 어찌나 귀여운지, 카톡을 보는 재미에 푹 빠져 시간 가는 줄을 모른다. 초등학교 1학년인 큰 손자를 비롯해서 다섯 명의 손주들이 눈에 밟혀 잠시도 스마트폰에서 손을 뗄 수 없을 지경이다.

손주들 영상을 보면서 문득 '여름휴가' 생각에 잠겼다. 요즘 젊은 이들이야 세월 잘 만난 덕에 마음 내키는 대로 휴가를 즐길 수 있지만 먹고살기 바빴던 우리 윗세대들은 여름휴가란 말조차 생소했다. 기껏해야 한여름 산이나 계곡을 찾아 천렵을 즐기는 정도였으니까. 격세지감을 느낀다.

뭐니 뭐니 해도 여름휴가 피서지는 바닷가 해변이 제일이다. 우리 고향에선 대천해수욕장이 인접해 있기 때문에 해수욕장을 찾는 일이 많았다. 중·고등학교 여름 방학엔 친구들과 해수욕장에 갔다 오는 게 큰 자랑거리였다. 그때만 해도 웬만큼 사는 집 자식이 아니고는 감히 누릴 수 없는 호사였다. 가정 형편이 어려운 학생들에겐 그림의 떡이었다. 해수욕장에 가는 것은 텐트 등 캠핑 장비가 없으면 여관비를 감당할 수 있을 정도의 여유가 있어야 가능했다. 이도 저도 아니면 당일치기로 해수욕장 바람을 쐬고 오는 정도가 다였다.

휴가 문화도 빠르게 변해 간다. 예전처럼 여름휴가로 한정하지 않고 연중 가고 싶은 때 가는 것으로 일반화되었다. 요즘엔 국내에서 보내는 것도 모자라 멀리 바다 건너 해외로 떼를 지어 달려간다. 국제화 시대에 걸맞게 연휴나 휴가철이 되면 여행객들로 공항이 초만원이다. 예전엔 상상도 못하던 일들이 벌어진다. 물론 국민소득 3만 달러를 넘보는 풍요로운 시대인 만큼 무조건 탓할 일만은 아니다. 거기다 '주 5일제 근무'가 일반화되면서 레저나 자기 계발을 위하여 여가를 즐기는 문화가 당연시 되어 가고 있다. 그러나 월급 빼고는 모든 것이 다 오르기만 하는 상실감에 젖어 자칫 '노는 것이 남는 것'이란 잘못된 풍조가 만연하는 것은 아닌지 괜한 생각을 해본다.

무릇 사람이 기계처럼 일만 하고 살 순 없다. 흔히 연장은 고쳐 써도 사람은 그럴 수 없다는 말처럼 고장 난 기계야 부품을 갈아 끼우면 재사용이 가능하지만 사람은 고쳐 쓸 수도 없지 않은가. 다만 재충전을 위하여 적당한 휴식이 필요하다. 재충전의 시간이 바로 여름휴가다. 그러나 자칫 휴식만 강조하다 보면 동화 속의 베짱이 신세가 되는 건 아닌지 별별 생각을 다해 본다.

나는 자식들이 초등학교에 들어갈 무렵까지 공무원 생활을 했다.

그땐 여름휴가라야 고작 아이들을 데리고 고향에 가서 며칠 쉬다가 오는 정도였다. 말이 휴가이지 고향에 가면 농사일을 거들지 않을 수 없었다. 이맘때쯤 시골에 가면 콩밭도 매고, 고추도 따고, 피사리도 하고, 논두렁 풀도 깎아야 했다. 평생을 농사꾼으로 일만 하다 돌아가신 부모님을 생각하면 지금도 가슴이 먹먹하다. 어찌 땀 흘려 일하시는 부모님을 외면하고 나 혼자 휴가를 가서 편히 쉴 수 있나, 결코 생각할 수도 없는 일이다. 농사일을 크게 도와드리진 못해도, 부모님 곁에서 휴가를 보내고 와야 자식의 도리를 다한 양 내 마음이 편했다. 더구나 휴가 때가 부모님에게 손주들의 재롱을 보여 드릴 수 있는 좋은 기회였으니 말이다. 물론 박봉이라 사치스럽게 휴가를 즐길 만한 형편도 되지 못했지만 말이다.

돌이켜 보니 고향에서 보낸 여름휴가는 아이들에겐 좋은 추억이 되었다. 논두렁 밭두렁을 뛰어다니며 자연을 보고 많은 걸 배웠다. 개울에서 멱을 감고 가재, 다슬기, 송사리, 미꾸라지 등 물고기도 잡고 놀았다. 아이들은 할아버지를 따라 논밭에 나가 농사의 소중함도 배웠다. 저녁이면 마당에 멍석을 깔고 밤이 이슥하도록 감자와 옥수수를 먹으며 단란한 시간을 보냈다. 매캐한 모깃불 연기 사이로 반딧불처럼 반짝이던 별을 세며 밤이 깊어 가는 줄 몰랐다. 물론 전기가 없어 호롱불에 의지하던 시절이었으니 도시에서 자란 애들에겐 밤은 '무섭고 두려운' 그 자체였다. 변변치 못한 재래식 화장실 때문에 겪은 귀신 이야기 등 지금도 아이들은 정겨운 추억으로 가슴에 간직하고 있다.

그러나 여름휴가를 모두 고향에서 보낸 것만은 아니다. 금융 회사로 전직을 하고 난 뒤에는 설악산을 비롯한 동해안 피서지에서 휴가를 보내기도 했다. 1984년 여름 '하계 휴양소'라는 걸 처음 경험했다. 휴양소란 하계 휴가 기간 중에 회사가 복지 후생 차원에서 차량과 숙박 시설을 임차해서 직원과 그 가족들에게 편의를 제공하는 것이다. 주로 강릉 속초 망상 등 동해안이나, 서산 대천 등 서해안 지역에 많았다. 설악산이나 강릉 해변 등 우리 아이들에겐 처음 경험하는 여름휴가였다. 휴가지에서 만난 직원 가족들과 둘러앉아 모래성을 쌓고 물장난을 치며 놀았던, 지금도 어린 시절의 소중한 추억으로 간직하고 있다.

요즘 한창 휴가철이다. 동네 골목에 있는 김밥집이 문을 닫은 걸 보니 아마 이번 주가 여름휴가 피크인 듯하다. 계속되는 찜통더위와 열대야 속에 산과 계곡 바다가 그리운 계절, 휴가지에서 편히 쉬고 싶지 않은 사람은 없을 것이다. 적당한 휴식은 피로를 풀고 재충전하는데 최고의 보약이다. 굳이 유명 피서지는 못 가더라도, 근교 계곡을 찾아 흐르는 물에 수박 한 통 띄워 놓고 더위를 식히면서 쉬는 여유로움이 필요하다. 뭉게구름 사이로 살짝 내미는 파란 하늘을 바라보면서 '망중한의 쉼표'를 찍을 수 있는 여유가 필요하다. 이것이 바로 여름휴가의 벗이 아닐는지.

(2015. 8. 5)

나홀로 등산

한 해의 끝자락이다. 차분히 송구영신의 기분을 내고 싶어 혼자서 수락산에 올랐다. 이른바 "나홀로 등산"이다. 몇 해 전까지만 해도 내 주위에는 산을 좋아하는 친구들이 꽤 많았다. 고향, 학교, 직장, 사회에서 만난 친구들과 '등산 모임'을 만들어 자주 산행을 했으나 나이를 더해 갈수록 이런저런 핑계로 많은 친구들이 떨어져 나갔다.

대개 취미 생활이란 게 그렇듯이 좋아하는 걸 함께 하다 보면 자연스레 가까워져서 마음도 잘 통하고 서로를 이해하게 된다. 그러나 등산은 마음도 중요하지만 '발[足]'이 맞아야 함께할 수 있는 취미 생활이다. 결국 체력이 엇비슷해야 함께 즐길 수 있다는 의미지 싶다. 더구나 여럿이 함께하는 동반 산행은 마음만 맞아서도 안 되고, 발만 맞아도 안 된다. 이 두 가지 조건이 다 맞아야 즐겁지, 그중 한 가지만 엇박자가 나도 함께 하기가 어렵다.

등산은 내가 좋아하는 취미 생활 중 하나다. 워낙 산을 좋아하다 보니 한때는 산에 중독된 듯 미쳐서 살았다. 왜 그렇게 산이 좋았는지, 이름이 알려진 산은 말할 것도 없지만 기암괴석에 멋진 능선만 보아도 오르고 싶은 충동에 가슴이 설레던 시절이 있었다. 요즘에도 일주일에 한두 번은 산에 가려고 노력한다. 나이가 들어갈수록 등산이라도 열심히 해야 건강을 유지할 것 같은 생각에 죽기 살기로 발버둥 치는 기분이다.

요즘처럼 나이를 실감해 본 적이 없다. 산이라면 자다가도 벌떡 일어난다는 친구들도 몸이 예전과 다르다고 투덜거린다. 다리가 아프고, 무릎이 시큰거려 힘이 든다면서 하나 둘 빠지기 시작하더니 이젠 몇이 안 남았다. 몸이 시원찮기는 나도 마찬가지, 모임에 나오는 친구들조차 첫인사가 오늘은 험한 데 가지 말고, 가까운 둘레길이나 가자고 떼를 쓰는 걸 보면, 세월 앞에 장사 없다는 말을 실감한다.

최근엔 혼자 산에 가는 횟수가 많아졌다. 나홀로 산행을 즐기고 있다. 친구들도 몸이 힘들다고 엄살을 부리니 산에 가자는 말을 꺼내기도 어렵다. 그러니 발이 안 맞는 친구들과 억지로 산에 가봐야 재미없기는 나도 마찬가지다.

갈수록 혼자가 대세인 세상, 지금부터라도 나홀로 등산을 익혀야 할 것 같다. 혼자 밥 먹고, 혼자 술 마시고, 혼자 여행도 다니는데 그까짓 산에 혼자 가는 것쯤 뭐가 대수라고, 망설일 이유가 없다. 몇 해 전까지만 해도 '혼밥' 하러 음식점엘 가면 이상한 사람 취급을 받았는데 요새는 혼자 밥 먹는 걸 넘어서 오히려 혼자 술 마시기 좋은 곳을 찾아다니는 사람들도 있다니 세상이 변하긴 많이 변한 것 같다.

혼자서 등산을 시작한 건 2001년 대구에서 근무할 때부터다. 그때만 해도 지금처럼 등산 열기가 뜨겁진 않았다. 등산 안내 책조차 흔치 않았고 등산로 이정표나 안내 리본도 별로 없었다. 산에 가고 싶은 욕심이 크다 보니 그런 불편쯤은 문제가 되지 않았다. 달랑 인터넷에서 출력한 등산 지도 한 장을 들고 혼자서 험한 산길을 겁 없이 헤집고 다녔다. 대구 인근의 팔공산 비슬산 황악산 운문산 가야산 소백산을 비롯해 영남 알프스 등 거의 혼자서 찾아다녔다.

그땐 혼자 산에 다니는 사람을 이상한 취급을 하던 시절이다. 왜 혼자 가느냐고, 무섭지 않느냐고, 위험하지 않느냐고, 별별 질문을 다 했다. 물론 위험하고 힘들지만 무섭거나 심심하진 않았다. 산골에서 나고 자란 덕분인지. 오히려 산에 가면 마음이 편안해지고 푸근함을 느낀다.

나홀로 산행 시 가장 조심해야 할 것은 안전사고다. 위험한 등산로는 가급적 피하는 게 원칙이고 자신 없는 길은 절대로 들어서지 않는 게 좋다. 자칫 길을 잃고 헤매다 보면 당황해서 사고를 당할 수 있다. 겨울철엔 멧돼지들이 먹이를 구하기 위하여 낮에도 출몰한다. 그만큼 멧돼지의 위험에 노출되기 쉽다. 그러나 야생 동물은 절대로 먼저 공격하지 않는 한 사람을 해치지 않는다. 지금까지 야생 동물의 공격을 받지 않은 것만 봐도 그렇다. 하지만 자만自慢은 절대 금물이다. 멧돼지나 들개 등 산짐승을 만났을 땐 도망치지 말고 서로 눈빛을 맞추는 등 야생 동물 대처 요령에 따라 자신을 방어하는 것만이 최선이다. 그래야만 안전 산행을 담보할 수 있다.

나홀로 등산은 '혼자임'을 즐길 수 있어서 좋다. 단체 산행을 하다 보면 앞사람 따라가기도 바빠서 주변 산세를 비롯한 아름다운 풍경을 놓치기 쉽다. 집에 돌아오면 어느 산을 갔고, 무엇을 보고 왔는지 도무지 기억에 남는 게 없다. 혼자서 가면 나 이외에 다른 것을 의식할 필요도 없고, 빨리 가자고 보채거나 잔소리할 사람도 없으니, 혼자만의 자유를 만끽할 수 있는 가장 여유로운 산행이다.

자연에 취해 걷다 보면 혼자라는 사실을 잊을 때도 있다. 이른바 무아지경이다. 새소리 바람 소리가 또렷이 들리고, 계절 따라 피고 지는 꽃과 나무들, 자연 그대로의 생생한 모습이 눈에 들어온다. 헉헉거리는 거친 숨소리와 땅에 닿는 바닥의 미세한 느낌까지도 새삼스럽다. 단체 산행에서는 느껴 보지 못하던 것들이 눈에 들어오고 귀에 들리는 것은 바로 혼자이기에 가능한 일이다.

힘들면 쉬고 가고 싶으면 걷는, 즉 마음 가는 대로 즐길 수 있는 산행이 '나홀로 등산'의 매력이다. 운동 시합을 하듯 기를 쓰고 정상에 올라갈 이유도, 바로 내려가야 할 이유도 없고 빨리 가자고 재촉하거나 감시하는 사람도 없으니 여유로워서 좋다. 이렇듯 '함께' 하는 동행의 소중함을 만끽하기 위해서라도 가끔은 혼자일 필요가 있다. 등산의 목적은 건강을 즐기는 운동이다. 나홀로 산행을 하면서 자신을 돌아보고 체력을 기르는 일은 특히 노년에 더 없이 유익한 운동이다.

(2015. 12. 30)

새해 첫 해맞이 산행

 2016년 새해 첫날이다. 나는 10여 년째 경기도 소요산에서 새해 일출을 맞고 있다. 올해도 어김없이 새해 첫 해맞이 산행에 나섰다. 창동역에서 05시 43분에 출발하는 소요산행 첫차를 타기 위하여 꼭두새벽부터 부산을 떨었다. 전철 1호선 종점인 소요산역에서 내려 동두천시의 해맞이 행사장인 '공주봉'까지는 뛰다시피 걸어야 일출 시간에 맞출 수 있다. 지난해부터는 공주봉까지 가는 게 힘에 부쳐서 '자재암自在庵' 뒤편 하백운대 부근에서 새해 첫 해돋이를 맞는다.
 소요산역에 도착하자마자 인파를 헤치고 역驛구내를 빠져나갔다. 10여 분 거리인 소요산 등산로 입구 넓은 주차장에 마련된 '해맞이 축제 행사' 주최 측에서 제공하는 뜨끈한 해장국에 막걸리 한 잔으로 속을 달래고 걸음을 재촉했다. 자재암 일주문을 지나 암자 뒤편 된비알 나무 계단을 숨 가쁘게 올라서니 어느새 하백운대가 코앞이다. 칼바위 능선 동쪽 하늘이 벌겋게 물들어 간다. 일출 시간이다.

뜻하지 않게 두툼한 구름 한 조각이 일출을 가로막는 게 아닌가. 얼마나 시간이 지났을까, 구름 사이로 붉은 해가 쨍하고 살포시 얼굴을 내민다. 두 손을 모으고 새해 소원을 빌어 본다. 내 소원이 간절했던 탓인지 어제 본 해하곤 달라도 너무 달라 보였다. 유난히 크고 붉은 모습이다.

어김없이 또 새로운 한 해의 시작이다. 여느 해처럼 회한과 자책감에 젖어 지난해를 돌아보고 새해에 희망을 걸어 본다. 얼핏 생각해도 지난해에 난 무엇을 하고, 어떻게 살았는지 기억에 남는 게 별로 없다. 잘한 것보다는 잘못 한 아쉬움만 가슴에 남았다. 특별한 것 없이 그저 그렇게 무덤덤하게 보낸 것 같다. 올해는 또 어떤 각오로 후회 없이 보낼 것인지, 새해 아침부터 이런저런 생각에 빠져든다.

금년은 병신년丙申年이다. 좀 부르기가 민망하지만, 병신년은 육십갑자로 33번째 돌아오는 해로서 '붉은 원숭이의 해' 라고 한다. 원숭이는 눈치가 빠르고 잔꾀가 많은 지혜로운 동물이다. 또한 붉은색은 돈과 재물이 들어오는 복福을 상징한다고 한다. 이처럼 새해엔 어려운 이웃들 모두 부자가 되는 행복한 한 해가 되었으면 좋겠다.

2016년은 나에게 매우 의미 있는 해이다. 올해는 내 인생의 또 다른 획을 긋는 첫해가 되기 때문이다. 좀 쑥스러운 이야기지만 어느새 나도 뜻대로 행하여도 도리에 크게 어긋나지 않는다는 '종심從心' 의 나이에 들어섰다. 결코 짧지 않은 긴 세월이다. 하기야 계란 두 판을 채우고도 남는 숫자가 아닌가.

지나간 69년의 내 삶을 회상해 본다. 하긴 내 깜냥에는 한눈팔지 않고 가랑이가 찢어져라 앞만 보고 열심히 달려온 것 같다. 그러나 드러내고 크게 자랑할 만한 건 별로 없이 밋밋하고 평범한 보통의 삶을 살았다. 흔히 하는 말로 부富도, 명예도, 권세도 나하고는 거리가 멀었다. 그렇다고 후회스럽지는 않다. 사는 게 조금 불편했을 뿐, 남에게 손가락질 당하지 않고 내 이름 석 자를 더럽히는 짓 안 하려고 발버둥치면서 비교적 건강한 몸으로 여기까지 순항했으니 얼마나 대견스러운 일인가. 생각할수록 떳떳하고 당당하게 자축할 일이다.

돌이켜 보면 힘들고 어렵게만 살아온 건 아니다. 웃을 일도 많았고 실제로 웃을 수 있어 행복했던 날도 있었다. 가난한 농사꾼의 자식으로 태어나, 빈손으로 서울에 올라와서 마음씨 착하고 좋은 아내를 만나 가정을 꾸렸고, 박봉의 월급으로 힘겹게 집칸을 장만했던 일, 회사에서 인정받고 남들처럼 승진도 하고 IMF 파고와 구조 조정에서도 잘리지 않고 악착 같이 살아남았던 일, 아들 3형제 모두 남들처럼 학교 보내고 결혼시키면서 세끼 밥 굶지 않고 살아온 것만 해도 축하받을 만한 일이 아닌가. 이렇게 행복했던 날이 참 많았는데도 그 고마움을 모르고 지나쳐 버렸다. 너무 많은 것을 기대하고 앞만 보고 달렸기 때문에 빚어진 것이란 걸 뒤늦게 깨달았다. 나이 칠십이 되어서야 철이 들어가는 것만 같아 한없이 부끄럽다.

요즘 들어 "인생 칠십 고래희"란 말이 매우 새삼스럽게 들린다, 나이 칠십을 산다는 게 얼마나 어려웠으면 이런 말을 했을까? 더없이 감사해야 할 일이다. 하긴 주위를 돌아봐도 그렇고, 부족한 것 모르고 부귀영화를 누리던 조선 시대 임금들의 평균 수명이 채 오십이 안 된 것만 봐도 결코 만만한 일이 아님을 짐작할 수 있다. 비통한 일이지만 내 선친께서도 칠십을 못 넘기시고 돌아가셨으니 더 말해 무엇하랴. 내가 칠십 고개를 무사히 넘을 수 있도록 건강을 물려주신 우리 부모님에게 새삼 머리 숙여 감사드린다.

올해 나의 가장 큰 바람은 건강이다. 누구나 마찬가지일 것이다. 알차고 행복한 노후를 보내기 위해서 어떻게 살아야 할지, 첫째도 둘째도 건강이 아니겠는가. 아무리 백세 시대라지만 골골거리면서 오래 산들 그게 무슨 소용 있을까. 실제 백세까지 산다 해도 병치레하면서 목숨만 부지한다면, 살아 있을 이유가 없다. 본인도 그렇지만 가족들에겐 정말 못할 노릇이다. 단언컨대 건강은 절대로 공짜가 없다. 적당한 운동과 규칙적인 생활 습관을 지키기 위하여 스스로 노력하는 것만이 건강을 유지할 수 있는 비결이다. 여하튼 건강하지 않고는 아무것도 기대할 수 없다. 만족스럽진 못해도 지금처럼만 건강을 유지할 수 있다면, 더 바랄 게 없다. 이것이 내가 바라는 올해의 가장 큰 소망이다.

  언젠가부터 새해를 맞는 게 썩 반갑지만은 않다. 속절없이 나이만 헛먹는 것 같아 두렵고 안타깝다. 그래도 어쩌겠는가, 실낱같은 희망이지만 사는 날까지는 건강하고 즐겁게 살아야지. 현재 나에게 주어진 선물같이 소중한 이 시간, 하루 한시도 허투루 보낼 순 없지 않은가. 하지만 최선을 다해도 마음먹은 대로 되지 않는 게 세상 이치인데 앞으론 그런 일이 더 많아질 것이다. 그게 바로 나이를 먹을수록 더 숙이고 겸손하게 살라는 하늘의 뜻이 아니겠는가. 올 한 해도 국제 경기에 출전하는 국가대표 선수처럼 최선을 다해 열심히 뛰겠다는 각오를 다짐해 본다.

(2016. 1. 10)

지공 인생

2012년 8월, 내 나이 만 65세를 앞둔 어느 날이다. 주민자치센터로부터 한 통의 우편물을 받았다. '어르신 교통카드' 발급에 관한 안내문이었다. 인생무상이란 탄식이 절로 나왔다. 어느새 내가 지하철을 공짜로 타도 될 '지공 인생'이 되었단 말인가. 지공은 무슨… 나는 솔직히 어르신이란 말도 인정하고 싶지 않았다.

이른바 지공 카드를 신청하러 가는 날이었다. 현관문을 나서려는데 아내가 야릇한 표정을 지으며 "어르신 축하해요."라고 말을 건넨다. 진심인지, 조롱인지 아내의 말을 듣는 순간 기분이 떨떠름했다. 도대체 뭘 축하한단 말인가. 내가 지공이 되기까지 건강하게 살아줘서 고맙다는 것인지, 아니면 지하철을 공짜로 타게 된 것을 축하한다는 말인지, 어쨌든 덧없는 세월이 야속하기만 하다.

집에서 10여 분 거리에 있는 주민자치센터에 도착했다. 사무실에 들어서며 노인 카드 때문에 왔다고 말을 건네자, 담당 직원을 안내해 준다. 내 신분을 확인하더니 그도 역시 "어르신 축하드립니다." 하면서 자리에 좀 앉으란다. 거침없이 즉석에서 카드를 발급해 주며 사용에 관하여 자세히 설명해 준다. 나도 이제 지공이 된 것이다. 하지만 지공이 된 것을 부끄러워할 일도, 그렇다고 자랑스러워할 일도 아니라는 생각이 들었다. 내가 지공이 되려고 노력한 것도 아니다. 나는 그냥 달려오는 세월을 온몸으로 맞았을 뿐이다.

지공 카드 발급 유예 기간이 지난 며칠 뒤 지하철을 타러 갔다. 카드를 처음 사용하는 날이라 신경이 쓰였다. 들뜬 마음으로 개찰구 앞에 다가섰다. 과연 개폐기 문은 제대로 열리는 것인지, 조심스럽게 개찰구에 카드를 댔다. 그때 '삐빅~' 하는 소리가 울렸다. 아랫배에 힘을 주고 개찰구를 지그시 밀어 보았다. 문이 활짝 열린다. 요금은 제로다. 목적지 역에서도 무사히 출구를 빠져나왔다. 신용카드를 쓸 때는 '삑~' 하고 한 번 소리가 났는데 어르신 카드는 '삐빅' 하고 두 번 소리가 났다. 그 소리가 내 귀엔 '지공 노릇 잘하라.'는 응원으로 들렸다. 지공 인생으로 다시 태어났음을 실감하는 순간이다.

서울에서 수도권의 어지간한 곳은 지하철도 다 연결된다. 수도권을 벗어나 천안을 지나 아산까지도 간다. 전철은 지공들의 천국인 것 같다. 어디를 가나 온통 노인들 세상이다. 전철뿐만 아니라 고궁이나 박물관, 미술관, 공연장 등에서도 노인들에게 무료 또는 할인 혜택을 준다. 이것은 젊은 시절 열심히 살아온 것에 대한 국가의 배려이자 보은이다. 그렇다고 너무 당연하게 받아들이는 것은 아닌지, 자신을 돌아볼 일이다. 모두가 다 그런 건 아니겠지만 서울 시내는 물론 인천, 천안, 춘천, 용문 등을 오가면서 전철에서 시간을 때우는 노인들이 꽤 있다고 한다. 소일거리가 없는 무료한 노인들에겐 전철을 타고 시간을 보내거나 맛있는 음식점을 찾아가는 것도 좋은 일이다. 하지만 너무 당연하게 생각하지 말고 무거운 책가방을 멘 어린 학생들이나, 지친 몸으로 귀가하는 근로자들과 보호받아야 할 임산부 노약자들의 자리를 빼앗는 것은 아닌지, 역지사지하는 심정으로 주위를 살펴볼 일이다.

우리는 이미 고령화 사회에 접어들었다. 최근 들어 생활 수준이 높아짐에 따라 평균 수명도 빠르게 늘어 간다. 올해 우리의 평균 수명이 남성 77.4세, 여성 84.0세라고 한다. 이제 100세 시대가 턱밑까지 와 있는 느낌이다. 그렇다 보니 얼마나 오래 사느냐 보다는 어떻게 사느냐를 고민해야 할 때가 되었다. 단순한 생명의 연장보다는 '삶의 질'을 고민하는 세상으로 가치관이 바뀌고 있다. 지공이 된 나 역시 당연히 고민해야 할 과제이다. 이제 고령화는 피할 수 없는 숙명으로 오래 살고 싶지 않아도 오래 살아야 하는 세상이 되었다. 건강하지 못한 몸으로 마지못해 사는 목숨이라면 밥이나 축내는 '잉여 인간' 취급을 받게 될 것이다. 생각만 해도 끔찍한 일이다.

인간의 수명이 늘어나면서 노후 준비의 중요성이 커지고 있다. 행복한 노년의 조건에서 경제력과 건강이 무엇보다도 중요하다. 돈 없이 노후를 보낸다는 건 생각만 해도 결코 달갑지 않은 일이다. 이젠 부모와 자식 관계도 예전 같지 않아서 부모를 봉양하려는 자식도 별로 없지만, 그렇다고 자식에 얹혀서 살겠다는 부모도 별로 없다.

노후의 가장 큰 적敵은 자식이란 말이 있다. 오죽하면 자식에게 재산을 다 주지 말고 저승 갈 때까지 꼭 움켜쥐고 있으라고 하는지 곱씹어 볼 일이다. 그러나 돈만으로 노후가 보장되는 건 아니다. 취미와 여가를 함께 할 배우자나 친구가 있어야 하고 건강이 뒷받침되어야 한다. 병든 몸으로 오래 산들 무슨 의미가 있을까. 평생 모은 재산을 병치레에 다 써 버린다면 이 또한 얼마나 허망한 일인가. 그러나 오로지 건강만 지키겠다고 호들갑을 떨어서도 곤란한 일이다. 지금 우리 주변에는 제 몸뚱이 하나 건사할 여유가 없이 힘들게 살아가는 불우한 이웃이 무수히 많다. 이들을 배려하고 온정을 나누는 것도 행복한 노년을 보내는데 필요한 덕목이지 싶다.

과연 몇 살부터가 노인일까. 평균 수명이 60세 전후였던 시절엔 쉰 살만 돼도 초로初老라 불렀건만 요즘엔 노인 측에도 못 낀다. 하긴 요즘엔 얼굴만 봐서는 나이를 가늠하기 어렵다. 나도 지공이 되었지만 아직도 마음은 청춘이다. 그러나 아무리 노인이기를 거부해도 세월이 가는 만큼 몸도 늙어 가기 마련이다. 과연 어떻게 살아야 가족이나 사회에 부담되지 않는, 행복한 노년의 삶을 보낼 수 있는 것인지를 깊이 생각해볼 일이다.

이젠 나도 말로만 듣던 '어르신 카드'를 받았다. 그것이 결코 반갑거나 그렇다고 부끄러운 일도 아니다. 노인은 사회의 재앙이 아니라 축복받아야 할 대상이라고 하지 않던가. 살아오면서 사회에 이바지한 게 얼마인데…. 물론 그렇지 않은 사람도 있겠지만, 경로 혜택은 성실하고 정직하게 살아온 노인에게 국가가 주는 정당한 보상이다.

지공의 삶, 이젠 건강하게 살다 잘 죽는 일만 남았다. 갑자기 허망하게 세상을 떠나는 것보다는 준비된 죽음을 맞아야 할 것이 아닌가. 죽음도 건강할 때 준비하는 것이 정답이다. 이제부터가 시작이다. 지공 인생으로서의 행복한 노후를 위한 새로운 각오를 다짐해 본다.

(2012. 8. 6)

백세 시대

바야흐로 백세 시대다. 너도나도 백세 시대란 말에 다들 100세까지 살 수 있겠지 하는 착각에 빠져 있는 듯하다. 치매를 비롯한 암, 고혈압, 당뇨 등 난치성 질환이나 예기치 않은 돌연사, 잦은 안전사고와 자연재해, 최근의 코로나 사태 등을 겪으면서 나는 생각을 고쳐먹기로 했다. 비록 100세까지는 못 살아도 내가 지금 살아 있는 그 자체가 기적이고 축복이다. 그러니 오늘 내가 죽는다 해도 여기서 무얼 더 바라겠는가. 아쉬워할 것이 하나도 없다.

불로장생은 인간의 오랜 욕망이자 숙원이다. 인생 60까지만 살아도 크게 잔치를 하던 시절이 있었다. 이른바 장수 축하연이다. 그래서 그땐 그랬다. 60세 이후 인생은 여벌이라고, 불과 한 세대 전이지만 격세지감을 느낀다. 백세 시대인 요즘은 나이 60에 정년을 하고도 40여 년을 덤으로 살아야 한다. 하릴없이 시간만 축내는 일인데, 과연 이것이 축복일까 아니면 재앙일까 하고 배부른 투정을 부려 본다. 경우에 따라 다르겠지만 일찍부터 노후를 준비한 사람에게는 축복일 수도 있고 그렇지 못한 사람에겐 재앙일 수도 있겠다. 생각할수록 장수가 축복인지 저주인지는 여전히 헷갈린다. 설마 오래 사는 것이 재앙이기를 바라는 사람은 어느 누구도 없을 테니 말이다.

흔히 백세 시대 필수 요건으로 5가지를 꼽는다. 그 5가지는 돈, 건강, 일거리, 배우자, 친구 등이며 이것을 갖추지 못한 채 오래 살게 된다면 사는 그 자체가 부담이 아닐 수 없다. 이를테면 '백세 시대 리스크'이다. 첫째는 돈 없이 오래 사는 것, 둘째는 건강하지 못한 몸으로 오래 사는 것, 셋째는 일거리 없이 오래 사는 것, 넷째는 배우자 없이 혼자 사는 것, 마지막으론 친구 하나 없이 오래 사는 것 등이다. 만약에 이런 준비 없이 막연하게 백세 시대를 맞게 된다면 과연 그 삶이 오죽할까. 별로 행복하진 않을 것 같다. 그렇지만 살기 힘들다고 삶을 포기할 수도 없는 일이니 늦었지만 지금부터라도 백세 시대 리스크를 줄이려는 노력이 필요하다.

인간이 100세를 산다는 건 대단한 행운이다. 태아가 어머니의 뱃속에서 만삭滿朔을 채우고 세상 밖으로 나오는 것 자체도 기적인데, 일평생 겪게 되는 근심과 걱정, 빈곤과 질병, 사건 사고 등 온갖 고난과 역경을 상상해 보라. 오래 산다는 게 얼마나 대견하고 자랑스러운 일인가. 누구나 누릴 수 있는 행운이 아니다. 그야말로 선택받은 인간들이다. 어쨌든 축복받는 장수는 하늘이 내린 복 중에서 가장 큰 복이라 생각한다.

인간의 수명은 사람마다 제각각이다. 정말 고르지 않은 게 인간의 수명이다. 한뱃속에서 나온 쌍둥이도 장수하는 사람이 있는가 하면, 요절하는 사람이 있듯이 조금 더 살고 덜 사는 것은 타고난 운명이다. 최근 소셜 네트워크 서비스SNS에 떠도는 '한국인의 연령별 생존 확률'이란 통계를 본 적이 있다. 생존율에 관한 통계로서 70세까지의 생존 확률은 86%이지만 75세까지는 54%, 80세까지는 30%, 85세까지는 15%, 90세까지는 5%로 100세에 가까워질수록 생존율은 급격히 낮아진다. 내 나이 올해 칠십 하고도 여섯이다. 나는 지금 생존 확률 54%의 관문을 지나 백세 인생의 '좁은 문턱'인 30% 생존율을 통과하기 위하여 고군분투하고 있는 중이다.

요즘 들어 세월 앞에 장사 없다는 말을 실감한다. 한때 등산을 같이 다니던 인생 선배들을 봐도 70대였을 때와 80대인 지금은 확연한 차이가 있다. 기억력은 물론 체력도 한 해가 다르게 떨어지고 좋아하던 술 담배를 멀리하는 것만 봐도 나이가 원수인 것은 분명하다. 물론 사람에 따라 정도 차이는 있겠지만 남의 도움 없이 혼자서 자유롭게 거동할 수 있는 평균적인 한계선은 80세~85세까지인 것 같다. 그러고 보니 나에게 주어진 '건강 잔고'도 얼마 남지 않은 것 같다. 길게 잡아 10년 안팎, 그러니 지금 이 순간은 무엇과도 바꿀 수 없는 금쪽같이 귀한 시간이다.

지난여름 국민 MC 송해 선생이 향년 95세를 일기로 세상을 떠나셨다. K 방송국의 '전국노래자랑' 진행자로 34년간 전국을 누비며 젊은이 못지않은 노익장을 과시했으나 '상수上壽'를 채우지 못하고 안타깝게 눈을 감으셨다. 무엇보다도 작고하기 전날 지인을 만나 저녁을 먹고 '밤새 안녕'을 고했으니 시쳇말로 웰다잉well dying을 한 셈이다. 그의 죽음은 이 땅의 노인들에게 "마지막 가는 길은 이런 것이야." 하고 본때를 보인 것 같아 마음이 짠하다. 더 중요한 것은 세상 떠나는 날까지 민폐 끼치지 않고 고종명考終命의 천복을 누렸으니 이런 것이 바로 '행복한 죽음'이 아닐까. 정녕 어떻게 하면 송 선생님처럼 아름답고 쿨cool하게 생을 마감할 수 있는지, 많은 것을 사유하게 하는 요즈음이다.

　망팔望八을 넘기고 보니 죽음에 대한 상념이 많아졌다. 오래 사는 것도 중요하지만 '어떻게 죽을 것인지, 어떻게 살아야 여한이 없을까.' 하고 늘 이런 생각이 머릿속을 떠나지 않는다. 건강하게 오래 살다 아름답게 떠나고 싶은 마음이 굴뚝같다. 허나 세상만사가 그렇듯이 죽음 복福 또한 마음대로 되는 것이 아니거늘, 부질없이 괜한 욕심을 부려 본다.

　인간은 영생불멸하는 존재가 아니다. 그때가 언제인지는 몰라도 반드시 끝이 있다. 우린 그 끝이 있음을 뻔히 알면서도 알량한 욕심 때문에 죽음을 망각하고 산다. 그 어느 누구도 저승의 부름을 거역할 수 없듯이, 한순간도 죽음이란 명제를 잊어선 안 된다. 인간의 삶과 죽음은 마치 하루해가 아침에 떴다 저녁에 지는 것과 같은 지극히 자연스러운 현상이다. 돌이켜 보니 인생 정말 덧없는 것 같다. 돌아갈 날이 머지않은 내 인생, 마지막 가는 길에 가볍게 떠날 수 있는 연습이 필요하다. 이를테면 '죽음 준비'라고나 할까, 지금이 바로 그 시간이다.

　백세 시대라고 무조건 좋아할 것만은 아니다. 오래 살더라도 건강하게 일할 수 있고 남에게 작은 도움이라도 줄 수 있어야 축하받을 일이지, 그렇지 않으면 무의미한 삶이 될 터이니 말이다. 개똥밭에 굴러도 오래 사는 것이 좋을진 몰라도 내 발로 못 걷고, 내 손으로 못 먹고, 내 입으로 말 못하고, 내 귀로 듣지 못하고, 내 눈으로 보지 못하면서까지 남에게 의지하여 시간을 축낸다면 그 꼴이 어떻겠는가. 너무 두렵고 무서운 일이다. 만약 인간의 존엄을 상실한 채 겨우 목숨만 부지한다면 그게 바로 재앙이 아니고 무엇이랴 싶다.

　백세 시대를 살아가는 나의 소원은 이제 분명해졌다. 오래 살고 싶은 욕심보다는 건강하게 살다가 아름답게 죽는 것이다. 먼 길 떠나는 날까지 건강해야 가족들에게 짐이 되지 않듯이, 첫째도 건강, 둘째도 셋째도 오로지 건강이 최우선이다. 한번 가면 끝나는 일회용 인생인 줄 뻔히 알면서도 무엇이 아쉬워 망설이고 주저하는 것일까. 떠나기 전 다 비우고 버려야 한다. 손에 쥔 게 있으면 있는 대로 없으면 없는 대로, 베풀고 나누며 나를 필요로 하는 곳이 있다면 기꺼이 몸을 내어 주는 그런 삶을 살고 싶다.

(2022. 8. 28)

이별 연습

환절기 탓인지 지인들의 부음訃音이 잦다. 십여 년 전까지만 해도 주로 윗세대 어른들의 상가喪家를 들락거렸지만 이젠 또래 친구들의 부음이 대부분이다. 그게 어디 친구뿐이랴, 언제부턴가 후배가 세상을 떠났다는 소식도 종종 들려온다. 세상에 올 때는 순서대로 왔지만 돌아갈 때는 순서가 없기 때문이리라.

오늘도 젊은 날 회사에서 동고동락했던 한 친구의 부고를 받았다. 하기야 나이 칠십을 넘어서니 이제는 부음을 받고 당황할 일도 아니다. 세상 만물이 때가 되면 하나 둘 제자리로 돌아가는 것이 자연의 이치이거늘 인간도 여기서 예외일 순 없지 않은가. 나 또한 언젠가는 돌아갈 것이다. 그날이 오늘일지 내일일지는 모르지만.

누군가를 떠나보낸다는 건 참 견디기 힘든 일이다. 어쩌면 우리 삶에서 가장 가슴 아픈 일일지도 모른다. 부모 형제를 비롯한 가족과의 이별은 더더욱 힘들고 충격이 크다. 인간의 '죽음'은 비록 생로

병사의 한 현상이라고는 하나 막상 이승에서의 인연을 끊는다는 게 어디 말처럼 쉬운 일이 아니기 때문이다.

　어느새 우리 집안엔 내 위로 어른이 몇 분 남지 않았다. 4남 1녀의 장남인 아버지를 비롯한 작은아버지들과 고모님, 당숙 두 분마저 모두 돌아가셨고, 이젠 셋째 숙모님과 막내 숙모님 두 분만 남으셨다. 남자로서는 6촌 형님 한 분이 계시지만, 머지않아 내가 그 자리를 지켜야 될 것 같은 기분이다. 어느새 이렇게 빨리 세월이 갔는지 인생무상이란 탄식이 절로 나온다.

　나는 얼마 전까지만 해도 죽음에 별 관심이 없었다. 나와는 전혀 상관이 없는 아주 먼 일인 줄만 알았다. 이처럼 멀게만 느껴지던 그 죽음이 어느 순간 내 턱밑에 와 있음을 실감하게 되었다. 사람은 천수를 누리다 가는 이도 있지만 하룻밤 사이에 홀연히 세상을 하직하는 사람들도 있다. 하긴 몰아치는 소슬바람에 홍시도 떨어지고 땡감도 떨어지듯 마지막 가는 길엔 순서가 없는 법이다. 나에게도 그 이별의 순간이 언제 불쑥 찾아올지는 결코 모를 일이다. 하루에도 몇 번씩 오늘 이 순간이 마지막일지 모른다는 생각이 들 때마다 나를 아프고 힘들게 했던 것들이 봄눈 녹듯 사르르 녹아내린다.

　근래 들어 '늙음과 죽음'에 대한 생각이 많이 달라졌다. 이젠 예전 같지가 않다. 젊을 때 같으면 그냥 지나칠 법한 사소한 일도 요즘엔 예사롭지 않게 느껴진다. 아무리 백세 시대라지만 한 번 가면 다시 못 올 인생길, 오래 사는 것보다는 사는 동안 건강하고 행복하게 살다 후회 없이 떠나는 자신만의 '이별 연습'이 반드시 필요하다.

　나는 부모님과 매우 허망하게 헤어졌음을 고백한다. 큰일을 당하기 전 준비를 못했기 때문이다. 부모님과의 이별에서 무엇을 어떻게 준비해야 하는지 전혀 알지 못했다. 말 같지도 않은 핑계라 하겠지만 생각할수록 화가 치민다. 아버지는 위암으로 1987년에, 어머니는 노환으로 1997년에 돌아가셨다. 병상에 계시는 동안 차분하게 이별을 준비할 수 있었음에도 그렇게 하지 못했다. 물론 회사에 매인 몸이라 시간에 쫓기기도 했지만 그건 한낱 핑계일 뿐, 철부지 같은 내 잘못이 크다. 부모는 자식을 기다려 주지 않는다는 사실을 잊고 가볍게 처신한 내 잘못이다.

만약 시간을 뒤로 돌릴 수만 있다면 이제는 후회 없는 이별을 준비할 수 있을 것 같다. 허나 인생엔 예습도 없지만 더더욱 복습은 없는 법. 돌이켜 보니 부모님에게 용서를 빌고 싶다. 부모님에게 말씀은커녕 손 한 번 따뜻하게 잡아 드리지 못한 채 헤어졌다. 그때로 돌아갈 수만 있다면…. 더 이상 할 말이 없다. 하기야 임종도 지키지 못한 불효자식이 무슨 염치로 이런 말을 하는지 부끄러움이 앞선다.

나는 부모님 생전에 '사랑한다'는 말을 한 번도 하지 못했다. 솔직히 그런 생각을 하지도 못했다. 그게 뭐 그렇게 어려운 일이라고, 조금만 살갑게 굴었어도 이렇게 후회되진 않았을 텐데, 허나 그뿐만이 아니다. 부모님을 기쁘게 해드린 기억도 별로 없다. 함께 여행을 가고 함께 맛있는 음식을 먹으러 간 일도 없으며 심지어 부모님을 모시고 찍은 그 흔한 가족사진 한 장 남기지 못했다.

하긴 나도 아직은 손주들과 함께 찍은 가족사진이 없다. 가족 전체가 모인다는 게 그렇게 어려운 것인 줄 몰랐다. 다들 뭐가 그렇게 바쁜지, 사진을 찍고 싶어도 나 따로 자식들 따로 각자 살기 때문이다. 말로는 가족사진을 수십 번도 더 찍은 것 같다. 아직은 손주들이 어린데다 사는 곳이 다르기 때문에 한날한시에 모두 모인다는 게 말처럼 쉽지 않았다. 일에는 다 때가 있다는 걸 뻔히 알면서도 차일피일 미루고 있으니 이렇게 어리석은 위인이 또 어디 있을까 싶다.

부모님 생전에 해야 할 것이 많다는 걸 뒤늦게 깨달았다. 얼마 전 『부모님 살아 계실 때 꼭 해드려야 할 45가지』란 책을 보면서 회한의 눈물을 쏟았다. 그 45가지 중에 내가 제대로 한 게 무엇일까 하고 생각해 봤다. 몇 가지밖에 없었다. 예를 들어 부모님이 좋아하는 것 챙겨 드리기, 목숨 걸고 용돈 드리기, 부모님 가슴에 박은 대못 뽑아 드리기, 함께 여행가기, 자주 전화 걸어 드리기, 사랑한다고 말하기 등등, 아무리 생각해 봐도 내가 제대로 해드린 게 별로 없다. 난 참 못난 불효자식이다.

밤새 안녕이란 말처럼 삶과 죽음은 한순간이다. 언제 닥칠지 모르는 게 죽음이듯 내가 떠난 뒤 가족들이 당황하거나 슬퍼하지 않도록 미리 이별을 준비하는 게 최선이다. 많든 적든 자식들이 싸우지 않도록 분재分財하고, 품위 있고 존엄한 죽음을 맞기 위한 '사전 의료의향서'와 장례 형식, 수의 및 시신 처리 방법, 부고 범위 등을 적은 '장례의향서'를 작성하여 미리 자식들에게 고지하고 공유할 필요가 있다. 하늘 소풍 떠날 때 아쉬움이 남지 않도록 내 죽음을 차분하게 준비하는 것만이 슬기로운 '이별 연습'이 아닐까.

(2017. 10. 29)

유종의 미를 생각해야 할 시간

 어느새 봄의 문턱이다. 끝나지 않을 것 같은 매서운 추위도 입춘을 고비로 한풀 꺾인 느낌이다. 어둠이 지나면 새벽이 오고 추운 겨울이 가면 따뜻한 새봄이 오듯 세상에는 결코 영원한 것은 없다. 예로부터 유시유종有始有終이라 했다. 이것이 자연의 섭리이다. 우리의 삶도 반드시 시작과 끝이 있기는 마찬가지, 나는 오늘도 내 인생의 종점을 향해 뚜벅뚜벅 발걸음을 옮기고 있다.
 흔히 인생을 나그네에 비유한다. 세상에 태어나서 한번 가면 다시 돌아올 수 없다는 의미일 것이다. 우리의 삶은 예습도 복습도 없이 단 한 번으로 끝난다. 세상 어느 누구도 예외가 없다. 정녕 삶이 무엇이고 어떻게 살아야 나그네가 아닌 주인공으로 당당하고 떳떳하게 사는 것인지, 깊이 고민하고 성찰해 본다.
 인간은 생로병사 하는 존재다. 여기서 벗어날 자 아무도 없다. 누구나 다 때가 되면 이승에서의 생을 마감하고 하늘의 별이 되기 위하여 먼 길을 떠난다. 그때가 오늘일 수도, 내일일 수도 있겠지만, 그게 언제일지는 아무도 모른다. 이것이 인생이다.

지나간 시간은 다시 오지 않는다. 결코 돌아올 수가 없다. 안타깝지만 '지금' 이 순간만이 내게 주어진 유일한 시간이다. 내일은 내일 아침에 눈을 떠봐야 알 수 있으니 내일은 내가 어떻게 해 보겠다고 해서 될 일이 아닌, 미지의 시간이다. 여하튼 지금 이 순간이 아름다운 끝이 될 수 있도록 '유종의 미'를 생각하며 후회 없이 사는 것만이 최선의 삶이다. 자칫하면 오늘이 내 인생의 마지막일 수도 있다. 이것이 바로 오늘을 소중하게 살아야 하는 이유인 것이다.

내 인생도 어느새 팔부 능선을 향하여 달리고 있다. 고지가 얼마나 남았는지 모르지만, 확실한 건 인생의 말년이란 사실이다. 내 주위엔 가는 세월이 아쉬워서 조금이라도 젊게 보이려고 보톡스를 맞고, 보양 강장제를 입에 달고 사는 친구들이 꽤 있다. 그들을 볼 때마다 '뭐 저렇게까지…' 하는 생각에 혼자 쓴웃음을 짓곤 한다. 하기야 '나이 듦'을 거부하고 싶어도 그렇게 되지 않는 게 인생이고 보면, 이제는 자신을 인정하고 만족할 줄 아는 '안분지족의 삶'을 추구해야 할 때가 아닌가 싶다.

요즘은 나이의 경계가 하도 모호하여 혼란스러울 때가 많다. 간혹 버스나 지하철에서 내가 경로석에 앉아도 되는 것인지, 망설여질 때가 한두 번이 아니다. 신체의 나이는 늙어도 마음의 나이는 여전히 청춘인 줄 알고 건방을 떤다. 그래도 나만은 노인이라 거들먹거리지 않고 낮은 자세로 겸손하게 살기로 작정했지만 은연중 '꼰대' 티를 내는 걸 보면 나도 장삼이사와 별반 다를 게 없는 노인이다. 백세 시대에 나이가 무슨 대수인가 싶어 어금니를 깨물며 젊게 살기 위하여 마음을 다잡아 가는 중이다.

때로는 지금까지 경험하지 못했던 '공허함'이 나를 아프게 한다. 직장에서 은퇴한 이후 기죽지 않고 당당하게 살려고 나름 애를 썼지만, 전혀 뜻하지도 못한 일들이 나를 힘들게 한다. 무심히 지나쳐도 될 하찮은 일에 마음이 상하고 노여움이 북받쳐 혼자서 팔딱거릴 때도 있다. 그러다 보니 아는 것도 모르는 척, 보고도 못 본 척, 들어도 못 들은 척 꾹꾹 참아야 할 때가 많고, 내 주장보다는 상대방을 인정하고 배려하는 것이 모두에게 좋은 것임을 새삼 배우고 깨닫게 된다.

지나간 내 과거를 회상해 본다. 젊어선 직장에 매여 다람쥐 쳇바퀴 돌듯 오로지 앞만 보고 뛰었다. 워낙 먹고 사는 게 급해서 주위를 살피고 돌아볼 여유가 없이 살았다. 40여 년 가까이 월급쟁이로 한우물만 팠다. 힘들었지만 나름 작은 성취를 이루기도 했다. 사랑하는 아내를 만나 아들 3형제를 건강하게 키워서 짝을 채웠고 손주도 여섯이나 얻었으니 이만하면 열심히 산 증표가 아닐까. 결코 헛되이 살지는 않은 것 같다. 문제는 앞으로의 내 삶이다. 과연 얼마나 더 건강하게 버틸 수 있을지, 느지막이 하고 싶은 것 마음껏 하면서 여생을 느긋하게 보낼 수 있을지를 생각해 보니 만감이 교차한다.

이제 남은 시간을 알차고 의미 있게 보내고 싶다. 요즘 내 '건강 수명 시계'의 배터리가 예전 같지 않고 통장 잔고도 바닥이 보인다. 허나 지금 이대로 먼 길을 떠나게 되면 아쉬움이 남을 것 같다. 호랑이는 죽어서 가죽을 남긴다지만 나는 남길 만한 게 하나도 없으니 하는 말이다. 하지만 충청도 두메산골에서 가난한 농사꾼의 자식으로 태어나 서울 하늘 아래에 둥지를 틀고 나름 작은 행복을 누리고 있으니 나를 품어 준 이 사회에 조금이나마 보답을 하고 떠나는 것이 도리가 아닐까 하는 생각을 해 본다.

이제는 이별을 준비해야 할 시간이다. 백세 시대라고는 해도 수명은 제각각이다. 사람에 따라 먼저 가고, 늦게 가는 그 차이가 있을 뿐이다. 나는 떠나기 전에 내 손으로 마무리해야 할 일들이 몇 가지가 있다. 하나는 우리 부모님 산소를 합장合葬해 드리는 일이다. 수년째 별러 왔지만 시운時運이 닿지 않아 지금까지 미루었다. 오늘 중 지관地官으로 계신 외사촌 형님과 다시 상의해 봐야겠다. 또 한 가지는 글쓰기 공부에 더욱 정진하고 그간 써 놓은 글들을 책으로 엮는 일이다. 마지막 한 가지는 더 늦기 전에 '혼자 사는 연습'을 충실히 해서 노후를 외롭지 않게 대비하는 것이다.

 잘사는 것 못지않게 잘 죽는 것도 중요한 일이다. 요즘 들어 죽음을 생각하는 일이 부쩍 늘었고 이제야 '고종명考終命'이 왜 오복의 하나인지를 깨달았다. 한때는 떠올리기조차 싫었던 죽음이란 말이 자연스럽게 입에 붙었다. 지천에 널려 있는 돌멩이 하나, 풀 한 포기에도 눈길이 가고, 비바람에 지는 꽃잎 하나도 예사롭지 않음을 느낀다. 최근 가장 절실하게 갈구하는 것도 바로 고종명이다. 더도 말고 덜도 말고 먼 길 떠날 때에는 '지는 동백꽃잎처럼' 자는 듯 미소를 머금고 편히 눈을 감았으면 하는 바람이다. 부디 마지막 가는 저승길이 가족들의 짐이 되지 않았으면 하는 마음 간절하다.

 인생 후반부는 마무리해야 할 시간들이다. 수의壽衣에는 주머니가 없듯이 어차피 인생은 빈손으로 왔다 빈손으로 가는 존재이다. 인생의 마지막 순간 후회도 미련도 없이 훌쩍 떠나기 위해선 정신이 맑을 때 주변을 정리하고 비우는 연습이 필요하다. 그래야 홀가분하게 이승을 떠날 수 있을 것이 아닌가. 한 점 미련 없이 홀연히 떠나는 내 뒷모습을 상상하면서 다시 한 번 '유종의 미'란 말의 의미를 생각해 본다.

(2018. 2. 6)

내가 부른 119

화창한 5월 어느 날이었다. TV나 영화 속에서 119를 부르는 장면은 흔하게 보았어도 내가 119를 부르게 될 줄은 꿈에도 몰랐다. 이렇듯 한 치 앞을 모르는 게 인생이라더니 하나도 틀린 말이 아니다. 난생처음 119를 부르는 실제 상황이 벌어진 것이다. 그 주인공은 바로 나였다.

나이가 들면 초저녁잠이 많아진다더니 요즘 내 처지가 딱 그 모양이다. 오죽하면 9시 저녁 뉴스를 끝까지 다 보는 게 어려울 정도이다. 아니나 다를까, 119 사건이 벌어진 그날도 밥숟가락을 놓자마자 쏟아지는 잠을 참을 수 없었다. 어찌나 졸리던지 눈꺼풀이 장정 짐으로 한 짐처럼 느껴졌다. 더군다나 요 근래 날씨가 너무 좋아 산에 가는 날이 잦다 보니 초저녁잠이 더욱 많아진 것 같다. 그날도 산악회를 따라 등산을 갔다 왔기 때문에 평소보다는 일찍 잠자리에 들었던 것이 화근이었다.

그날도 9시 저녁 뉴스를 다 못 보고 잠자리에 들었다. 막 잠이 들려던 순간이었다, "여보 방문 좀 열어 줘요. 문이 잠겼어요." 하는 아내의 다급한 목소리에 무슨 일인가 싶어 자리에서 일어났다. 거실에 있던 아내가 안방에 들어오려다 방문이 열리지 않아 소리를 지른 것이다. 그때 막내아들이 집에 들어오면서 "엄마 왜 그래요." 하는 소리가 가까이 들려왔다.

나는 아내의 말이 떨어지기 무섭게 오히려 화부터 냈다. "무슨 소리야, 누가 방문을 잠갔다고." 하면서 버럭 소리를 질렀다. 자리에서 일어나 문고리를 당겨 봤다. 문이 꿈쩍도 하지 않는다. 참 이상한 일이다. 내가 문을 닫아 걸은 것도 아닌데 왜 잠겼을까. 나도 왜 문이 잠겼는지 그 이유를 모르겠다. 아뿔싸, 아무래도 손잡이 잠금장치에 무슨 문제가 생겼음을 직감했다. 다시 젖 먹던 힘을 다해 손잡이를 당겨 보고 이리저리 돌려 봐도 방문은 열리지 않았다. 전혀 예상하지 못한 일이 벌어진 것이다.

야심한 밤중에 어찌한단 말인가. 집에 있는 예비 열쇠로도 열리지 않았다. 시나브로 밤은 깊어 갔다. 시간을 보니 벌써 자정이 넘었다. 우선 집에 있는 각종 도구를 동원해서 문을 열어 보라고 거실을 향해 소리를 질렀다. 집에 돌아온 막내가 이것저것 다 해봐도 열리지 않는다고 투덜거린다. 이웃에 사는 열쇠 수리공 집에는 전화를 받지 않는다고 했다. 예삿일이 아니다.

별수 없이 체념을 해야 했다. 꼼짝없이 내일 아침까지 방에 갇혔다고 생각하니 머릿속이 하얘졌다. 덜컥 겁이 났다. 비상 열쇠로도 열리지 않고 열쇠공도 연락이 안 되니 이대로 밤을 새울 수밖에 없다. 하지만 '생리 현상'이 문제였다. 나는 잠자리에 들면 두어 번 정도 화장실을 가는 버릇이 있는데, 어떻게 해야 할지 머리가 복잡해진다.

밤도 이슥했고 이젠 뾰족한 방법이 없었다. 자리에 누워 잠을 청했다. 정신이 더 또랑또랑 맑아지는 게 도저히 잠이 오지 않는다. 내일 아침까지 소변을 참는다는 건 무리였다. 오히려 평소 같으면 참을 수 있을 것도 독 안에 갇혀 있다는 생각을 하니 금세 아랫배가 더부룩하게 느껴진다. 금방이라도 소변이 나올 것 같다. 이대론 도저히 참을 수 없었다. 어떻게 좀 해보라고 밖을 향해 다시 소리쳤다. 바로 "더 이상 방법이 없다."는 아내의 볼멘소리가 들려왔다.

그 순간 '그래 119다.' 하는 생각이 퍼뜩 떠올랐다. 여기서 해결 방법은 119뿐이다. 지금 이게 위급 상황이 아니고 뭐란 말인가. '그렇다. 119를 부르자.' 나는 대단한 묘수라도 찾은 듯 큰소리로 당장 119를 부르라고 아내에게 전했다.

아내의 상기된 목소리다. "여보세요 119죠…." 그로부터 20여 분도 채 되지 않았을 즈음 사이렌 소리가 요란하게 울리고, "아저씨, 여기요." 하는 아내의 상기된 목소리가 들려온다. 잠시 후 구급대원 두 사람이 들이닥쳤다. "어느 방이요." 하는 소리와 함께 문틈에 빠루를 넣고 스르시 미는 듯하더니 잠겼던 방문이 활짝 열린다. "아, 해빙이다." 나는 뛸 듯이 기뻤다. 내 눈엔 119대원 아저씨가 구세주로 보였다. 그 순간 고맙다는 말 이외에 아무 생각이 없다.

119의 신속하고 친절한 서비스에 감탄이 절로 나왔다. 119야말로 위급한 국민을 위해 존재하는 진정한 공복이라는 걸 새삼 느꼈다. 나는 돌아서는 구급대원을 향해 "아저씨 감사합니다."란 말을 연발했다.

그후 10여 일이 지난 어느 날 '119 운영 개선에 관한 뉴스'를 접했다. 금년 9월부터는 119가 꼭 필요한 곳에만 출동하고, 집에 문을 열어 달라는 등 사적인 편의를 위한 구조 요청은 거절할 수 있다는 내용이다. 이 보도를 보면서 119를 부른 내가 부적절했음을 깨달았다. 내 스스로 해결했어야 될 일을 너무 쉽게 119를 부른 것 같아 미안한 마음이 들었다.

내 경우처럼 잠긴 문을 열어 달라고 119를 불러도 현행 제도상 거부할 순 없다고 한다. 이와 같이 사적인 구조 요청 중 가장 많은 사례가 술에 취해 119를 부르는 단순 주취자라고 한다. 앞으로는 문을 열어 달라는 건 물론 취객의 귀가 도움 요청, 단순 타박상 등으로 119 출동을 요청하면 거절할 수 있다고 한다. 그간 119를 사적으로 악용하는 사람들이 많이 있었지만 이젠 꼭 필요한 위급 상황에만 출동할 수 있게 된다니 늦었지만 다행이란 생각이 들었다.

위급하면 누구나 119를 부를 순 있다. 그러나 인명 피해가 예상되거나 긴급 구조를 위한 공적인 경우에만 출동을 요청하는 것이 옳은 일이다. 사적인 편의를 위해 119를 부르는 일은 가급적 삼가야 될 것이다. 제도상 허용되는 것이라도 사적인 편의를 위해 119가 출동하는 순간 또 다른 위급한 생명을 구조하지 못하는 일은 없었는지 자신을 돌아보게 되었다. 다시 한번 119에 깊이 감사드린다.

(2011. 7. 14)

그래도 이만하면

발행 | 2025년 3월 10일
지은이 | 이인영
펴낸이 | 김명덕
펴낸곳 | 한강출판사
홈페이지 | www.mhspace.co.kr
등록 | 1988년 1월 15일(제8-39호)
주소 | 서울특별시 종로구 인사동11길 16, 303호(대형빌딩)
전화 02-735-4257, 734-4283　팩스 02-739-4285

값 15,000원

ISBN 978-89-5794-583-4 03810

※저자와의 협약에 의해 인지는 생략합니다.
※잘못된 책은 바꾸어 드립니다.